아이들은 놀이가 밥이다

아이와 함께 놀이의 길을 찾는 벗들께

편해문

소나무

아이들은 놀이가 밥이다
아이와 함께 놀이의 길을 찾는 벗들께

전면개정판 4쇄 발행일 | 2024년 3월 31일
초판 발행일 | 2012년 9월 20일

지은이 | 편해문
펴낸이 | 유현조
편집장 | 강주한
편집 | 온현정
디자인 | 연못
본문 일러스트 | 소복이
인쇄·제본 | 영신사
종이 | 한서지엽사

펴낸 곳 | 소나무
등록 | 1987년 12월 12일 제2013-000063호
주소 | 경기도 고양시 일산서구 중앙로 1542 신동아 노블타워 653호
전화 | 070-4833-5784
팩스 | 070-4833-5004
전자우편 | sonamoopub@empas.com
전자집 | post.naver.com/sonamoopub1

ⓒ 편해문, 2020
ISBN 978-89-7139-102-0 03370

오늘도 아이들 곁을 서성이는
한 번도 아이를 떠난 적 없는
'놀이'라는 이름의 벗에게
이 책을 바친다.

책머리에 10년 만에 『아이들은 놀이가 밥이다』를 다시 쓴 까닭 · 8
프롤로그 놀이는 어린이의 뿌리를 만든다 · 13

1 놀이는 아이의 목숨이다

하자고 하는 것, 하고 싶은 것 · 23
'놀이'라는 이름이 붙은 곳 · 27
결핍된 것은 정말 주의력일까 · 31
'놀이격차'를 어떻게 할 것인가 · 37
마침내 '자해 놀이'에 도착하다 · 39
쇼핑은 어떻게 아이들의 놀이가 되었나 · 51
아이들이 세상에 온 까닭 · 55
스크린은 창인가 벽인가 · 57
시들거나 웃자라거나 꽃이 지거나 · 63
게임의 해독제를 찾아서 · 71
무계획이 아이를 살린다 · 85
장난감이 적어야 세상과 만난다 · 90
사는 것이 늘어나면 · 97
놀아야 자는 아이들 · 99
배고프고 피곤하고 · 102
왜 스포츠보다 놀이가 먼저일까? · 106
너그럽고 단순하게 · 109

놀이길 1
지나친 스크린 시간을 걱정하는 벗에게 전하는 열 가지 생각 · 114

2 아이는 무엇으로 사는가

도전도 실패도 창의도 권하지 마라! 모두 짐이다! · 119

아날로그로 한 시절을 보내야 하는 까닭 · 121

놀이의 꽃 '상상놀이'가 사라지고 있다 · 126

굴리다가 길을 잃다 · 129

아이의 노는 시간을 가로채지 않기를 바라며 · 131

어떻게 공기놀이는 살아남았을까 · 133

비석은 나의 아바타 · 138

성인 주도 놀이활동을 최소화하라!!! · 142

높이와 속도를 경험하라 : 내 사랑 말짜 · 146

이야기에서 노래를 지나 놀이로 · 148

놀이에서 진보란 무엇인가 · 151

유사 '자유놀이'가 독버섯처럼 퍼지고 있다 · 155

그루밍(grooming) 양육에 관하여 · 158

놀이길 2
소셜미디어 사용에 관한 열 가지 생각 · 161

3 놀이터를 비워야 아이는 그곳을 놀이로 채운다

놀이터를 바꿔야 아이가 산다 · 165
시끄럽고 어지르고 더러워지고 다치고 · 168
공공형 어린이 실내놀이터 · 170
아이가 아이 마음으로 살 수 없다면 · 173
슬라이드(slide)인가 클라임(climb)인가 · 178
나무를 쓰면 생태놀이터일까 · 181
무장애놀이터는 차별이다 · 184
'흙산놀이터' 만들기 운동을 제안하며 · 187
탄성포장과 조합놀이기구 · 190
옮기고 망가뜨리고 파괴할 수 있는 놀이터가 필요하다 · 193
PLAY BOX · 196
놀이터 스폰서를 경계하라 · 199
위기의 놀이터, 추방에서 환대로, 라지에서 미니멀로 · 203
놀이터가 없어도 · 216

놀이길 3
아이들이 놀고 싶어 곧 죽겠다는 것을 알아차려야 할 때 · 222

4 놀이는 아이 안에 있다

거친 몸싸움 놀이를 권하며 · 227
놀며 삼매에 들다 · 231
더워도 밖에서 추워도 밖에서 · 236
자본에 가장 극렬하게 저항하는 길 · 244
'놀이밥' 한 그릇 · 254
이제 '자유놀이'의 고향으로 돌아가자 · 255
아이는 노는 데 도가 터야 한다 · 266
놀이가 아이 안에 소복이 있어요 · 270
아이의 놀이가 멈추면 아이의 숨도 멈춘다 · 275
아이들 편을 들자 아이들 편에 서자 · 281
'진짜 놀이'도 '가짜 놀이'도 없다 · 283
아이는 놀 때 가장 쉽게 배운다 · 288
하루를 잘 논 아이는 짜증을 모르고, 10년을 잘 논 아이는 명랑하다 · 292
권정생의 『엄마 까투리』를 읽고 · 307

놀이길 4
'놀이밥' 약속 · 319

에필로그 놀이 박탈의 시대, 아이에게 더 많은 자유놀이와 상상놀이를! · 320

놀이길 5
아이들은 놀기 위해 세상에 온다 · 339

책머리에
10년 만에 『아이들은 놀이가 밥이다』를 다시 쓴 까닭

처음부터 『아이들은 놀이가 밥이다』를 다시 쓴다. 그사이 10년 동안 아이와 놀이와 놀이터로부터 새롭게 배우고 깨우친 것들을 담았다. 이 책을 처음 쓰던 때가 떠오른다. 놀이운동가로서 한국 사회에서 급격히 줄어가는 아이들의 놀이기회와 놀이시간과 놀이장소를 아프게 목격하며 더는 물러설 수 없는 심정을 호소했다. 거칠고 불편하고 편향 가득한 글을 읽어 준 놀이벗께 고마움을 전한다. 참혹한 경쟁, 과도한 사교육, 보호자의 강요와 재촉, 게다가 미디어와 스크린과 게임·연예 산업과 SNS(소셜네트워크서비스)가 아이들의 몸과 마음을 비끄러매고 있었기 때문이다. 비극은 놀이를 내쫓고 그 자리를 극단적 이윤 추구에 눈이 먼 엔터테인먼트와 게임 비즈니스가 발 빠르게 차지할 때 예감했다. 아이들이 놀지 못하는 까닭을 알고 싶다면 이들이 어떻게 돈을 버는지 보면 된다.

2020년, 대한민국 아이들은 어떻게 생존하고 있을까. 갈수록 놀지 못하고 밀치고 쫓기는 아이들이 스스로 견딜 수 없어 자해와 우울과 고독과 불안과 두려움과 폭력과 소비에 몰입한다. 한편, 간교한 미디어와 자본의 마케팅 전략에 영혼을 파먹혀 한없이 몸은 무기력하고 언어는 베일 듯 찌를 듯 날이 서 있다. 소셜미디어는 이 모두를 순간 이동할 수 있게 가공할 엔진을 달아 준다. 아이에게 전달한 과제가 수행되지 않을 때 '놀이 금지'를 당당하게 선언하는 어른도 흔하다. 이렇게 놀이기회는 미뤄지거나 철회되거나 거래되거나 금지되며 정처 없다. 그리고 가난한 아이들의 '놀이격차'는 가슴을 치고 싶도록 너무나 너무나 크게 벌어졌다. 오늘도 '놀이'는 아이들 가까이 서성이며 동무를 부르는데 말이다. 엔터테인먼트와 소비는 그 사이를 비집고 들어와 아이에게 물신의 소비 욕망을 들끓게 하며 총공세를 퍼붓는다. 아이도 소비하지 않고 견딜 수 없다. 이렇게 놀이기회는 감소를 지나 박탈을 넘어 소멸과 상실로 치닫는다.

그러는 동안 놀이기회가 또 한 번 현저히 줄어들게 만든 커다란 사건이 우리 앞에 도착했다. '미세먼지'의 공습이다. 바깥놀이터에 나가서도 아이들이 놀 수 없는 셧다운 상태가 강제됐다. '미세먼지'가 한국의 아이와 놀이와 바깥놀이터에 끼친 영향은 크다. 바깥놀이터를 만드는 일을 하면서 오래전부터 우려하던 일이 현실에서 벌어진 것이다. 이에 대응하기 위해 '공공형 실내놀이터'를 제안했고 몇몇 뜻 있는 곳에 전달되어 문을 열기도 했다. 그러나 이런 가상한 노력은 얼마 가지 못했다. 아이들이 실내조차 서로 만날 수 없는 전염병이 우리 앞에 봉인이 풀려 도착했기 때문이다.

 불과 10년 사이에 한국 사회에서 벌어진 아이와 놀이와 놀이터 이야기를 짧게 했지만 앞으로 어떤 곡예와 마주할지 헤아리기 어렵다. 우리는 '불확실성'의 원리가 지배하는 복잡하고 모호하고 혼돈한 세상에서 아이와 함께 살아가야 할 운명이다. 이것을 아이와 함께 이야기하고 선택하고 판단하고 행동으로 헤쳐 가야 하는 시절이다. 아이는 크고 작은 위험을 감수해야 한다. 그래야 변화와 위기 앞에서 스스로 판단할 수 있다. 세상은 위험이 넘치는데 아이들로부터 위험을 숨기는 것만큼 위험한 일은 없다. '위험의 가치'에 관한 한 사회의 수준 높은 교양이 최우선으로 긴요할 때다.

 앞서 경쟁과 미세먼지와 전염병이 아이와 놀이와 놀이터에 미칠 영향을 예상하지 못했던 것으로부터 성찰이 필요하다. 불확실한 것만이 확실한 위기의 회오리 속에서 아이들과 놀이로 만나는 우리 또한 태도와 사고를 추슬러야 한다. 그리고 행동해야 한다. 우리와 아이와 놀이와 놀이터는 불확실성의 절정이라고 할 수 있는 악천후 속 '기후 위기' 상황과 맞닥뜨렸기 때문이다. 가장 가까운 이들로부터 발생하는 놀이탈취가 아이의 삶을 망가뜨리는 것처럼 지구별을 대상으로 한 자본과 성장과 부자의 무자비한 착취 결과가 '기후 위기'로 나타나는 것을 같은 시대에 나란히 목격하는 것은 커다란 고통이다. 멀리 전망하고 예상하기보다는 가까운 곳에서 아이와 함께 즉각 움직이고 행동해야 한다.

지난 20년 가까이 놀이운동가로 살면서 했던 고민과 받았던 압박과 현재 처지는 그래서 '첩첩산중'이고 '고립무원'이었다. 승자와 패자와 관리자 모두가 피폐해지는 경쟁의 폐해와 상처와 후유증에 관해 이야기하다 보면 미세먼지가 덮쳐 오고, 미세먼지 틈바구니에서 놀이의 가치에 관해 이야기하다 보면 전염병이 돌고, 전염병에 관한 고민을 가다듬기도 전에 기후 위기의 낭떠러지 앞에 서는 형국이다. 혼란과 혼돈 속에서 서로가 할 수 있는 일을 알뜰히 찾아야 한다. 『아이들은 놀이가 밥이다』를 10년 만에 다시 고쳐 쓴 까닭이다. 앞선 책에서 대한민국의 놀이 현실을 가차 없이 비판했다면 이번 책에서는 대안을 차분히 담으려 했다.

이렇게 『아이들은 놀이가 밥이다』 전면개정판을 10년 만에 새롭게 쓸 수 있게 된 까닭은 긴 시간 꾸준히 초판을 읽어 주고 사랑해 준 독자 여러분의 덕이 틀림없다. 새로 쓴 『아이들은 놀이가 밥이다』에 지난 10년 동안 독자 여러분으로부터 직접 또는 간접적으로 받았던 격려와 비판의 피드백에 잠시 용기를 얻고 길게 불면의 성찰을 거듭한 결과를 담았다. 다시 사유할 수 있는 계기를 마련해 준 모두에게 고마움을 전한다.

여러 복잡하고 어려운 처지에도 놀이로 아이와 힘써 만나고 있는 '놀이운동' 벗이 많다. 경쟁과 재촉과 미세먼지와 전염병과 함께 지나온 20년의 소중한 경험을 낭비하지 말고 아이와 함께 기후 위기의 악천후 속 '놀이의 길'을 서늘하고 차분하게 찾아 나서 자고 양육자와 부모님과 선생님과 놀이벗에게 이렇게 긴 편지를 부친다. 나는 앞으로 조금 더 급진적인 '놀이운동'이 필요한 시기임을 예감한다. 아이들은 놀이가 밥이다. 아니다. 아이들은 놀이가 목숨이기 때문이다.

프롤로그
놀이는 어린이의 뿌리를 만든다

우리 사회는 놀이가 아이들 삶의 전부라는 순리를 숨기고 지우는 데 성공한 것 같다. 나아가 아이가 과제를 마치지 못했을 때 '놀이 금지'를 쉽게 외치기도 한다. 아이들 또한 마음껏 논다는 것이 왠지 어색하고 미안하고 불안한 마음에 사로잡혀 산다. 놀이의 씨를 말리는 데 한 사회와 구성원이 공모하고 있다. 뒤이어 놀 수 없어 고통 받는 아이들이 살려고 만들어 낸 '괴롭히기', '따돌리기', '폭력', '자기 과시', '협박', '욕설', '자해' 놀이에 짓눌려 세상을 버리는 아이들 소식이 이어진다. 구조 요청에 응답하지 않기 때문이다.

이렇게 성인과, 학교와, 학원이 어깨동무를 하고 아이들이 얼마나 버틸 수 있는지 간교한 생체 실험의 극한으로 밀어붙인다. 아이들이 놀지 못해 생기를 잃고, 그런 아이들끼리 괴롭히고 상처 내고 아파하고 죽어 가는 곳, 열 살 안팎의 아이들이 재미와 즐거움의 세계를 포기하게 만들면서 한국의 교육은 버틴다. 왜 이토록 세상의 욕망과 물신과 폭력과 흉기가 연약한 아이들 살을 마구잡이로 파고들게 놔두는 것일까?

오늘 아이들이 겪는 몸, 마음, 영혼, 관계, 정서, 배움, 우정, 사랑, 왕따, 우울, 폭력, 자해, 공포, 자살 등등의 어려움과 고통은 아이들 삶의 모든 것이라 할 수 있는 '놀이'의 은폐와 박탈과 상실과 실종에 까닭이 있다. 나는 이 책에서 이것을 하나씩 증명해 보이려 한다.

에리히 프롬(Erich Fromm)이 일찍이 간파했듯이, 아이들이 병들었다면 그것은 아이들이 마음껏 놀지 못한 것에 대한 복수다. 또한 호머 레인(Homer Lane)은 나중에 아이에게 어떤 결함이 발생한다면 그것은 아이의 창조적 충동을 제지한 까닭이라 했다. 새겨들을 만하다. 이제 한국은 아이들의 집요하고 강력한 앙갚음과 맞닥뜨렸다. 앙갚음은 먼저 '괴롭힘'이라는 이름으로 가까운 동무를 향하고, 뒤이어 부모와 교사를 향하며, 자신마저 목표로 삼는다. 사람들이여! 아이들 놀이를 부디 한가하게 여기지 마시라. 얼마 전까지만 해도 아이들은 동무와 교사와 부모와 자신을 공격하지 않았고 날이 저물도록 동무들과 웃으며 놀기 바빴다.

사람이 아프거나 병이 깊으면 수백 년을 이어 온 의학에 기대 사람 살릴 길을 찾는다. 그런데 아프거나 힘들어 하는 아이에게는 이보다 몇 곱절 더 오래된 약이 있다. 그게 '놀이'다. 아이들은 오랫동안 '놀이'라는 따사로운 햇살과 빗줄기를 받고 자라야 한다. 아이가 시들면 얼른 놀이의 햇살과 물줄기를 흠뻑 맞을 수 있는 놀이환경에 내어놓을 일이다. 아이들이 품고 있는 씨앗은 '놀이'라는 햇살과 빗줄기 아래 놓일 때 비로소 싹이 트고 꽃이 피고 튼실한 제 나름의 열매를 맺는다.

놀이를 팔아 불안을 설파하고 싶지 않다. 다만 순리를 이야기하고 싶다. 아이들은 타고난 결대로 자라야 한다. 아이 한 명 한 명이 옳다. 억지를 쓰면 아이들이 숨고, 하지 않으려 하고, 구김이 생기고, 다치고, 다치게 하고, 스스로 세상의 끈을 놓는다. 다친 아이를 낫게 하기란 쉽지 않다. 아이들 곁에 있는 교사나 부모는 아이 스스로 '재미와 즐거움'과 만날 수 있도록 환경을 가꿔 주는 사람이다. 돌이켜 보면 내 삶 또한 가까이 있었던 교사나 부모의 관심과 사랑뿐만 아니라 또래와의 우정과 그들과의 찬란한 놀이가 준 즐거운 기억에 크게 빚지고 있다. 동무들과 노느라 어른들의 고통과 어려움에 눈 돌릴 겨를이 없었다.

놀이는 변화무쌍한 춤을 추는 아이들의 세계를 이해할 수 있는 정점에 있다. 놀이는 아이들에게 어머니 같은 존재다. 놀이처럼 아이들을 잘 돌보는 것이 없기 때문이다. 아이를 키우고 돌보는 것은 결국 동무들이고 그들이 하는 놀이다. 아이들 삶이란 것은 이렇게 놀이로 촘촘히 박음질되어야 쉽게 틀어지지 않는다. 세상이, 학교가, 가정이 아이들로부터 놀이를 숨기고 떼어 놓으려고 온갖 술수를 부렸지만, 놀이는 아이들 곁을 떠난 적이 없다. 언제라도 아이들이 부르면 달려오려고 아이들 곁을 서성이는 놀이를 오늘도 본다. 이것이 내가 지닌 놀이에 대한 대긍정이다.

13년 전 아이들이 지나친 경쟁과 배움과 부모와 교사에게서 벗어나 놀이 속에서 자유와 해방의 기쁨과 만나기를 바라며 『아이들은 놀기 위해 세상에 온다』를 썼다. 그리고 9년 전 『아이들은 놀이가 밥이다』를 썼다. 그사이 노는 아이들은 더 빠르게 자취를 감추었고 놀 시간은 급격히 줄어들었다. 그래서 나 또한 어려운 시기를 보냈다. 세상과, 자본과, 국가와, 학교와, 학원과, 가정이 아이들로부터 놀이를 꼭꼭 숨기고 놀이터에서 학습터로 아이들을 빼돌리는 데 굳게 단결했기 때문이다.

  이번에 내는 전면개정판은 그사이 너무나 가파르게 곤두박질친 대한민국 아이들의 놀이 현주소를 다시 살피는 글들을 여러 편 보태 꾸몄다. 또한 '놀이운동가'로서 더는 물러설 곳이 없는 속절없는 처지와 심정을 새겼다. 아이들은 놀지 못해 점점 더 고통받고, 그 고통을 견디지 못한 아이들이 세상을 등지고 있다. 놀이를 빼앗기니 아이들이 견딜 수 없다. 몸은 살아 있지만 놀지 못해 마음이 굳어 가는 아이들을 보는 것이 나의 가장 큰 고통이다.

  아이를 키우는 보호자께 몇 말씀 올린다. 지금이 아이가 놀 수 있는 마지막 시기다. 초등학교 4학년까지다. 그 시기를 지나친 다음에 아이에게 놀라고 해도 아이들은 놀지 않을지 모른다. 이미 어떻게 놀아야 할지 모르는 지경이 돼 버렸기 때문이다. 마음껏 놀면서 즐거웠던 기억이 있는 아이라야 행복을 찾아갈 수 있다. 아이를 재촉하고 아이가 바쁘면 행복한 세상을 살 수 있을까. 미루지 말고 부디 지금 놀게 해주시라. 아이들의 머리는 무엇을 배우라고 있는 것이 아니라 놀 궁리를 하라고 있는 것이다. '놀이밥'을 먹도록 도와주는 일이 부모가 해야 할 가장 긴요한 일이다. 행복이 뭔지 놀면서 아이들 스스로 몸에 담을 수 있게 해주시라. 그래야 뒷날 어려운 시기와 맞닥뜨렸을 때, 놀면서 만났던 즐겁고 행복한 기억을 꺼내 살 수 있으리라.

이 어리고 어린 아이들에게 놀이를 빼앗고 경쟁을 뚫고 마침내 승자가 되라고 닦달한다면 그것은 몹쓸 짓이며 우리가 해서는 안 될 일이다. 아이들을 인력경매시장에 내보낼 하나의 물건으로 만들지 말자. 아이들을 말 잘 듣는 노예로 키우고 소비로 날을 지새우게 해서는 안 된다. 이제 열 살도 안 된 아이들을 진즉 순위 다툼의 고통 속에 던져 놓고 거칠게 스펙의 세계로 몰아대지 말아라. 그러기에는 아이들이 너무 어리고 사랑스럽고, 그들에게는 즐거운 시간을 보낼 숭고한 권리가 있다.

한 아이를 우리의 기획으로 키울 수 있다는 극악한 생각일랑 거두시라. 아이들은 기획물이 아니다. 아직 사랑이 남아 있다면 지금 아이들에게 자유와 놀이와 해방을 허용할 것이다. 당장 어렵다면 아이들을 그냥 좀 놔두기라도 하자. 그리고 당신 한가운데 살아 있는 '노는 마음' 또한 되찾아 아이들과 함께 놀 궁리를 좀 더 하자. 이것저것 남들이 아이들한테 좋다고 목을 매는 헛소리들을 뿌리치고 아이들과 함께 '놀이밥' 한 그릇을 꼬박꼬박 챙기자. 그러면서 우리도 좀 더 쉬어 가자.

 어렸을 땐 노는 게 남는 거지 별 소용없다. 어른들이 모여 기껏 궁리한다는 것이, 결국 아이들 놀 시간을 뺏고 혼란과 복잡함을 부추기는 일이나 짜내는 '대 어린이 사기극' 동참을 거부하자. 태어나기를 놀도록 만들어진 아이들을 놀지 못하게 한다면 아이들이 얼마나 더 견딜 수 있겠는가. 아이들이 아이들을 괴롭히면서, 스스로 자해하면서밖에 버틸 수 없는 '대 어린이 잔혹극' 또한 동참을 거부하자. 이것저것 복잡하면 아이들을 좀 내버려 두기라도 하자. 어른들이 모여 궁리하면 할수록 아이들은 더 바빠지고 더 나빠지는 길로 들어서기 쉽다. 더불어 오로지 어린이를 이용 혹은 대상으로 오로지 극단적 이윤 추구를 최종 목표로 하는 상업적 연예산업과 게임산업에 대한 성찰도 절실하다. 보호자는 어린이 코앞까지 밀고 들어온 '비즈니스 모델'을 한눈에 알아차리고 밀쳐 낼 수 있는 용기와 지혜가 있어야 한다.

 아이들을 좀 편안히 놔두고 한참 지나 아이들한테 생기라는 것이 생기고 숨이나 좀 고르게 돌아오면 그때 아이들을 위해 무엇을 할지 생각해도 늦지 않다. 지금은 아이들을 그냥 좀 놓아줄 때다. 놀이도 그 다음이다. '아이들은 오로지 놂으로써 그 존재가 증명된다'고 끝없이 외치는 나를 이상하다 할지 모르겠다. 그러나 묻고 싶다. 아이들이 도대체 노는 것 말고 지금 무엇을 해야 한단 말인가. 이렇듯 아이들이 왜 놀아야 하는지 절절하게 설명하지 못

한다면 아이들 놀이는 심각하게 위협받을 것이다. 나는 오랫동안 한국 사회에서 이 역할을 자임해 왔다. 그리고 책임을 져왔다. 지금은 아이들이 친구와 놀이와 만남 자체가 어려운 '놀이 위기의 시대'를 맞았다. 순응하지 말고 놀이가 멸종의 단계에 최종 이르렀음을 간파하고 그렇게 만든 모든 것들에 대해 무자비하고 급진적인 비판과 저항을 해야 할 때다. 아이들이 놀지 못하면 몸과 마음이 함께 스러지기 때문이다.

언제나 아이들 이야기를 들어주고 함께해 준 소나무출판사 식구들과 책을 새로 만들어 준 강주한 편집장과 연못 디자이너께 고맙다는 말씀 올린다. 글을 보태 준 현병호, 김규항 두 형에게 고마운 마음 가득하다. 노는 데 정신이 팔려 세상 흐름과 거꾸로 가는 데 익숙한 나를 믿어 주고 험한 길 함께한 박보영과 다솔이와 다원이가 고맙다. 아내는 나를 살렸고 아이들은 나를 살게 했다. 우리의 어머니와 아버지가 나를 놀게 했듯이 우리 또한 아이와 노는 엄마 아빠로 지낼 것이 틀림없다. 끝으로 지난 10여 년 동안 이 책을 놀이운동의 반려자로 삼아 준 여러 놀이벗들께 고마움을 전한다. 뒤에 이어지는 글은 나 자신과 세상 아이들의 부자유함에 대한 폭로다.

2020년 고쳐 사는 집에서
편해문

1

놀이는 아이의 목숨이다

"아이에게 그렇게 많은 것을 가르치려 하면서
우리는 아이로부터 무엇을 배우고 있을까?"

하자고 하는 것, 하고 싶은 것

"누가 하자고 하는 것을 하는 것이 놀이가 아니라, 내가 하고 싶은 것을 하는 것을 놀이라 한다." 이것이 내 놀이 철학의 핵심이다. 그렇다면 '놀이'의 반대는 '일'일까. 일하거나 놀거나 둘 중 하나가 아니냐는 말이다. 일의 반대가 놀이고 놀이의 반대가 일이라는 것은 꽤 오래된 오해고 이런 오해 때문에 우리는 놀이가 무엇인지 알지 못하고 혼란에 빠진다. 놀이의 반대는 일이 아니다. 일이 바빠 놀지 못하는 것이 아니란 말이다. 그렇다면 놀이의 반대는 왜 일이 아닐까?

먼저 이렇게 물어보고 싶다. 왜 우리는 놀지 않거나 놀지 못하는가? 나아가 아이들을 놀게 내버려 둘 수 없는가? 불안하고 우울하고 두렵기 때문이다. 놀이의 반대는 일이 아니라 불안이고 우울이고 두려움이다. 우리가 아이들 놀이를 옹호하지 못하는 까닭은 세상이 퍼뜨린 불안과 우울과 두려움에 사로잡혀 있기 때문이다. 놀이를 제대로 살피려면 불안과 우울과 두려움을 파고들어야 한다. 그래야 비로소 하고 싶은 것과 단촐하고 홀가분하게 만날 수 있다.

불안하고 우울하고 두려운데 한가롭게 놀 수 있는 어른은 드물다. 그러나 아이들은 다르다. 아이들은 약간의 불안과 우울과 두려움이 있어도 그냥 놀고 그리고 금세 벗어난다. 난 참 이런 것을 볼 때 사는 맛이 난다. 불안도 우울도 두려움도 아이들 놀이를 막지 못하는 것을 볼 때 말이다. '저 아이가 요새 저렇게 놀 마음이 아닐 텐데……' 하고 물끄러미 바라보다가 깜짝 놀란다. 지금 내가 무슨 못된 생각을 하는 거야 하며 말이다.

내가 '놀이운동'이라는 희한한 일을 벌이는 작은 힘이 여기서 나온다. 불안과 우울과 두려움에 사로잡힌 어른들 사이에서 불안과 우울과 두려움에 사로잡히지 않는 아이들을 보기 때문이다. 얼마나 재미있는가. 그렇다면 왜 아이들은 불안과 우울과 두려움의 한복판에서도 놀이의 손을 잡고 어떻게든 하고 싶은 것을 하며 놀 수 있는 것일까? 놀지 않으면 불편하고 아프다는 것을 아이 몸이 알기 때문이다. 놀이와 아이들, 그들은 갈라놓을 수 없는 한 몸이고 동무다. 알베르 카뮈(Albert Camus)가 이런 말을 했다.

내 앞으로 걸어가지 마라
나는 따라가지 않을 테니
내 뒤를 따라오지 마라
나는 이끌지 않을 테니
내 옆에서 걸으면서

친구가 되어 다오

아이들과 놀이가 동무라서 그들 사이에는 오랜 우정이 있다. 우정은 불안과 우울과 두려움으로 덮인 세상에서 빛을 발하는 법이다. 오랜 동무인 아이들과 놀이 사이에 우정이 꽃피어야 한다. 이제 어른이나 아이나 놀지 못하고 놀 수 없는 까닭을 알았다. 그런데 어떤 아이는 아예 놀이 자체를 거부하기도 한다. 최근 내 걱정과 공부의 많은 부분을 차지하는 전혀 새로운 국면이다. 그렇다면 이 '불안과 우울과 두려움'을 떨쳐 낼 수 있는 가장 쉬운 길은 무엇일까?

불안과 우울과 두려움을 만들어 내는 미디어, 그리고 만나면 서로 견주는 등급과 경쟁과 돈 이야기를 흘려들을 수 있는 대단한 내공을 기르면 될까? 어느 정도 도움은 될 것이다. 그렇지만 여기서 복잡한 미로에 들어서지 않아야 한다. 너무나 쉽고 간단하게 '불안과 우울과 두려움'을 떨치는 방법은 '지금 놀기'다. 생각의 꼬리를 자르고 그냥 '놀기'다. 아이들도 놀면 불안과 우울과 두려움에서 금방 벗어난다. 그렇게 놀다 보면 불안과 우울과 두려움이 슬슬 꼬리를 빼며 도망친다. 내가 작게나마 외치고 있는 놀이 운동은, 놀이의 반대는 '일'이 아니라 '불안과 우울과 두려움과 공포'이고, 이 불안과 우울과 두려움과 공포를 떨치는 가장 쉬운 길은 하고 싶은 것을 하며 놀기라는 말로 첫발을 뗀다. 아이는 하고 싶은 걸 하며 놀 때 가장 잘 배운다. 그래서 배움은 놀다 보면 생기는 기타 등등 가운데 하나일 뿐이다.

'놀이'라는 이름이 붙은 곳

아이들 놀이 속으로 들어가 보자. 세상에 무슨 놀이가 그렇게 많은지 모를 정도로 언뜻 보기에 우리나라는 아이들 놀이 천국인 것처럼 보인다. 아이들과 하는 이런저런 것에 '놀이'라는 말이 아주 쉽게 붙는다. 아이들을 대상으로 장사하거나 공부를 시키는 사람들도 비록 말이지만 놀이가 아이들에게 필요하다는 것쯤은 알고 있는 것 같다. 그러나 그 속을 조금만 들여다보면 놀이를 전혀 엉뚱한 맥락에서 쓰고 있음을 목격한다. 나는 몇 가지를 눈여겨본다.

하나, '놀이'라는 말을 앞뒤에 끌어다 쓴 곳을 볼 때 먼저 '내용 없음'을 '놀이'라는 말로 포장하고 있지 않은지 본다.
둘, 안으로 들어가 그곳에서 하는 놀이가 정말 '놀이'인지 본다.
셋, 다시 더 안으로 들어가 그들이 '비즈니스 모델'을 따르거나 추구하는 집단인지 거스르는 모임인지 본다.

첫 번째 경우가 꽤 많다. 부모라면 '내용 없음'과 더불어 물건 팔기에 영혼까지 할인하는 영업의 하나로 '놀이'를 끌어다 쓰는 곳은 가려낼 줄 알아야 한다.

놀이는 머리 좋아지라고 하는 게 아니라 즐거움과 기쁨을 미래가 아닌 오늘 당장 만나는 일이다. 즐거울 때, 행복할 때 느낌이 어떤지 알아야 즐겁고 행복한 무언가를 더듬거리며 찾아갈 수 있다.

두 번째 경우는 놀이의 맥락은 없고 순서만 있는, 그래서 웃음소리가 들리지 않는 가짜 놀이 이야기다. 비석치기를 생각해 보자. 비석치기가 왜 오래 기억에 남아 있을까? 하는 재미도 있지만 남다른 재미가 놀이 앞뒤에 있기 때문이다. 비석치기만큼 재미있는 것이 비석치기를 하기에 앞서 내게 맞는 비석을 찾아 온 동네를 돌아다니며 어디 비석으로 쓸 만한 좋은 돌이 없나 찾는 일이다. 그러니까 누군가 어느 날 갑자기 비석을 사거나 잘라 와 '우리 비석치기 하자' 그런 경우는 엉터리라는 말이다.

아이들과 비석 사이에 어떤 인연도 만들어지지 않았는데 아이들이 비석을 자기 몸처럼 여길 까닭이 없다. 동무가 던지는 비석에 내 비석이 맞아 쓰러진들 감흥도 없다. 이런 것이 억지 놀이다. 다시 말해 민속놀이, 전래놀이를 한다고 해서 그게 놀이가 아니라는 말이다. 비석치기가 끝나고 나서도 마찬가지다. 비석은 '나'이기 때문에 고이 쥐고 가서 잘 간직한다. 놀이는 끝났어도 놀잇감을 제 몸처럼 사랑하는 마음, 이게 놀이다. 비석치기의 아름다움에 대해서는 뒤에서 좀 더 이야기하겠다.

세 번째는 이런저런 놀이를 이끄는 집단이나 모임의 성격을 본다. 한두 사람이 이끌어서는 놀이라 보기 어렵다. 성인 주도 놀이는 문제가 크고 감독받지 않는 놀이는 너무 소중하다. 그것은 레크리에이션이다. 놀이 속에 있는 아이가 주인 노릇을 할 때 그것이 놀이다. 놀이라는 것은 대부분 혼자 할 수 없고 함께한다. 잘 노는 사람은 아이들을 쥐락펴락 이끄는 사람이 아니라 아이들이 놀 수 있는 따듯한 공간과 시간을 가꿔 주는 사람이다. 모임 운영을 위한 비용 마련은 온당하지만 장삿속으로 해서는 곤란하다.

놀이는 공공의 영역이다. 그런데 이것이 사적인 영역에서 구매되고 소비되어 혼란을 부채질한다. 아이들 놀이는 철저히 공유(common) 측면에서 펼쳐야 한다. 아이들이 이걸 가지고 놀면 머리가 좋아지고 그래서 창의성이 높아진다는 말이 따라붙는 제품이나 프로그램은 순도 100퍼센트에 가까운 허풍이고, 장사꾼들이 물건 파는 데 정신이 팔려 하는 이야기들이니 눈 딱 감고 지나쳐도 좋다. '놀면 머리가 좋아져!' 그래서 뭐하겠다는 것일까? 공부 잘한다는 말인가? 그래서 좋은 학교 간다는 말인가? 이는 놀이를 타락시키는 곳에서 써먹는 가장 치졸한 마케팅 전략이다.

놀아야 사람이고 놀아야 아이다. 이 명제에서 출발하기를 바란다. 우리도 아이였을 때 공부 안 하고 가방 던져 놓고 맨날 놀았다고 아이들에게 솔직히 고백부터 하자. 어릴 때 마냥 놀면서 놀이밥을 실컷 먹었다고 말이다. 우리가 아이들만 할 때 공부 좀 한 것처럼 위선 떨지 말자. 왜 우리는 실컷 놀아 놓고 아이들은 놀지 못하게 하는가. 나와 아이들에게 더 솔직해지자. 그리고 아이들과 함께 놀면서 불안과 우울을 떨쳐 내자. 그렇게 놀다가 어느새 불안과 우울에서 멀어진 당신과 아이를 만나고 싶다. 아이들은 오로지 놀 생각뿐이다. 그리고 아이들은 지금 어떻게든 놀고 있다. 한결같이 놀 궁리만 하는 아이가 아직 가까이 있거들랑 이렇게 말해 주자.

"괜찮아!"

결핍된 것은 정말 주의력일까

소리 질러야 아이다. 울고 싶을 때 울 수 있어야 아이다. 고삐 풀린 망아지처럼 뛰어다녀야 그게 아이다. 더 나아가 구르고, 뒹굴고, 물어뜯고, 때로 비명도 지르며 한 시절을 보내야 사람으로 클 수 있다. 높은 데서 뛰어내리고 땅바닥을 기고 구르기도 해야 한다. 이 모든 것이 사람이 되려고 하는 몸짓이다. 처음에는 짐승에 가깝다. 짐승이 울부짖고 뛰고 물어뜯는 것이 너무나 당연하다. 짐승이 사람 되려면 놀아야 한다.

하루를 이렇게 보낸 아이는 밤 9시를 넘기지 못하고 픽픽 나가떨어진다. 밤 9시 전에 곯아떨어져야 아이다. 현실은 어떠한가. 소리도 못 지르게 하고, 뛰지도 못하게 하고, 울지도 못하게 하고, 뛰어내리거나 구르지도 못하게 한다. 얌전히 손을 앞으로 모으고 조용히 가만히 있으라고 한다. 그래서 세상에 움직일 수 없어, 놀 수 없어 고통 받는 아이들이 늘어만 간다. 답답한 심정을 애써 꾹꾹 눌러 보지만, 갑갑함은 사라지지 않고 마음속에 응어리만 차곡차곡 쌓인다. 마치 언제 터질지 모르는 화산을 품고 사는 것과 같다. 이렇듯 어려서 마음껏 움직이며 놀지 못한 아이가 건강한 어른으로 자라기란 쉽지 않다.

그런데 어쩌랴! 아이들은 가만히 있으라는 어른들 말을 곧잘 듣는다. 어린이집이나 유치원, 초등학교가 끝나고 이런저런 학원에 가라 하면 잘 간다. 그러나 아이들이 세상에 나올 때 누구나 가지고 나오는 100이라는 소리 지르기, 달음박질, 뛰어내리기, 구르기, 울기, 물어뜯기, 던지기, 고집 부리기는 사라지는 것이 아니라 마음속 깊은 곳에 고스란히 꾹꾹 눌러 쌓일 뿐이다. 소리도 못 지르고 울지도 못하고 뛰지도 못하고 초등학교 고학년이 되도록 어른들이 하라는 대로 행동하는 아이들이 너무 많다. 그렇지만 언제까지 아이들이 그렇게 할 수 있을까. 이제 책도 꼼꼼히 읽고 사람들이 하는 이야기도 주고받을 수 있는 때가 가까운데 오래도록 꾹꾹 눌러놓았던 것들이 마구 저 깊은 곳에서 밀고 올라와 아이는 가만히 앉아 있을 수 없다. 러시아의 은자 아나스타시아는 이렇게 말했다.

> 모든 사람들이 받는 교육의 틀로 아이를 몰아넣으면서 어찌 그 애가 불운을 피할 수 있다고 생각하지? 부모들은 모두 자기 아이들이 커서 행복하길 바라지만 아이들은 커서 다 다른 사람과 똑같아져. 그리 행복하지 않아. 거기에는 일정한 법칙이 있어……. 블라지미르, 주변을 더 주의 깊게 살펴봐. 풀, 나무, 꽃들이 자라지. 여기에 물 주는 시간을 미리 날짜별로 시간별로 정할

수 있을까? 하늘에서 비가 내리는데, 누군가가 물 주는 날짜와 시간을 지혜롭게 미리 처방했다 해서, 당신은 꽃에 물을 주지는 않겠지……. 그런데 실상은, 실생활에서 언제 어디서나 일어나는 일이야, 시스템이 어떤 것이든 그건 단지 시스템일 뿐이야, 그건 아직 어린 사람한테서 가슴, 마음을 빼앗아 항상 자기한테 복종시키려고 할 뿐이야. 아이를 다른 사람들처럼 조정하기 편한 사람으로 성장토록 하는 거야. 사람의 마음에 깨달음이 오지 못하도록, 하느님이 내리신 마음을 가진 사람이 활짝 피지 못하도록, 그렇게 오랜 세월 지속되고 있어. (『아나스타시아』, 한글샘, 2011)

아이들이 자리에서 일어나 가만히 있지 못한다. 소리 지른다. 운다. 마구 던지며 뛰어다닌다. 아니면 생기라고는 없는 아주 무기력한 아이가 되기도 한다. 그러니까 마구 뛰는 아이와 기운 없는 아이는 사실 같은 어려움을 안고 있을 가능성이 크다. 마구 뛰거나 힘없는 아이들 사이에 있어야 할 마음이 건강하고 명랑한 아이를 만나기 점점 어렵다. 아이들은 얼굴에 명랑이라는 두 글자가 딱 새겨져 있어야 하는데 말이다.

뒤늦게나마 오래도록 속으로 억눌렸던 것을 더는 견딜 수 없어 밖으로 꺼내 보이면 쉽게 주의가 산만하다는 소리를 듣는다. 더러 마음을 가라앉힌다는 약을 먹기도 한다. 그렇지만 이 약은 치료제가 아니다. 마치 피부에 바르는 연고처럼 한때 상처를 덮을 뿐이다. 이런 다국적 제약회사들이 파는 약은 필요하지만 아이들에게 쉽게 권하는 일은 정말 백번 생각해서 결정해야 한다.

주의 집중을 못 한다고 이런저런 장애 이름표가 따라붙기도 한다. 여러 말이 많지만, 놀 수 없어 고통 받는 아이들의 답답한 속마음은 헤아리지 않고 드러난 행동만을 따지는 쏠림과 제약회사의 상술 그리고 보호자의 부족한 관심에 힘입어 혼란이 커지고 있다. 안타깝게도 이런 말하기, 듣기, 읽기, 쓰기, 셈, 학습, 감각, 운동에 어려움을 겪게 하는 주의 산만의 주된 원인과 맞닥뜨리는 것에는 매우 불편해 한다. 이런 이름표는 새롭게 개발되어 가짓수를 늘려 갈 것이며 그에 따른 비용 또한 늘어 갈 것이다.

분명한 것은 아이들도 살려고 그런다는 것이다. 가만히 있으려니 너무 힘들어 마구 돌아다니고 던지고 소리 지르는 거다. 주의가 산만해지면 아이들은 자연스레 자극을 찾아 헤맬 수밖에 없다. 그렇다면 왜 아이들은 도무지 집중할 수 없는 걸까. 주의력은 놀이에 흠뻑 빠져 놀아야 생긴다. 아이가 주의력이 떨어진다는 것은 마음껏 놀지 못한 하나의 신호로 읽어야 한다. 나는 오래전부터 아이들에게 진정 결핍된 것은 주의력이 아니라 놀이라고 주장해 왔다. 왜 아이들이 교실에서 가만히 있지 못하고 돌아다니는지 말이다. 오로지 할 일이라고는 마음껏 뛰어노는 일밖에 없었던 아이들로부터 놀이를 빼앗고 유치원, 어린이집, 초등학교 문 앞에서부터 아이들을 빼돌려 학원 건물 안에 가두는 일을 도대체 몇 년

씩이나 우리가 깊이 공모했는지 말이다.

  아이들이 지금 무엇인가 힘들어하고 있다면 그 처방을 서두르기보다는 그동안 아이가 얼마나 마음껏 놀면서 지냈는지 그 세월을 살펴야 마땅하다. 오랜 시간은 아니지만, 20년 가까이 내가 아이들을 보면서 느낀 것은 놀이 결핍이 주의 집중 부족과 매우 관련이 크다는 사실이다. 오늘 아파하는 아이의 살아온 내력을 살펴볼 때 가장 크게 무게를 두어야 할 것은 그래서 지나간 놀이와 자유와 허용의 총량이다.

  그러나 너무나 고통스러운 상황도 있다. '놀 동무'와 '놀 틈'과 '놀 터'가 허락되어도 쉽게 놀이에 가까이 가지 못하고 힘겨워 하는 아이가 있으며, 지나친 충동으로 동무들이 피하기만 해 놀이 속에서 온통 상처뿐인 아이도 분명 있다. 다시 말해 놀이와 자유의 결핍과 전혀 상관없이 충동적인 행동을 하는 아이들도 있다는 말이다. 우리는 둘 모두를 헤아려야 한다.

  아이들은 어른들이 시키는 대로 이런저런 곳을 옮겨 다니며 요령을 익히고 눈치를 보고 자기만 아는 아이들이 되어 간다. 그래서 웃자란 아이들이 많다. 정말 똑똑하지만 관계의 어려움을 겪는 아이들 말이다. 이렇게 아이들을 웃자라게 해서 도대체 어쩌자는 것일까. 아이들을 둘러싼 환경 또한 점점 가혹해지고 있다. 환경호르몬, 중금속, 식품첨가물, 설탕, 유전자조작 식품, 방사선처리 식품 등등 아이들이 먹고 마시는 것들이 온통 아이들의 신경계를 끊임없이 자극하고 있어 아이들은 더욱 가만히 있지 못한다. 미세먼지와 초미세먼지의 영향도 점점 심각하게 드러날 것이다.

소아암과 당뇨가 아이들에게서 심심찮게 발견되고 아토피, 중이염, 천식, 비염을 돌아가며 달고 산다. 이것은 놀이의 고향이라 할 수 있는 자연에서 아이가 격리된 까닭이다. 덧붙여 위생적이고 깨끗한 것만 옳다고 생각하는 오류도 바로잡아야 한다. 면역이 떨어지고 염증에 취약한 아이들이 늘어나는 까닭이 바로 이 때문이다. 평소보다 조금 더 더럽게 키우는 지혜와 용기가 필요하다. 그리고 아픈 아이는 이유를 막론하고 먼저 마음껏 놀게 해야 한다.

너무 많이 먹어 생기는 소아비만 또한 놀이를 아이들 가까이에서 내몰아 생긴 것이라면 지나친 주장일까? 그렇지 않다. 이렇듯 아이들의 어려움은 놀이를 제쳐 놓고 이야기할 수 없다. 부모와 교사는 아이들이 평생 쓸 몸과 마음을 가꿔 주는 사람이어야 하는데 머리가 좋아진다면 뭐든지 희생하려고 한다. 그런 어른들을 볼 때 나는 소름이 돋는다. 왜들 모를까. 뇌 또한 아이들 몸의 한 부분이라는 것을 말이다. 몸과 마음이 건강해져야 뇌가 자란다는 것을……. 감히 말하건대, 치료받아야 할 사람들은 아무리 생각해 봐도 아이들을 판단하고 진단하고 처방하는 우리 어른들이 먼저다. 그리고 오늘을 사는 아이들에게 결핍된 것은 주의력이 아니라 그것은 분명 놀이다.

'놀이격차'를 어떻게 할 것인가

저소득층 아이들의 비만율이 높다는 것은 알려진 사실이다. 이것은 가난한 아이들이 이런저런 야외 활동과 놀이기회의 접근이 매우 취약하다는 것을 방증한다. 아이들이 1시간에 1,000원 남짓 내고 놀 수 있는 장소가 PC방 말고 어디 있다는 말인가. 이 아이들이 큰 비용을 들이지 않고 안전하게 몸을 움직이며 활동할 수 있는 공공시설이 필요한데 거의 전무하다. 있는 집 아이들은 평소에 수영장도 등록하고 실내외 클럽에 가서 다양한 스포츠를 하며 몸이라도 움직이지만, 가난한 아이들에게는 어림없는 일이다. 특히 전염병 상황에서는 이마저 막혀 빈곤한 아이들의 신체 활동은 정지되었다.

각종 미디어에 노출되는 시간 또한 압도적으로 많아 걱정할 만한 수준을 넘은 지 오래다. 게임과 텔레비전과 PC는 가난한 아이들의 삶을 더욱더 깊게 파헤치며 어지럽힌다. 가혹한 현실이다. 내가 오래도록 놀이에서 가장 중요하게 주장해 온 '놀이의 형평성'은 이렇게 무너지고 있다. 돈이 없으면 놀 수 있는 길이 아예 막혀 있다. 가난한 아이들의 놀이빈곤과 놀이 불평등을 통해 굳어져만 가는 '놀이격차'를 어떻게 할 것인가. 가난한 아이들의 놀이를 어떻게 챙길 것인가. 고민은 오래되었고 아픔은 지속되었다. 어린이 놀이에서 발견되는 이런 편견과 차별에서 저항하고 눈뜨는 계기로 삼아야 한다.

　더는 미루지 말고 물꼬를 터야 한다. 이대로 두면 점점 더 '놀이격차'의 간극은 벌어질 것이다. 아이들의 민주시민 교육의 첫 출발은 무엇보다도 놀이기회의 균등한 접근 기회를 보장하는 것에서 시작해야 한다. 부모가 누구이든, 양육자가 무엇을 하든, 사는 곳이 어디든, 아이들이 손을 뻗으면 놀이와 놀이공간과 놀이시간에 닿을 수 있어야 한다. 나아가 아이들은 놀이 앞에서 평등해야 한다. 아이들의 '놀이격차'를 그냥 두고 간다는 것은 한국 사회가 신분 사회이거나 계급 사회라는 것을 자인하는 것이다. 이를 위한 좀 더 본격적인 논의는 뒤에서 하겠다. 이른바 '기본놀이' 개념이다.

마침내 '자해 놀이'에 도착하다

아이들의 이런저런 말과 몸짓에는 그렇게 하는, 그렇게 할 수밖에 없는 까닭이 꼭 있다. 괴롭히기나 왕따나 자해 또한 마찬가지다. 나는 아이들끼리 놀 수 없고 가까운 사람들과 관계 맺기 어려운 상황이 만들어 낸 결과로 '왕따'를 보아야 한다고 말해 왔다. 놀 수 없어 소통할 수 없어 고통 받던 아이들이 더는 견디지 못해 만들어 낸 것이 '왕따' 놀이라는 말이다. 다시 말해 사방이 단절된 채 공격받던 아이들이 살려고 궁여지책으로 만들어 낸 놀이가 '왕따'다. 이제 왕따는 아이들이 도무지 뿌리치기 어려운, 중독성이 강한, 매혹적인 놀이가 되었다. 소비가 아이들의 새로운 놀이가 된 것처럼 말이다.

여럿이 함께 따돌려 마침내 동무 하나가 세상을 버리게 하는 일을 아이들이 놀이 삼아 한다. 또 많은 아이들은 그걸 지켜보거나 때론 동조한다. 큰 잘못이라거나 나쁜 짓을 했다고 여기는 아이도 많지 않다. 어떤 괴물 같은 아이 하나가 이 모든 것을 꾸미는 것도 아니다. 이것은 널리 퍼진 아이들의 또래 문화다. 어른들은 다그쳐 묻지만, 아이들은 '놀이'를 했을 뿐이라고 한다. 아이들은 왜 이런 놀이를 할까? 아이들은 놀지 않고는 몸과 마음이 견딜 수 없는 존재이기 때문에 '닫힌 상황'에서라도 놀 수밖에 없다. 문제는 아이들이 '열린 상황'이 아니라 '닫힌 상황'에서 버텨 내야 한다는 것이다. 닫힌 상황에서 어떤 놀이가 가능할까. 왕따 놀이와 자해 놀이를 아이들이 발명한 까닭이다. 괴롭힘을 밖으로 향하면 왕따 놀이고, 안으로 향하면 자해 놀이가 된다.

관계가 만들어지려면 상대방과 주고받는 무언가가 있어야 하는데 함께 놀지 못해 서로 알 기회가 아이들한테 도무지 허락되지 않는다. 자신의 행동이 다른 아이한테 얼마나 큰 기쁨과 고통이 될 수 있는지 아이들은 잘 헤아리지 못한다. 따돌림이나 괴롭힘의 강도가 점점 잔혹해지는 까닭이다. 자해 놀이 또한 마찬가지다.

놀지 못하고 자란 아이들의 가장 큰 두려움은 외로움이다. 어른도 마찬가지다. 그래서 왕따는 외로운 아이들의 마지막 놀이로 자리 잡는다. 고립되어 고독한 상황과 맞닥뜨리지 않으려면 왕따에 협조해야 한다는 불문율을 따르면서 말이다. 왕따에 함께하는 아이나 물끄러미 바라보는 아이나 외로움의 공포에 떨고 있다. 어울려 놀지 못하게 한 어른들 속에서 자란 아이들한테 깊이 자리 잡은 이 외로움의 공포는 그 강도가 꽤 세다. 왕따는 바로 이 외로움의 공포를 먹이 삼아 빠르게 살을 찌운다. 친구들 사이에서 따돌려질까 두려워 아이들은 왕따 놀이의 하수인 역할을 기꺼이 떠맡는다. 그리고 홀로 있을 때는 '자해 놀이'에 끌리면서 이중의 고통에 다다른다.

왕따와 자해가 놀이가 될 즈음 아이들 사이에서 물건 사는 '소비와 쇼핑'이 새로운 놀이로 등장한 것에 주목해야 한다. '놀 틈'과 '놀 터'와 '놀 동무'라는, 놀이에 꼭 있어야 할 세 뿌리가 무참히 뿌리 뽑힌 아이들이 놀이 대신 하는 것이 '왕따와 자해' 놀이이고 '소비와 쇼핑' 놀이다. 아이들은 스스로 괴롭히고 빼앗고 때리고 사고 과시하면서 그 쾌감의 나락에 빠져 헤어나지 못한다. 처음에는 상위 몇 명만 살아남는 경쟁의 정글 속에서 답답함을 잊으려고 약하거나 눈에 띄는 아이 하나를 괴롭히기 시작한 것인데, 괴롭힘의 맛에 점점 빠져든다. 피해 아이는 마치 사채업자의 빚 독촉에 쫓기듯이 밤낮으로 갖다 바칠 비용 마련을 위해 처절한 몸부림을 치는 노예 상태에 빠진다. 어디에도 숨을 곳이 없다.

아이들이 놓인 진짜 현실은 어떤 것일까? 어른들의 어림짐작은 자주 빗나간다. 먼저 그 고통의 공간을 낱낱이 들여다보자. 그곳은 교실이라 이름 붙은 닫힌 4면이다. 오늘날 공장식 '닭장'과 교실은 매우 닮았다. 교실은 어느 선생님 말씀대로 여인숙이 아니라 내가 보기에는 닭장과 닮아 가고 있다. 공장식 닭장에서 일어나는 일이 교실에서 벌어진다. 먼저 닭장 근처를 둘러보자. 사방이 막혀 있어 옴짝달싹할 수 없다. 오로지 닭들이 키워지는 까닭은 달걀과 고기를 만들어 내기 위해서다. 경쟁과 순위와 스펙을 위해 아이들이 교실에서 키워지듯 말이다.

이곳에서 다른 것은 주제가 될 수 없다. 달걀과 고기를 생산하기 위해 닭들의 개성 따위는 철저히 무시한 채 잠도 안 재운다. 환풍구도 몇 개 없다. 악취가 진동하고 똥오줌이 머리 위에서 비처럼 내린다. 이 상황에서 닭들은 어떻게 죽지 않고 버티는 것일까. 그 생존 전략이 바로 '괴롭히기'다. 닭장 속 닭들은 허약한 닭을 부리로 쪼면서 제 고통을 잊는다. 만약 이마저 못하도록 막는다면 남는 것은 자해밖에 없을 것이다.

여기서 잠깐 한 걸음 더 들어가 자해 도구에 대해 생각해 볼 필요가 있다. 대부분 날카롭고 뾰족한 도구를 쓴다. 이 점을 중요하게 보아야 한다. 아이들은 작은 주머니칼과 같은 것을 어려서부터 쓸 수 있어야 한다. 송곳과 칼에 찔리기도 하고 베이기도 하면서 날카롭고 뾰족한 도구의 용도와 결과를 자연스럽게 습득해야 한다. 그러나 우리 사회는 아이들이 이런 도구를 쓰는 것에 화들짝 놀라 나무라며 뺏어서 손닿지 않는 곳에 치우는 데 열심이다. 위험한 도구를 일상 속에서 쓰는 연습과 크고 작은 부상을 경험하지 못하게 하는 것이 자해 놀이의 증가와 관련 있다고 생각한다. 도구와 연장을 쓰다가 실수로 베이거나 찔리면서 피가 나고 아픔을 느끼는 경험과 일부러 베고 찔러 피가 나고 아픈 경험의 차이에 관해 깊은 사유가 필요하다.

'자해 놀이'의 현주소가 바로 여기 어디쯤에 있다. 닭이나 아이들이나 자신들의 목숨을 이어가려고 다른 닭과 동무들을 고통과 죽음으로 몰아간다. 이렇게 죽어 가는 대한민국 아이들이 이제 하루 한 명에 가까워지고 있다. 살아남은 아이들도 마음 놓을 수 없다. 가해자나 피해자 모두 고통의 후유증은 오래간다.

닭장 안에서 조금의 자존감도 느낄 수 없었던 닭들이 다른 닭들을 배려한다는 것은 어려운 일이다. 왕따는 바로 존중받지 못하고 관심 받지 못한 아이들이 벌이는 존재의 드러냄이다. 이렇게라도 관심을 찾으려는 몸부림이다. 이 닭장이 바로 우리의 학교이고 교실이 되는 일이 없어야 한다. 왕따는 타고난 결대로 놀지 못해 더는 견딜 수 없는 아이들이 살려고 만들어 낸 처절한 놀이다. 이러한 사실을 외면한 채 펴는 무성한 왕따와 자해 논의는 가망 없는 일이다.

건강한 닭을 키우려면 닭장을 부수고 닭들을 너른 땅에서 뛰어놀게 해야 한다. 닭들의 감옥과 아이들의 감옥을 허물어야 한다. 닭장과 교실을 삶터와 놀이터로 가꿔야 한다. 뜬금없이 들릴지 모르지만, 아이들이 진정 바라고 왕따 문제를 풀 수 있는 실마리는 이렇게 밖으로 나온 아이들끼리 우정의 회복에서 찾아질 것이다. 아이들은 우정을 원한다. 아이들은 우정을 나눌 여유로운 시간 갖기를 간절히 바란다. 함께 놀아야 우정의 싹이 움튼다. 또래는 우정 없이 살 수 없다. 상상해 보라. 우정 없이 교실에서 홀로 견디는 아이가 얼마나 고통스러울지 말이다. 우정을 나눌 친구는 많이 필요 없다. 한둘이어도 충분하다. 만약 지금의 교실에서 우정을 나눌 한 명의 친구도 만들기 어렵다면 그 교실의 존재 이유는 도대체 무엇인가?

　왕따와 자해가 끔찍한 것은 살려고 한 것이 분명한 아이들의 행동이 가까운 친구와 자신에게 집중한다는 데 있다. 칸트는 자유가 없다면 책임도 없다고 했다. 마찬가지로 놀 자유를 빼앗겨 생긴 마음이 곪아 괴롭히기로 이어졌다면 그 아이에게 책임을 물을 수 있을까? 왕따와 자해에 관해 두루 관용적 태도를 견지해야 하는 까닭이 여기에 있다. 물론 철저히 피해자의 입장에 서는 것도 놓아서는 안 된다. 그러나 가해자를 구하지 않으면 이 순환은 계속될 것이다.

　알아야 할 것은 피해자 또한 가해자의 자리로 옮겨 가길 꿈꾼다는 것이다. 부디 이 따돌림의 화살이 다른 아이로 옮겨 가기를 바라며 하루하루를 버틴다. 왕따를 당하고 있는 아이한테 이 길 말고는 다른 살길이 없다. 그래서 따돌림 당하지 않는 제일 나은 방법은 매몰차고 잔인하고 확실하게 따돌리는 모습을 보여주는 것임을 배운다.

　아이들의 괴롭히기 형태는 매우 독창적이고 창조적이어서 따라잡기 어렵다. 창조적으로 진화하고 있다는 것을 잊지 말아야 한다. 특히 '물신주의' 성격의 괴롭힘이 크게 증가하고 있는 것이 최근 경향이다. 이른바 '상납 놀이'다. 우리 사회가 똑똑하고 되바라지고 웃자라게 아이들을 키운 결과가 이런 것이다.

그리고 아이들은 매일 보고 듣는 미디어 속 소재들을 기막히게 찾아 교실에서 왕따의 소재로 쓴다. 피해 아이들은 당하고만 있지 않고 사이버 공간에서 또 다른 괴롭히기에 나서기도 한다. 얼마 전까지만 해도 이런 교실에서 아이들은 하루의 불과 3분의 1 정도를 보냈는데, 지금은 정규수업을 마치고도 방과 후 프로그램이 이어지고 또 그것이 끝나면 학원으로 쉼 없이 이어져 아이들은 피할 곳이 없다. 학교와 학원을 벗어나 집으로 가도 소셜미디어와 메신저로 24시간 왕따와 괴롭힘이 이어진다. 스위치를 끌 수 없다.

'왕따'는 또래 또는 패거리 문화로 나타난다. 그리고 이 패거리는 '일진', '이진'과 같은 서열로 자리 잡는다. 이런 패거리 속에서 제 몸 하나 건사하려면 몇 가지 조건 가운데 하나는 있어야 함을 아이들은 배운다. 집에 돈이 많거나, 집안에 누가 있거나, 얼굴이 잘생겼거나, 공부를 잘하거나, 싸움을 잘하거나 등이다. 성인의 세계와 다름이 없다.

이 중에서 아이들이 일진의 연결고리로 삼는 것은 다름 아닌 '돈'이다. 일진들이 하는 주 업무가 아이들로부터 피라미드 다단계처럼 돈을 상납받는 일이기 때문이다. '왕따'의 최종 목표가 돈 수금에 있다는 말이다. 그러니까 '왕따'라는 것이 '관계'에서 '비즈니스'로 이동하고 있음을 냉철하게 인식해야 할 때다. 그래서 왕따는 오늘날 아이들이 안 하고는 못 사는 '소비와 쇼핑' 놀이와 나란히 갈 수밖에 없다. 이 또한 어른들의 세계를 빼닮았다. 왕따 당하지 않으려면 돈을 가져오라는 말이다. 어떤 아이들은 가져오라고 강요받지 않았는데도 일진에게 스스로 돈을 갖다 바치며 일신의 안위를 부탁하기도 한다. 열 살 안팎의 아이들이 스스로 하는 청탁이라니 대한민국은 여기까지 왔다. 고립은 이렇게 공포스러운 것이다.

세상이 단 하나, 극단적인 이윤 추구로 미쳐 가니 아이들 놀이에도 돈이 핵심고리로 작용한다. 결국, 일진도 돈이다. 왕따 놀이는 일진들의 소비 놀이를 떠받친다. '힘과 돈'을 차지하는 일진이 궁극으로 도달하려는 세계가 무엇인지 이쯤에서 드러난다. 바로 '권력'이다. 왜 아이들은 '소비' 놀이에 빠져 헤어 나오지 못할까? 사지 않고는 아이들 또한 세상을 견딜 수 없기 때문이다. 쇼핑 중독에 빠진 어른들과 다를 바 없다. 만약 '닭장'의 닭들에게 쇼핑이 허용되었다면 그 속이 좀 더 견딜 만한 곳이 되었을지 모른다.

낯설게 들리겠지만, 학교는 우정을 꽃피우고 서로 다른 타자를 알아가는 곳이었다. 얼마 전까지만 해도 말이다. 교사는 너무 많은 업무로 아이들을 돌보기에 힘이 부친다. 아이들 가까이 있는 성인 어른은 경쟁에 앞서 가는 몇몇 아이를 드러내 놓고 편애하는 일은 없어야 한다. 관심과 사랑에 민감한 시기를 보내고 있는 아이들에게 이런 편애는 사랑받는 쪽이나 사랑받지 못하는 쪽이나 불구로 만들기 쉽다. 왕따와 자해, 집단 따돌림과 괴롭히기 같은 아이들의 행동은 따지고 들어가면 관심과 사랑을 받기 위한 몸부림이다. 성인 어른의 편애와 무시 속에서 아이들은 왕따를 조금씩 배우는지도 모른다.

일진 아이들이 어찌 보면 비겁하고 용기 없는 아이들이며 나중에 이 아이들이 힘과 권력의 하수인으로 살아갈 가능성이 있음을 어른들은 헤아려야 한다. 하수인 생활을 일찍이 경험하고 그 생활이 너무나 안락하다는 것을 몸으로 익히는 것을 말이다. 하수인 아이들은 약한 아이 하나쯤은 철저히 린치를 가할 수 있어야 함을 뼛속 깊이 새긴다. 그리고 그렇게 해야 세상이 돌아간다고 배운다.

아이들은 왕따가 있어야 하듯이 노예 또한 세상에 있어야 한다고 믿게 될 것이다. 그리고 대부분의 일진은 더 센 일진 앞에서 노예로 사는 것을 당연하게 여길 것이다. 방관하는 아이들 또한 마찬가지다. 이렇게 폭력과 협박과 괴롭히기에 길든다는 것은 사람의 길을 포기하는 것이다. 아이들은 때로 일진이나 이진에 끼면서, 때로는 멀찍이서 일진과 이진 아이들을 부러워하면서, 왕따 당하는 옆 동무를 외면하면서 사람의 길에서 조금씩 탈주한다.

아이들 밖에서 어른들이 내리는 왕따 처방은 나를 또 다른 절망에 빠트린다. 아이들 세계를 모르고 내놓은 대책에 쓴웃음이 나온다. 일진이 아이들을 풀어, 누가 왕따나 괴롭힘 당했다고 상담하러 가는지 길목을 지키게 하고 있는데 말이다. 어렵지만 우리는 아이들 사이의 우정에 다시 기대야 한다.

우리는 가해자를 벌할 수 있는 시스템을 가지고 있다. 피해자를 보호할 더 튼튼한 시스템 또한 만들어야 한다. 그러나 피해자를 보호하고 가해자를 단호히 처벌하면 문제가 해결될까? 나는 심각한 의문이 든다. 이로써 겉으로는 모든 문제가 말끔히 정리된 것 같지만, 사실 아무것도 해결된 게 없다는 사실에 눈떠야 한다. 책임을 묻고 처벌을 내렸지만, 가해자는 왜 그렇게 하게 되었는지 그들의 환경을 이해하고 개선하는 데 힘을 보태야 한다. 나아가 우리는 그들이 다시 같은 길로 들어서지 않을 수 있는 환경을 함께 가꿔야 한다. 그들 또한 닭장이라는 교실과 가정이라는 혼돈 속에서 견딜 수 없는 가엾은 존재였기 때문이다.

우리 사회가 지금보다 더욱 가혹하게 닭장의 닭들을 몰아세우고 괴롭힐 때 일진 아이들의 영업은 더욱 호시절을 누릴 것이다. 기업의 해고가 살인인 것처럼 아이들의 자살 또한 분명한 타살이다. 아이들이 마음껏 놀아 보지 못하고 세상을 버렸다는 소식을 들으면 가슴이 미어진다. 놀았다면, 아이들을 좀 놀게 놔두었더라면 견딜 수 있었을 텐데 하는 생각 때문이다. 아이들이 조금 더 어렸을 때 주변과 보호자가 조금 더 이야기 나누고 놀게 해주었다면, 그래서 아이들이 놀면서 행복을 느꼈더라면 스스로 목숨을 끊지는 않았을 것이다.

아이들 고통의 뿌리는 '놀이 없음'에 있다. 놀면서 길러지는 생기와 힘을 오늘을 사는 부모와 교사와 학교는 북돋아야 한다. 놀이의 실종이 곧 왕따와 자해를 넘어 자살로 치달을 것임은 너무나 분명하다. 아이들의 잇따른 세상 버리기의 한복판에 관계의 단절과 놀이의 실종이 있음을 보자. 놀이의 즐거움을 아는 아이는, 어려서 마음껏 놀았던 아이는 결코 자신을 스스로 쉽게 버리지 않는다. 세상을 버린 아이는 세상이 너무너무 바쁘고 재미없고 쓸쓸하고 지긋지긋했기 때문이다. 험한 길을 헤쳐 나가는 데 꼭 필요한 생기와, 놀면서 만나는 동무와의 우정과 가까운 성인의 말없는 지지가 있어야 아이들은 살 수 있다. 왕따와 학교폭력과 자해와 자살 문제를 놀이와 우정을 제쳐 두고 푸는 길은 없다. 아이들이 스스로 목숨을 끊는 일이 더는 일어나지 않아야 한다고 생각하는 어른이라면 부디 유아 시절부터 아이들을 빼돌리지 말고 충분히 놀 수 있도록 '놀 틈'과 '놀 터'와 '놀 동무'를 찾아 주자.

놀이가 살아나야 아이들도 산다. 어떤 아이는 여럿의 괴롭힘을 받다가 견디지 못하기도 하고 또 어떤 아이는 견디기도 한다. 만약 이 난마처럼 얽힌 문제를 풀기 어렵다면 견딜 수밖에 없으리라. 그렇다면 누가 무엇으로 견딜 수 있을까. 아이들한테는 어려서 동무들과 어울려 놀며 길러진 튼튼하고 건강한 생명의 기운과 소통의 기술이 있어야 한다. 아이들은 '놀이'라는 동무와 어울려 놀아야 한다. 덜 놀면 더 괴롭히고 덜 움직이면 더 괴롭힌다.

아이들 문제는 놀아야 풀린다. 아이들 문제는 문제 이전에 많은 시간을 놀면서 보냈어야 풀 수 있다는 말이다. 아이들의 가장 인간다운 삶이란 다름 아닌 놀이에 충실하기다. 어른들아! 아이들이 놀이와 우정을 오가며 놀 수 있도록 해주자. 아이들이 경쟁해서 등급을 올리고 스펙을 쌓아야 한다는 것에 아직도 마음을 접지 못하고 있는 나와 당신은 왕따와 자해, 그리고 학교폭력과 아이들의 세상 버리기의 첫 번째 공모자가 틀림없다. 그 고리를 이제는 끊자.

쇼핑은 어떻게 아이들의 놀이가 되었나

　대한민국에서 중3 정도 아이를 둔 부모는 아이들한테 어떤 존재일까. 꽤 많은 집 아이들이 부모를 '뭘 사줄 수 있는 사람'으로 생각한다. 열 번 생각하지 않고 사주기 때문에 이런 일이 생긴다. 자본주의에서 양육의 가장 중요한 태도는 물건을 함부로 사주지 않는 것에서 시작해야 한다. 특히 '아이들한테 좋다고 대놓고 선전하는 것은 사주면 안 되는 것이구나' 이렇게 생각할 수 있어야 한다.

　나는 감히 주장한다. '사지 마시라. 사주지 마시라. 열 번 생각하고 사주시라.' 만약 뭔가 하나를 사줄 수밖에 없다면 스스로 여러 차례 물어봐야 한다. 아이들이 사는 놀이에 빠져들고 있기 때문이다. 지금 세상이 아이들한테 하는 소리는 딱 하나, '사라'다. 당연하게도 이 소비의 고리를 끼워 준 사람은 보호자일 가능성이 크다.

　오늘 아이들의 가장 즐거운 놀이 또한 사는 놀이다. 아이들은 그래서 늘 가까운 성인을 만나면 그게 얼마냐고 묻는다. 이제 소비가 아이들한테 또렷한 놀이의 한 영역이 되었다. 아이들은 놀이보다 쇼핑이다. 쇼핑이 놀이다. 아이들은 일찌감치 사기 놀이, 입기 놀이, 먹기 놀이, 바르기 놀이에 빠진다. 유행하는 패션과 브랜드 구입은 왕따를 비껴가기 위한 도구로 쓰일 수 있음도 아이들은 일찌감치 알아챈다. 아이들은 본격적인 소비 놀이에 빈부의 차별을 안고 들어선다. 이렇듯 아이들을 소비로 유혹하는 것은 바로 무차별 광고를 앞세운 자본이다. 끊임없이 살 것을 궁리하느라 놀 틈이 없는 아이들을 보라! 아이들로부터 놀이를 거세시키는 것에 성공한 자본의 선전은 '소비'로 아름답게 포장되어 미디어와 소셜미디어를 통해 대량으로 투하된다.

아이들 영혼은 기업 상품마케팅의 먹이가 되었다. 소유 그 자체가 놀이의 동기와 과정과 목표가 된 이 씁쓸한 풍경은 어른들의 내면과 크게 다르지 않다. 유희왕이나 포켓몬스터 딱지를 보라. 놀기 위해서 사는 게 아니라 모으기 위해 산다. 어쩌면 이렇게 어른들의 욕망을 닮았단 말인가. 놀잇감을 가지고 놀 때보다 놀잇감을 축적해야 행복하다. 옛날에는 공기놀이를 잘하거나 비석치기를 잘하거나 고무줄을 잘하는 것이 동무들 사이에서 자랑거리였는데, 지금은 오로지 한 아이가 다른 아이와 견주어 무엇을 얼마만큼 구색을 갖춰 더 가지고 있느냐가 자랑이다.

아이들이 어른 놀이를 한다. 소비에 아이와 어른의 경계 자체가 무너졌다. 아이나 어른이나 소비하는 정보가 똑같기 때문이다. 이것은 결국 아동기와 청소년기라는 것이 별도로 존재하지 않을 수 있음을 말한다. 깊이 우려할 일이다. 이러한 까닭에 가난한 아이들은 더욱 놀이의 빈곤함에 빠져 스스로와 부모의 처지를 자책하며 우울한 어린 시절과 청소년 시절을 보낸다.

여기에 아이들을 더욱 꼼짝 못하게 하는 것이 있으니 소셜미디어다. 자본의 상술이 우정에까지 뻗쳐 간섭하고 선전하고 통제하는 상황에 아이들이 고스란히 빨려 들어간다. '소셜'이 무색하다. 그리고 그 속에는 사라는 광고가 난무한다. 단짝 동무와의 우정을 나누려면 시간과 공간이 있어야 하는데 우정도 인터넷이나 손전화 속으로 들어와 나누면 된다고 한다. 소셜미디어를 쓰지 말아야 한다는 허황된 주장을 하려는 것이 아니다. 연예 산업과 게임 산업과 소셜미디어는 어찌 보면 우정에 굶주린 아이들의 마지막 피난처인지도 모른다. 연예 산업과 게임 산업과 소셜미디어가 아이들의 '놀 터'와 '놀 동무'와 '놀 시간'을 채운다. 긍정적인 측면도 분명히 있다. 직접적인 관계의 어려움이 큰 경우 문턱을 낮추고 친밀감을 높이는 데 도움이 되기도 한다. 나아가 소셜미디어를 악으로만 보는 시각도 경계해야 할 일이다. 균형과 성숙의 관점이 무엇보다 필요한 영역이라 생각한다. 성장한다는 것은 성숙한다는 것이고 몸과 마음과 사고가 균형을 잡을 때 스스로 '관리'할 수 있다.

여기에 아이들 대신 놀아 주는 연예 산업, 노는 착각에 빠트리는 게임 산업, 텔레비전 속 가수의 옷과 운동선수의 돈벌이에 열광하며 아이들의 사고는 녹는다. 자신이 놀아야 하는데 남이 노는 것을 보는 것에 부자유함을 느끼지 못하며 그 세계에 점점 수동적으로 끌려다닌다.

문화 산업으로 가장한 연예 산업, 스포츠 산업, 게임 산업, 통신 산업 따위가 아이들을 '소비 놀이'로 빨아들이는 블랙홀임은 분명하다. 한국의 문화 산업은 '대 어린이 사기극'과 '대 어린이 잔혹극'을 그럴듯하게 포장해 주는 일을 떠받치며 부를 쌓는다. 이제 막 삶의 초반부를 보내고 있는 아이들은 이것들과 어떻게 만나야 할까? 놀면서 존재할 것인가 아니면 소비하면서 존재할 것인가. 대한민국 아이들은 지금 이 둘 사이 어디쯤 있는 걸까? 소비는 아이 자신을 상품으로 만드는 전 단계다. 이와 같은 구매와 소비의 손쉬움은 아이에게 세상이 나를 중심으로 움직인다는 착각과 조숙함에 빠뜨릴 수 있다. 이런 '아이의 어른되기' 현상은 아이가 아이로 사는 것을 막고 '어린 시절(childhood)'을 한없이 축약시키고 있음을 걱정해야 할 때다.

아이들이 세상에 온 까닭

별은
캄캄한 밤이라도
환한 낮이 있다는 것을
잊지 말라며 반짝인다네

꽃들이 피는 것은
웃음을 퍼뜨리기 위해서지

바람이 불어오는 것은
아주 먼 곳에 사는 사람들도 우리처럼
하루하루 부지런히 일하며 살고 있음을
들려주기 위해서라네

아이들이 세상에 온 까닭은 뭘까

꽃들은 말한다네

웃으러 왔다고
별들은 말한다네
꿈꾸러 왔다고

마음속 깊은 곳
바람 같은 아이 하나
뛰놀고 있는 어른들은 말해 주어야 하네

아이들아,
너희가 세상에 온 까닭은
웃고 노래하고 춤추며
아침부터 저물녘까지 동무들과 뛰놀기 위해서라고

스크린은 창인가 벽인가

아이들 놀이가 한껏 뿜어져 나오는 장소는 어디일까? 당혹스럽지만 그것은 전쟁 뒤 폐허와 같은 잡동사니 틈바구니에서다. 폐허로 바뀐 환경은 어른들을 절망에 빠뜨리지만, 아이들은 폐허에서 풍부한 상상의 재료를 만나고 놀이의 고리를 발견한다. 폐허는 아이들이 무언가 만들 수 있는 소재가 널려 있기 때문이리라. 마치 삶의 가장 복잡하고 힘든 시기야말로 희망이라는 씨앗을 뿌리기에 가장 좋은 때와 일치하는 것처럼.

이런 내 생각에 고개를 갸웃하실 분이 계실지 모르겠다. 그러면 나는 이렇게 되묻고 싶다. 오늘 아이들이 이 정돈되고 반듯한 시공간에서 무엇을, 무슨 놀이를 할 수 있는지를 말이다. 위험하니까, 더러우니까, 시끄러우니까, 어지르니까……. 놀이를 금지하는 이유는 왜 이렇게 늘어만 가는 걸까. 세상과 어른들은 왜 갖은 구속과 핑계로 아이들을 얼어붙게 하는 걸까. 무릎이 까지고 넘어지고 떨어지고 미끄러지고 멍들지 않고 어떻게 자랄 수 있단 말인가. 놀이 속에 늘 존재하는 모험과 위험을 피하고 놀 방법은 없다는 교양이 필요하다. 아이들 성장을 가로막는 가장 좋은 예는 부모가 미리 나서 아이 주변의 모든 위험한 요소를 싹 치우는 것이다. 이런 환경과 어른들의 조치 속에서 아이들은 결코 성장할 수 없다. 위험을 알아차려야 하는 것은 아이이지 부모가 아니며 언제나 부모가 아이의 위험을 막아 줄 수도 없는 노릇이다. 위험과 공포는 구분되어야 한다.

『삐삐 롱스타킹』을 쓴 아스트리드 린드그렌(Astrid Anna Emilia Lindgren)은 『사라진 나라』(풀빛, 2003)에서 위험의 가치를 좀 더 또렷이 그리고 벅차게 우리에게 들려준다. 그녀는 어린 날을 돌아보며 진정 놀다 죽지 않은 것이 천만다행이라 했고, 높은 데서 뛰어내리는 놀이를 할 때는 내장이 흑흑거리며 울 정도였다고 했다. 나는 이 이야기를 읽고 린드그렌 작품을 온전히 이해할 수 있었다. 린드그렌은 놀고 또 놀고 또 놀았다. 이렇게 놀았던 린드그렌이 자신 속에 살아 있는 아이를 즐겁게 하려고 작품을 썼다고 하니, 그녀의 작품이 아이들에게 어떻게 사랑받지 않을 수 있겠는가.

린드그렌의 어머니는 딸이 노는 데 정신이 팔려 늦게 집으로 돌아와도 야단을 치지 않았고, 놀다가 옷이 찢기거나 더러워져도 나무라지 않았다. 더 나아가 거칠게 놀다가 생기는 위험과 사고를 아이들의 권리로 여겼다. 또한 린드그렌의 어머니는 아이가 할 수 없는 것을 강요하지 않았다. 린드그렌의 여러 작품만큼 린드그렌 어머니로부터 나는 많은 것을 배운다.

아이들은 자신들이 놓여 있는 현실과 처지와 질곡에 파묻히지 않을 힘이 있다. 아이들은 그 자체로 독립된 꿈이기 때문에 가능한 일이다. 가장 척박한 땅에도 아름다운 놀이의 꽃은 핀다. 아이들로부터 놀이를 빼앗은 것은 다름 아닌 풍요다. 놀이는 심심하고 뭔가 모자라거나 없을 때 꿈틀거린다.

텔레비전을 보라. 텔레비전은 아이들을 화면 앞에 묶어 둔다. 스크린 바깥세상에 눈 돌리지 못하게 텔레비전은 아이들 눈과 귀와 손가락을 사각 틀에 묶는다. 텔레비전을 집 안에 들여놓고 아이들에 대해 이야기하는 것은 그래서 가망 없는 일이다. 텔레비전은 어린 시절을 지우고 실감하는 것에서 멀어지게 하고 세상의 신비함을 쓸모없게 만든다. 텔레비전은 아이와 어른의 경계를 한 번에 허물고 '상상놀이'를 대리한다.

더욱 걱정스러운 것은 아이들이 하루 동안 동무나 교사, 부모에게 들었던 이야기를 잘 소화시켜야 푹 잘 수 있는 것처럼 텔레비전에서 본 무지막지한 데이터 또한 소화해야 하는데, 늘 소화를 못 시킨 상태에서 하루를 마친다는 것이다. 다시 말해 게임과 마찬가지로 텔레비전 또한 게임을 할 때나 텔레비전을 볼 때만 에너지를 쓰는 게 아니라는 말이다. 컴퓨터와 텔레비전은 꺼져 있지만 아이들 머릿속에서 게임과 텔레비전은 늘 켜져 있는 상태다. 아이들은 자면서도 게임 중이며 텔레비전 시청 중이다. 게임과 텔레비전은 이렇게 강력하다. 아이들의 뇌는 텔레비전으로부터 들어온 지나치게 많은 빛과 소리의 정보를 처리하느라 밤새 온전한 잠에 들지 못한다. 텔레비전은 아이들을 한곳에 모아 놓고 아무런 제재 없이 날마다 엄청난 정보와 자극을 퍼붓는다. 그래서 오늘 아이들 아빠는 손바닥 게임기이고 아이들 엄마는 텔레비전인 세상이 되고 말았다.

텔레비전 앞에 아이를 홀로 놓아두는 것은 걱정할 일이다. 점점 아이들은 아무것도 하지 않으려 할 것이다. 텔레비전은 모든 것을 빨아들인다. 적어도 영유아 시기와 초등학교 저학년 아이들은 텔레비전으로부터 지켜 줘야 보호자다. 텔레비전에 오랜 시간 노출된 아이는 생기를 잃는다. 텔레비전에 나오는 연예인과 선수들이 춤이고, 노래고, 운동이고, 놀이고 모든 것을 대신하기 때문이다. 아이들에 대해 뭔가 이야기하려거든 먼저 텔레비전을 끄고 시작하기를 벗들에게 권한다.

말끝마다 "힘들어, 안 할 거야" 하는 아이들이 늘어만 간다. 아이들이 힘들다니! 힘들다는 말은 어른들 입에서나 나올 수 있는 말이 아니었던가. 이렇듯 아이들 몸도 빠르게 무너져 가고 있다. 병원을 집 드나들듯 오가고, 몸에는 독성 물질과 온갖 내분비계를 교란시키는 환경호르몬이 쌓이고, 신경계를 자극하는 중금속의 양도 상당하다. 미세먼지와 변화무쌍한 기후 위기로 불안과 공포는 점점 늘어나 한껏 아이들의 행동과 사고를 막아선다. 이것이 지구 착취의 풍요가 아이들에게 가져다준 결과다.

아이들을 지키고 건강하게 키우기가 쉽지 않다는 것을 잘 안다. 그렇기에 우리는 아이들이 놀 수 있는 환경을 알뜰히 가꾸어야 한다. 노는 아이는 경계를 뛰어넘고, 위험을 알아차리고, 거친 환경에 꺾이지 않는다. 우리 사회만큼 잘 노는 아이를 낮추어 보는 곳도 드물다. 아이가 잘 노는 데 무엇을 더 보태야 한단 말인가. 학교 전체와 사회가 잘 노는 아이 하나 길러 내지 못하는 이 어리석음을 어디서부터 따져야 할까.

만약 아이들을 구원할 무엇이 있다면 그것은 분명 놀이다. 놀지 못해 몸과 마음이 아픈 아이들이 어른들의 삶이, 우리의 삶이 위험하다는 신호를 쉼 없이 보내고 있다. 왜 이 구조신호에 응답하지 않는가? 하물며 전쟁의 폐허도 아이들의 놀이를 막지 못하는데, 우리 아이들이 마주하고 있는 현실이 전쟁보다 더하다는 말이 아니고 무엇인가. 텔레비전을 끄는 것에서 시작해 보기를 권한다. 거짓과 과장과 광고와 소비를 일삼는 텔레비전과 결별할 때 우리는 비로소 아이를 만날 수 있다. 컴퓨터를 단식하고 텔레비전을 금식하는 부모가 아이들에 대해 이야기할 수 있다.

우리의 욕망을 다 채우면서 아이들 교육도 잘해 보려는 것은 가망 없는 일이다. 날마다 무언가를 사라고 부르짖는 텔레비전을 끄지 않고 아이들은 놀이와 친구가 되기 어렵다. 텔레비전과 같은 스크린의 가장 심각한 폐해는 사실 따로 있다. 놀이의 본령이라고 할 수 있는 '상상놀이'의 급격한 상실이다. 텔레비전을 끄면 아이들의 놀이가 켜지고, 텔레비전을 버리면 아이들이 살아난다. 만약 당신이 텔레비전을 끄면 아이는 우리에게 인생에 대해 많은 이야기를 들려줄 것이다. 그런 행운과 만나기를 빈다.

시들거나 웃자라거나 꽃이 지거나

아시아의 골목을 따라 걷다 보면 어릴 때 우리 살던 골목이 그랬던 것처럼 코흘리개 땟국 절은 아이들과 맞닥뜨린다. 골목을 따라 걷는다는 것은 공터를 만날 수 있다는 것이고, 공터를 만난다는 것은 아이들을 만날 수 있다는 말과 같아 이런 골목에 들어서면 설렌다. 이런 설렘이 10년 넘게 나를 아시아의 여러 골목과 동네로 이끌었다.

도시는 작은 골목을 없애 도로를 만들고 동네 마당을 메꾸고 큰 건물을 지어 이제는 아기자기한 골목도 공터도 보기 쉽지 않다. 골목과 공터가 사라지니 놀던 아이들도 함께 자취를 감추었다. 그렇다면 골목과 공터에서 밀려난 아이들은 어디로 간 걸까? 골목과 공터에서 사라진 아이들은 어디에서 무엇을 하고 있는 걸까? 학교와 이런저런 학원과 집을 왔다갔다 하는 아이들을 본다. 오늘 아이들에게 학교와 학원과 집의 차이는 크게 없다. 이 세 곳의 이름은 다르지만, 따지고 보면 같은 곳이기 때문이다.

아이들이 이 세 곳을 왔다갔다 한다. 그렇지만 아이들도 사람이기 때문에 책상에 앉아 공부만 할 수 없다. 무엇인가 새롭고 재미있는 일을 꾸며야 살 수 있다. 이 세 곳 어디에도 자신들만의 놀이터를 만들지 못한 채, 겨우 쉬는 시간에 복도나 뛰어다니며 답답한 몸과 마음을 달래는 아이들의 버거움을 어른들은 알까. 가슴 아픈 것은 이런 삶을 어느새 당연한 듯 받아들이며 학교, 학원, 집을 맴돌이하는 기운 없는 아이들의 뒷모습이다.

우리가 자랄 때만 해도 많은 부모는 오후 시간에 당신 아이들이 뭘 하는지 잘 몰랐다. '그냥 어디서 동무들 하고 놀고 있겠지' 하는 정도였다. 그러나 오늘 부모들은 아이들이 어디서 무얼 하는지 낱낱이 안다. 학원 도착과 출발을 부모에게 알람으로 알려주는 세상이니 말이다. 이렇듯 아이들에게 허락된 빈틈이란 게 없는 것이 오늘 아이들의 현실이다. 아이를 돌봐야 할 부모와 교사는 어느새 관리자 역할을 떠맡고 있는 셈이다.

이렇듯 동무들과 함께 뛰놀지 못한 아이들이 탈출구로 선택한 것 가운데 하나가 PC방과 노래방과 인라인과 보드다. 학교, 학원, 집이라는 세 꼭짓점을 잇는 길을 놀이터와 해방구로 삼아 찻길이고 보도고 가리지 않고 내달린다. 어른들은 위험하다고 나무라지만 아이들은 달리고 넘나든다. 인라인과 보드는 몸으로 놀지 않으면 아플 수밖에 없는, 밖으로 나가 놀지 않으면 견딜 수 없는 아이들의 선택이다. PC방과 노래방은 아이들의 오아시스다.

왜 아이들은 이런 선택을 할까? 아이들은 스스로 알기 때문이다. 놀아야 한다는 것을, 몸을 움직이지 않으면 아프다는 것을, 실내에만 있을 수 없다는 것을 아이들은 몸으로 안다. 이렇게라도 놀려는 아이들의 몸부림에 박수를 보내주어야 마땅하다. 가끔 생각해 본다. PC방과 노래방과 인라인과 보드가 없는 아이들의 하루를 말이다. 인라인과 보드는 아이들에게 학교 밖, 학원 밖, 집 밖이라는 '바깥' 공간에 눈을 뜨게 해주었다. 인라인과 보드가 없다면 아이들은 실내라는 닫힌 공간에 온종일 있을지 모른다. PC방과 노래방을 넘어 지금 아이들에게 절실한 방은 '춤방'이다.

아빠와 땀을 뻘뻘 흘리며 산에 오르는 것을 즐거워하던 아이가 있었다. 엄마 방, 동생과 누나 방을 돌아다니며 이야기 나누는 것을 즐거워한 아이였다. 이 아이가 컴퓨터와 소셜미디어와 게임을 만나고부터 자기 방으로 들어가 문을 닫더니 오래도록 문을 열지 않는다고 한다. 게임을 만나고 난 뒤로 이런저런 일에 시큰둥해지더니 곧 관계와 소통에 관심을 잃어 간다. 물론 그 속에서도 관계와 소통은 있다. 문제는 둘 다 필요한데 한쪽만 커지는 현상이다.

컴퓨터 게임이 지닌 선정성과 폭력성을 따져 아이들에게 해로움이 무엇인지 살피는 것은 별 소용없다. 선정성과 폭력성을 앞세우는 일은 게임의 해악이 무엇인지 모르게 할 가능성이 도리어 크다. 정말 걱정해야 할 것은 게임에 가까워질수록 동무와 형제와 부모 같은 관계에서 멀어진다는 것이다. 삶이라는 것, 사랑한다는 것, 가슴 아프다는 것, 힘들다는 것, 눈물겹다는 것, 소통한다는 것에서 멀어지고 점점 무뎌지게 된다는 것이다. 누가 무엇으로 문을 닫고 방으로 들어간 아이를 불러낼 수 있을까. 인생에서 가장 아름다운 시절을 보내야 할 아이들을 한두 가지에만 물들게 할 권리가 우리에게는 없다. 아이들에게 게임은 술과 담배보다 해로움이 결코 적지 않다. 차라리 게임보다 술과 담배가 덜 해로울 수 있다. 술과 담배는 직접적이지만 게임은 시간과 장소를 가리지 않는 데 문제의 심각성이 있다.

아이들이 하는 게임 대부분은 무언가를 죽이고 파괴해야 점수가 올라가는 원리에 따라 만들어진다. 좋지 않은 일을 하면 할수록 점수가 올라가는 게임의 원리가 아이들에게 해가 없다고 하면 거짓이다. 그리고 게임은 점점 많은 것들을 무작위로 죽이는 대량 살상으로 옮아간다. 마침내 게임은 학살로 치닫는다. 현실에서 위험을 허락받지 못하니 가상세계에서 위험을 해소하는 것은 긍정적인 점이 분명히 있다. 그러나 자기조절과 자기통제의 균형이 작동하는지가 문제다.

게임은 미군들의 모병에 적극 활용되고 있고 이것은 윤리적인 문제에 닿아 있다. 미국 본토 벙커에서 옆 전우와 커피를 마시며 무인 전투기에 실린 가공할 파괴력을 지닌 미사일을 화면에 개미처럼 보이는 사람들을 향해 게임하듯 퍼붓는 일이 벌어진다. 옛날에는 전쟁 무기가 아이들 장난감 개발의 원천으로 쓰였지만, 이제는 거꾸로 뒤집혀 아이들 게임에서 출발한 기술이 전쟁의 도구로 옮아가는 일이 벌어진다.

그렇다면 게임과 같은 '과몰입' 나아가 '중독'까지 가지 않는 길은 없을까? 있다. 어려서부터 밖에서 몸으로 논 아이들은 게임 중독에까지 다다르기 어렵다. 밖에서 땀 흘리며 노는 기쁨을 한껏 몸에 담았던 아이들은 그 이후에 만난 게임과 같은 것들을 이 세상의 많은 놀이 가운데 하나로 여긴다. 이것이 참 중요하다. 그러니 만약 아이가 게임에 갑자기 빠졌다면 그 아이는 평소에 놀이가 매우 부족했거나 놀지 못하게 해서 그런 것은 아닌지 살펴볼 일이다. 다른 나라와 견주어 유난히 게임 중독 증세를 많이 보이는 우리나라 현실은 거꾸로 우리나라가 아이들에게 얼마나 실제 놀이를 막고 있는지 반증한다.

  게임 중독의 치료와 예방은 말처럼 그렇게 간단치가 않다. 게임이라는 것은 중독을 전제로 만들어지기 때문이다. 우리는 물어야 한다. 게임으로 벌어들이는 천문학적인 이득은 누구에게로 가며 또 게임 중독 예방과 치료를 위해 쏟아붓는 비용은 누가 내고 있는지를 말이다. 우리는 이중으로 돈을 빼앗기고 있다. 게임을 사느라 돈 쓰고 치료받느라 또 돈을 쓴다. 이것은 보건학의 중요한 화두가 되어야 한다. 아이들의 영혼을 파편화시키는 돈벌이에 몰입하고 있는 게임업자들에게 게임 중독의 예방과 재활의 비용을 보건 당국은 청구해야 마땅하고, 그들은 응해야 한다. 이것이 상식이다. 그들이 '이윤극대화'의 장본인이기 때문이다.

  아이들은 놀고 싶다. 아니 아이들은 놀지 않으면 시들어 버릴지 모른다. 무섭고 두려운 일이지만 이것이 사실임이 증명되고 있다. 놀이라면 마땅히 온몸으로 노는 것이라는 것을 아이들은 생각으로가 아니라 몸으로 안다. 게임을 하면서 몸과 마음이 시들고 있다는 것을, 무언가 좀이 쑤셔 개운하지 않다는 것을 아이 스스로 실감할 수 있어야 한다. 몸을 쓰는 환희를 느낄 수 있는 아이는 밖에서 오래도록 놀아 본 아이다. 그러나 아이들의 선택지가 많지 않다.

어른들은 아이들의 놀이터를 줄이고 골목과 공터에는 큰 건물과 큰 도로를 건설하고 놀이시간을 이런저런 지식과 공부와 학습이라는 것으로 채우는 일에 골몰한다. 학교와 학원과 집에서 시달린 몸과 머리를 PC방과 노래방으로 끌고 가 잠시 쉬는 아이를 나무랄 수 없다. 나는 공공의 영역에서 어린이 청소년 '춤방'을 이제는 만들어 줘야 한다고 생각한다. 온갖 게임을 만들어 다 팔아먹고, 아이들은 모두 다 실내에 묶어 놓고, 어떻게 놀기를 바란단 말인가. 아이들이 놀려면 적어도 '놀 틈'과 '놀 터'가 있어야 한다. 놀 틈과 놀 터를 만들어 주고 놀이를 이야기해야 마땅하다.

언젠가 선생님들과 모여 '이것도 놀이인가?'라는 이야기를 늦도록 주고받은 적이 있는데 겨우 20년 전만 해도 놀이는 너무나 풍성했다. 그날 나온 놀이 가운데 몇 가지만 옮겨 본다.

삽 타기, 삽 두 개로 걷기, 뒤에서 오금 차서 주저앉히기, 높은 데

서 뛰어내리기, 낭떠러지 건너뛰기, 기차에서 먼저 내리기, 길에 함정 파기, 가방 메고 가면 뒤에서 가방 문 몰래 따기, 무술 가위바위보, 이불 속에서 옷 바꿔 입기, 걸으면서 꼭 무엇만 밟고 걷기, 베개싸움, 두꺼운 겨울 이불 위에서 레슬링하고 재주넘기, 겨울 유리창에 글씨 쓰기, 연탄집게 반쪽 던져 꽂기, 스무고개, 입으로 물 품어 무지개 만들기, 담에 낙서하기, 신문지에서 자기 이름 찾기, 책 쪽 끝수 펴기, 책받침 깨기, 지우개 따먹기……

나는 옛날 아이들이 했던 놀이가 좋으니 그런 놀이를 지금 해야 한다고 주장하는 것이 아니다. '틈'과 '터', 다시 말해 시간과 공간과 또래를 먼저 보고 가장 나중에 놀이를 보아도 늦지 않다는 것이다. 놀 거리가 없어도 놀 틈과 놀 터와 놀 또래만 있으면 아이들은 논다. 요즘 우리 아이들이 놀지 않는 까닭은 전래놀이 같은 것을 몰라서가 아니다. 아이들은 오히려 놀 것이 너무 많아 무엇부터 놀아야 할지 모를 지경이다. 그러나 안타까운 것은 자본이 큰돈을 쏟아부어 만든 놀이라는 것이 결국 게임인데, 이것이 모두 실내에다 아이들을 몰아넣고 점점 더 몸을 못 쓰게 만드는 데 있다. 아이들이 놀 수 있는 틈과 터를 마련해 아이들을 놀 수 있게 하는 일이 가장 시급한 우리 사회의 의제가 되어야 한다.

실내에서 나올 줄 모르는 아이들에게 오늘 하늘을 한번 볼 겨를이 있었는지 물어본다면 아이들은 뭐라고 대답을 할까. 하기 싫은 학습과 너무 하고 싶은 게임으로 혼란스러운 아이들에게 하늘은 웬 하늘이고, 그들의 삶에 틈과 터의 여유가 없는데 놀이는 어디서 발견하겠는가. 놀 수 있는 공간과 시간이 있을 때 아이들은 옛날 놀이와 요즘 놀이에 갇히지 않는 자신들만의 놀이문화를 스스로 만들 것이다. 특히 '놀 시간'의 부재는 놀이운동을 시작했던 20년 전과 견주어 급격히 줄어들었고 무서울 정도로 위축되었다. 온 힘을 다해 출구를 마련해야 할 때다. 그러지 않으면 아이들이 죽는다.

나는 아이들이 할 놀이가 없고 놀 방법을 모르는 것에 가슴 아파하지 않는다. 내가 정말 가슴 아픈 것은 아이들이 놀 수 있는 틈과 터를 없애 버리고 이 아이들을 모두 다 학원과 경쟁 속으로 실어 보내는 우리 모두의 가엾은 모습이다. 놀이를 너무 자주 그리고 오래도록 빼앗겨 몹시 시든 아이가 되거나 혹은 웃자란 아이가 되어 버리는 것은 슬픈 일이다. 명랑한 아이는 도대체 어딜 가야 만날 수 있을까.

게임의 해독제를 찾아서

다른 생각을 말하는 것은 늘 어렵다. 그것도 가까운 사람들에게 다른 생각을 이야기해야 할 때는 그만큼 더 용기를 내야 한다. 『민들레』 62호(2009)에 실린 「사이버 세상에 대처하는 우리들의 자세」를 읽고 글을 쓴다. 이 글은 세상과 사이버 세상이라는 두 세계 속에서 아이를 키우는 부모와 교사들의 고민과 해법을 찾으려고 했다. 눈에 보이고 손에 만져지는 세상에 익숙한 어른들이 그렇지 않은 세상에서 노는 아이들과 어떻게 소통할 것인가 고민이 있었다. 여기 실린 몇 편의 글을 읽으며 나의 생각과 다른 것들이 있어 몇 자 쓴다.

하나, 아이의 지나간 놀이내력을 보자

사이버 세상에 지나치게 몰두하는 아이들이 많아진 까닭에 대해서 모순되는 이야기가 보였다. 문제를 바라보는 시점이 대개 현재 눈앞의 아이들 상황에서 출발하고 있었다. 다시 말해 아이들이 게임 같은 것에 몰두하는 까닭을 아이들을 옭아매는 학교와 학원, 그리고 집에서 받는 스트레스를 푸는 출구로 사이버 세상에 빠진다는 진단이다. 언뜻 듣기에 맞는 말 같지만 사실과 다르다. 어른들은 지금 우아한 핑계를 찾고 있다.

아이가 중학교 1학년이라 치자. 어른들은 현재 게임에 몰두하는 중학교 1학년 아이가 하늘에서 뚝 떨어진 것이 아니라는 것을 모르는 걸까. 부모가 걱정하는 이러저러한 상황에 아이가 놓인 데에는 그만한 내력이 있다. 이 내력을 짚어 가지 않고, 어른들이 앞서 한 일에 책임지지 않으려는 논의가 불편했다. 이 아이의 유치원이나 어린이집, 초등학교 시절로 거슬러 올라가 보아야 마땅하다. 아이들이 음식도 고루 먹어야 건강하게 자라듯이 놀이밥도 꼬박꼬박 먹어야 한다. 과연 영유아 때부터 초등학교를 마칠 때까지 아이가 놀이밥을 어느 정도 꾸준히 먹으며 지냈는지 따져 보아야 한다. 아이들이 학교와 학원, 집에서 받는 스트레스를 풀려고 게임에 몰두하는 것이라는 진단은 지나치게 소박하다.

아이들이 게임과 사이버 세상에 몰두하는 까닭은 현재에 있지 않다. 그 나이 먹도록 자연스레 먹었어야 할 '놀이밥'을 제대로 먹지 못해 아이들은 놀이에 몹시 허기가 진 상태로 여러 해를 보냈다는 것에 먼저 눈을 떠야 한다. 그렇다. 아이들은 오랫동안 놀이에 허기가 져 있었다. 아이들은 놀아야 한다는 것을 몸으로 아는데, 어른들은 어렸을 때부터 그렇게 하지 못하도록 막는 일에 연대해 왔다. 균형 있는 부모와 어른이라면 이 부분에 대한 돌아봄이 먼저다.

그동안 아이들은 놀이에 허기진 배를 움켜쥐고 견딜 수밖에 없었다. 이 아이들이 게임을 만났을 때 어떤 모습일지는 쉽게 상상할 수 있다. 몸에 이로운지 정신과 마음에 해로운지 따질 겨를이 없다. 지나치게 놀이에 굶주린 상태이기 때문이다. 빛과 같은 빠르기로 게임에 입문할 뿐이다. 놀이밥을 충분히 먹고 자란 아이들이 게임과 놀이에 대해 균형을 잡을 수 있다. 우리는 이 상식에서 출발해야 한다. 아이들의 게임과 사이버 중독의 문제를 이야기할 때 놀이밥 문제를 딛고 가지 않는 논의는 그래서 늘 소박하다. 지나간 놀이의 문제를 제쳐 놓고 오늘 게임의 문제를 풀려는 처방과 시도는 무의미하게 끝날 가능성이 높다.

둘, 왜 밖에 나가면 놀 아이들이 없을까?
부모들은 내게 말한다.

"그래, 당신 말 알아들었고 당신 말이 맞다. 그런데 다른 아이들이 나와 놀아야 우리 아이도 나가 놀 것이 아닌가. 아이들이 없는데 도대체 누구랑 놀라는 말인가."

이와 같은 주장이 이번 글에서도 되풀이되고 있었다. 솔직히 고백하건대 나는 이런 주장에 대해 의견을 말하는 것을 오랫동안 자제해 왔다. 그러나 이제 좀 편안히 이야기하련다. 참 어른들 염치를 모른다. 어른들 끝끝내 자기 아이 생각밖에 하지 않는다.

더군다나 이제는 굳이 놀기 위해 다른 아이들을 찾지 않아도 된다. (사실 아이들도 없다!) 시간이 늦었다고 엄마 손에 이끌려 집에 갈 일도 없다. 버튼만 누르면 24시간 언제나 나와 함께하는 친구가 있으니 말이다.

밖에 나가면 함께 놀 아이들이 없으니까 어쩔 수 없다는 말이다. 그리고 그럴 수밖에 없는 상황을 자연스럽게 받아들이며 이어지는 이런저런 행위가 정당하다는 근거로 가져온다. 그러면서 동네 아이들이 모두 다른 행성으로 떠나 버려 없는 게 아니라는 사실을 정면으로 비껴간다.

동네에 아이들이 없다는 것을, 아이들을 이런저런 곳으로 보내는 반가운 핑곗거리로 삼는 것은 민망한 일이다. 어른들의 비겁함과 당당함은 여기까지 왔다. 나와 당신이 동네 마당과 골목에 나가도 아이들이 없게 만드는 일에 지금 이 순간 깊숙이 이바지하고 있다는 것에서 출발할 수는 없을까? 당신과 내가 공터와 골목을 없애는 일에 그동안 단단히 한몫했음을 말이다.

밖에 나가면 함께 놀 아이들이 없다고 항변하지 말고 왜 밖에 나가면 아이들이 없는지, 그 많던 아이들은 다 어디로 갔는지, 당신과 내 아이를 그동안 어디로 빼돌렸는지, 이 아이들을 공터와 골목에서 사라지게 한 자들은 누구인지 궁금해 해야 한다. 만약 아이들을 놀이터에서 사라지게 한 자들이 우리 밖에 있다면 그들과 어떻게 싸워 아이들의 놀 터와 놀 틈을 되찾아 올 것인지 궁리해야 한다. 그러나 싸움의 상대는 우리 자신일 가능성이 높다.

유치원·어린이집 다닐 때부터 아이들을 바쁘게 빼돌렸던 것은 돌이켜 보지 않고 다른 곳에서 까닭을 찾는 어이없는 일은 멈추자. 나가서 놀라고 해도 같이 놀 아이가 없단다. 왜 아이들이 없을까. 간단하다. 우리가 모두 한목소리로 동네를 돌며 피리를 불고 아이들을 모아 한곳으로 보내버렸기 때문이다. 그것도 아이들이 아주 어렸을 때부터 말이다. 서울 한복판이라고 할 수 있는 용산 근처, 외국인과 한국인들이 함께 사는 곳을 가면 오후에 놀이터에 나와 노는 아이들이 대부분 외국 아이들이다. 그들은 묻는다. 한국 아이들은 이 시간에 다 어디에 있느냐고 말이다.

부모들은 한두 번 자기 아이들을 바깥에 나가서 놀게 해보려고 했으나 나온 아이들이 없어 그만둘 수밖에 없었다고 항변한다. 그것이 현실이고, 이해한다. 그러니까 아이들이 게임을 할 수밖에 없고 학원에 보낼 수밖에 없다고 한다. 더 무엇을 할 수 있겠는가. 그러나 아이를 오래도록 바깥에 나가 놀지 못하게 뒷덜미를 잡고 있으면서 이런 말을 하는 건 위선이다. 밖에 나가면 함께 놀 아이들이 없다고 발을 뺄 것이 아니라 왜 아이들이 없는지, 다 어디 갔는지, 누가 무슨 짓을 해서 가까이 있는 옆집 아이 하나와도 손

잠을 수 없는 지경에까지 이르렀는지 아프게 물어야 한다. 여러 가지 어려운 상황인 것을 나도 잘 안다. 그래서 쉽지 않다는 것도 안다. 그렇다고 이 상황에 머물면 아이는 관계 절연의 고립과 고독 속에서 자라게 된다는 것을 또렷이 알아야 한다.

셋, 게임은 어떻게 만들어지나

평소 잘 모르던 세계를 이해하려면 공부해야 마땅하다. 그래서 아이들이 그토록 열광하는 사이버 세상에 대해 걱정만 할 게 아니라 부모도 관심을 두고 배워야 한다는 주장은 옳다. 만약 사이버 세상에 대해 아이들과 허물없는 이야기를 나눌 수 있다면 많은 문제가 풀릴 것이다.

그리고 게임에는 나쁜 것만 있는 것이 아니라 배울 것도 이로운 것도 많다는 주장도 할 수 있다. 옳은 말이다. 하지만 이런 것들이 정상적으로 작동하려면 '공동의 선'이 지켜져야 한다. 공동의 선이 무너진 현실에서 이런 주장은 듣고 있기 매우 힘겹다.

게임을 교육에 활용해 아이들에게 창의성을 키워 줄 수 있다는 주장은 다시 사유해 볼 문제다. 그 속에 배울 것이 있고 새로운 것도 있다는 말은 부모의 귀를 솔깃하게 한다. 부모는 아이들 머리 좋아진다는 것에 한없이 무력해진다. 놀이는 머리 좋아지라고 하는 것이 아니라는 대명제를 한 번 더 상기시키고 싶다. 이 대목에서 게임과 놀이의 다른 점이 드러난다.

'놀며 학습'한다는 말만큼 기만적인 말을 나는 들어본 적이 없다. 그런 말은 사기로 물건 팔아먹는 장사꾼들이나 하는 말이다. 놀이는 놀이다. 이미 게임이 아이들을 집어삼킨 상황에서 하는 이러한 주장은 게임의 편을 지나치게 들고 있는 것이다. 게임이 아이들을 바르고 정직하게 대하지 않는데 부모와 아이가 바르고 정직하게 게임과 마주해야 한다는 주장은 그래서 말이 될 수 없다.

부모가 사이버 세상을 알아야 잘 지도할 수 있고 아이들과 대화도 된다는 것을 누가 그르다 하겠는가. 그리고 해롭지 않은 게임이 있다는 것도 명백한 사실이다. 그러나 게임의 맛을 깊이 본 아이들과 부모의 뒤늦은 게임 공부가 쉽게 만날 수 있다고 보는가. 또한, 아이들이 해롭지 않은 강력한 중독의 끌림이 없는 게임을 밤새 하겠는가. 한두 번은 할 수 있겠지만, 곧 다른 게임을 찾아 떠난다. 자극이 적기 때문이다. 재미를 가장한 중독과 각종 전쟁무기를 돈을 주고 사는 컴퓨터 앞에 붙잡아 두려는 것을 밤낮으로 연구하는 게임 산업을 어떻게 아이 홀로 당해 낼 수 있단 말인가.

이렇게 철저히 상업적 의도와 극단적 이윤 추구를 목적으로 만들어진 게임은 영혼의 헤로인이고 GMO(유전자변형 농산물)다. 헤로인과 GMO 농산물을 부모와 아이들이 함께 먹으며 임상을 해봐야 해로운지 알 수 있다는 말에 동의할 수 없다. 해로운지 이로운지 이제는 알 수 있어야 한다. 아이들 가까이 계시는 부모와 교사라면 말이다.

　부모들이 알아야 할 세계는 사이버 세계보다는 아이들의 실제 세계다. 우리 앞에 왔다갔다 하는 아이들이 마땅히 누려야 할 삶이 어떠해야 하는지 관심을 두고 그 세계를 아이들과 함께 가꿔 가는 게 먼저다. 나는 사이버 세상에 대한 부모의 관심이 소박하게 끝날 가능성이 많다고 본다. 사이버 세상에 대해 아이들만큼 안다면 나쁘지 않은 일이다. 그렇지만 사이버 세상과 게임이 아이들을 보호자와 따뜻하게 교류하도록 배려하거나 한가하게 내버려 두지 않는다는 것도 냉철하게 헤아려야 한다.

　게임을 만들고 수익을 올리는 세계를 순진하게 보거나 나도 알 만큼은 안다는 생각 둘 다 경계하자. 아이들은 큰 비용을 지불하며 점점 더 그 세계 깊숙이 들어갈 수 있는 입장권을 사려고 몸부림치고 있다. 게임은 그렇게 만들어져 있다. 아이들은 이제 들고 다니며 게임을 하는 시대를 맞이했다. 나는 그야말로 부모와 아이들을 둘러싼 게임 논쟁은 이렇게 끝났다고 본다. 게임 개발업자의 완전 승리가 눈앞에 와 있다. 아니다. 그들이 이겼다. 아이들은 게임을 들고 다니면서 하는데 어떻게 아이들에게 말을 붙이고 따라다닐 수 있을까? 그리고 그런 아이들과 어디까지 대화할 수 있다고 보는가. 어렵고 어려운 일이다.

　열 살 안팎의 아이들에게 게임은 놀이와의 관계 속에서 살펴야 한다. 극단적 이윤 추구가 유일한 목적인 게임에 관해서는 관용을 거두어야 한다. 게임 시간은 가혹하다 싶을 정도로 놀이 시간과의 관계 속에서 파악해야 한다. 만약 아이에게도 영혼이 있어야 한다고 생각하는 어른이라면 그렇게 해야 한다. 그러나 이러한 엄격함은 '놀이밥'을 충분히 먹을 수 있는 환경을 가꿔 준 부모에게만 자격이 있음도 잊지 말자. 게임은 열 살 안팎 아이들의 건강한 뇌와 영혼을 녹일 수 있는 요소가 꽤 존재한다.

게임을 만들어 팔아먹는 업자들의 전략과 힘에 맞서기란 가능하지 않다. 논의되고 있는 셧다운(Shut down, 늦은 밤 청소년 인터넷 접속 제한)이나 타임아웃(Time out, 하루 접속 이용시간 제한) 제도 또한 기대만큼 실효성이 크지 않다. 이런 제도와 장치를 피해 접속할 수 있는 경로를 기업은 반드시 만들어 낼 것이기 때문이다. 극복할 수 없다면 지키고 보호하여 균형을 잡아야 한다. 아이들이 열광하는 그 세계를 알려고 노력하기보다 아이들이 그 시기에 누려야 할 것이 무엇인지 고민이 더 절실해야 한다.

사이버 세상을 제대로 들여다본다고 문제가 풀리지 않는다. 놀아야 문제가 풀린다. 놀이밥을 먹어야 풀린다. 아이들이 어렸을 때는 놀이가 필요하지 게임이 필요한 게 아니다. 이것은 마치 인생을 게임으로 살 것인지 아니면, 놀이하며 즐겁게 살 것인지 하는 너무나 간결한 문제다. 과거 아이들에게 놀이밥을 차리지 않았던 어른들은 오늘 아이들의 게임에 대해서 신중하게 이야기해야 한다. 그게 양심 있는 어른이다. 나아가 사과도 필요하다. 그리고 아이들을 지금부터라도 놀게 해주는 게 예의다.

　더욱 기가 막힌 것은 문화관광부와 대통령이 게임을 성장 산업의 핵심으로 낙점하고 어마어마한 예산을 몰아준다는 사실이다. 그러나 게임에 중독된 아이들에 대한 어떤 책임 있는 대책도 이들은 내놓지 않는다. 아이들을 중독에 빠트려 극악하게 돈을 벌려는 게임 개발업자들을 장려하고 상을 주지만, 그 피해자인 아이들을 돌보지 않는 나라를 어떻게 나라라고 할 수 있겠는가. 대한민국 아이들의 영혼을 게임에 팔아먹고 게임 산업 진흥에 자축하는 나라, 대한민국은 그런 나라다. 게임을 앞세운 문화 산업은 그래서 우아한 사기다.

　우리는 또 다른 국면을 맞고 있다. 아이들보다 어른들이, 자녀보다 부모가 빠르게 게임의 당사자로 나서는 현상이다. 아이를 학교에 보내고 난 뒤에 엄마가, 직장을 쉬는 날에 아빠가 게임에 몰두하는 모습은 아주 흔하다. 그 자체로 문제될 것은 없다. 비로소 우리는 게임 세대가 결혼해 부모가 되는 시점에 와 있다. 게임 산업은 아동과 성인의 경계를 허물며 돈벌이를 넓혀 가고 있다. 정신 바짝 차려야 한다. 눈 깜짝할 사이에 아이와 우리의 삶을 사이버 세상에서 통째로 도둑맞기 딱 좋은 세상이다. 보호자도 아이도 게임과 놀이 사이에서 든든한 균형 잡기가 필요하다.

　참고로 세계보건기구(WHO)는 일상생활보다 게임을 더 중요하게 여기고 부정적인 결과에도 게임의 계속 또는 단계적 확대로 이

어지는 기간이 1년을 넘으면 '게임 사용 장애'로 볼 수 있다며 이 것을 중독성 질환 목록에 분류하고 치료 대상으로 보아야 한다고 2019년 발표했다. 놀이는 멈추고 싶을 때 언제든 멈출 수 있는 특징이 있지만, 게임은 제동하기 어려운 속성이 있음을 인정한 까닭이다. 놀이는 몸을 움직이면서 하지만 게임은 앉아서 한다는 것도 헤아려야 한다. 앉아서 장시간 게임을 하다 여러 만성질환에 시달리고 급기야 사망하는 사건도 국내에서 보고된 바 있다. 왜 이렇게 오래 앉아 있을 수밖에 없고 뿌리치기 어려운지에 대해 끝으로 한마디 하고 싶다. 게임회사만큼 어린이의 심리와 놀이를 강도 높게 연구하는 집단이 없기 때문이다. 하나의 게임 개발에는 여럿의 아동심리학자가 매우 중요한 역할로 참여하고 있다. 적어도 나는 이들보다 놀이에 대해 더 공부하고 연구하려고 애쓴다. 내 작은 결론은 이렇다. 일상의 불안을 떨치고 다스리는 해독제와 백신은 다름 아닌 가볍고 꾸준한 놀이라는 것이다.

넷. 놀이는 게임과 어떻게 다른가

컴퓨터 게임의 폭력성을 우려하는 목소리가 높다. 물론 총으로 칼로 서로 죽이는 게임이 미칠 악영향을 지나쳐서는 안 될 것이다. 그러나 돌이켜 보면 우리가 어렸을 때 즐겼던 놀이 또한 잔인한 것들이 많았다. 손수 만든 총이나 칼을 들고 서로 죽이는 놀이는 그때도 놀이의 많은 부분을 차지했고 빠져들게 했다.

한 시대를 지배하는 놀이문화는 그 시대의 현실에 대한 적나라한 은유다. 구슬치기나 딱지치기에는 무조건 이기고 빼앗고 모으면 된다는 산업자본주의 시대의 착취 논리가 배어 있고, 요즘 유행하는 카드는 돈 주고 산 카드 뭉치 중에서 가끔 낮은 확률로 들어 있는 좋은 카드를 복권처럼 뽑아서 자랑도 하고 때로는 팔기도 하는, 소비자본 시대의 욕망이 숨어 있다.

윗글에 놀이와 게임이 크게 다르지 않고, 구슬치기 속에 자본의 착취 논리가 배어 있다고 해서 몇 마디 덧붙이며 마무리하고 싶다. 놀이와 게임이 어떻게 뿌리부터 다른지는 그동안 여러 글을 썼으니 여기서 길게 따질 겨를은 없다. 다만, 놀이에 대한 모독으로 읽히는 부분이 있어 내 생각을 밝힌다. 어렸을 때 우리가 했던 칼싸움과 총싸움은 겉으로 보기에 폭력이 넘치고 싸움을 즐기는 것으로 보일 수 있다. 그러나 놀이를 겉모습만 보고 게임과 폭력을 비슷하게 인식하면 곤란하다.

내가 이 두 놀이를 게임이 아니라 놀이로 보는 까닭은 이렇다. 첫 번째, 칼과 총을 누가 만들었을까. 대개는 아이들이 만든다. 두 번째, 죽이기도 한다. 그러나 아주 죽거나 죽이지 않는다. 죽고 살고 죽고 살고 또 죽고 살고 그래서 놀이다. 죽고 살고를 아무리 많이 해도 마음에 상처 하나, 몸에 피 한 방울 흐르지 않아 놀이다.

세 번째, 무엇을 죽이거나 파괴하고 싶은 마음은 아이들에게 자연스러운 충동 가운데 하나다. 게임의 해악은 이 충동에서 끝끝내 졸업을 시켜 주지 않는 데 있다.

구슬치기에 산업자본주의 시대의 착취 논리가 배어 있다는 것도 다시 생각해 볼 일이다. 구슬치기는 산업자본주의 시대 훨씬 이전부터 있었던 거의 모든 문명권에 고루 보이는 놀이이기 때문이다. 구슬치기는 아이들이 무언가 맞추고 싶고 모으고 싶은 마음에서 비롯되어 생긴 놀이다. 놀이에 비친 아이들의 심성과 놀이 본능을 보아야 한다. 구슬치기로 다른 동무의 구슬을 따려면, 오늘 자본가들이 하듯 노동자들의 임금을 후려치는 것이 아니라 정직한 솜씨 연마가 한참 필요하다. 이 솜씨를 갖추려면 많은 시행착오와 매우 오랜 수련의 과정이 필요하다. 내 어린 시절은 이러한 것들로 채워져 있었다.

나는 컴퓨터 게임이 가진 폭력성에는 그다지 큰 걱정의 무게를 두지 않는다. 폭력성에 집중하다가 더욱 중요한 폐해를 놓쳐 버리기 때문이다. 진짜 위험은 그런 데 있지 않다. 게임의 세계에 온전히 빠지면 아이들은 세상의 많은 것에 관심을 놓는다. 이것이 컴퓨터 게임이 지닌 가장 큰 해악이다. 그러다가 문을 닫고 들어간다. 부모로서 그 뒷모습을 본다는 것은 참 힘겨운 일이다. 나아가 감정의 쪼글쪼글한 골들을 게임은 밋밋하게 만든다.

게임과 사이버 세계를 너무 많이 나무랐다고 생각할지 모르겠다. 결론적으로 내 생각을 요약해 보겠다. 게임을 헤로인으로 매도해서는 안 된다. 그러나 지금은 게임 산업의 폐해를 낱낱이 들춰 보고 놀이와 게임에 대해 균형적 시각을 마련하는 것이 긴요하다. 스스로 균형이 무너진 어른들이 아이들 균형을 잡아 주겠다는 이런 믿지 못할 이야기는 이제 그만두자. 글을 거칠게 썼다. 그렇지만 나는 거친 사람이 아니다. 늦었지만, 이제라도 아이들 편을 들어야겠다고 생각하는 상식을 가지고 놀이와 게임을 보려는 한 사람일 뿐이다. 놀이는 게임의 해독제라는 말을 덧붙이고 싶다.

무계획이 아이를 살린다

 아이들 자리에서 보면 대한민국은 온갖 체험과 캠프와 프로그램의 난장이다. 방과후 프로그램과 돌봄도 아이들을 너무 촘촘히 붙잡고 늘어진다. 학교 공부가 끝나면 아이들이 자유롭게 보낼 수 있는 시간을 가져야 마땅한데 다시 비끄러매는 모순이 벌어지고 있다. 아이들끼리 하는 놀이가 방과후 하는 여러 프로그램보다 아이들을 더 잘 보살핀다는 것에 교육은 무지하다. 아이들은 조악한 체험과 프로그램 속에서 자라지 않는다. 아이들은 기획된 프로그램이 아니라 자유에 목이 마르다.

 배움은 놀고 난 다음이다. 무턱대고 책 읽으라고 할 때도 아니다. 책은 추상의 세계를 다룬다. 아이들은 손에 잡히는 것을 오래도록 충분히 가지고 놀아야 한다. 아이에게 무언가 꼭 주고 싶은 것이 있다면 만질 수 있는 것을 주는 게 최선이다. 이게 부족함이 없어야 추상의 세계로 나아가며 안팎이 튼실해진다. 아이들에게 책을 너무 많이 권해 걱정이다. 특히 영유아와 초등학생들에게 책 읽기를 지나치게 권하는 것은 다시 생각해 봐야 한다. 초등학교 들어가기 전 아이들이 천 권을 읽게 한다는 '독서영재교육'에 대한 부모들의 높은 관심과 압박은 우리 사회가 이제 천박을 지나 막장에 거의 다다랐음을 보여준다.

생의 초기의 아이들은 친구와 놀이로 세상을 만나야지 책이 세상과 만나는 첫 통로가 되어서는 곤란하다. 책 말고 재미있는 것이 세상에는 많다는 것을 아이들이 몸으로 먼저 알아야 한다. 어디까지나 놀고 나서 그래도 시간이 남을 때 읽는 것이 책이라는 순리를 거스르지 말아야 한다. 실제로 너무 많은 책을 읽어 관계에 서툴고 그것 때문에 고통 받는 아이들이 꽤 있다. 이른바 독서영재라 불리는 아이들의 관계 회피 성향은 자주 보고되고 있음을 주의해야 한다.

초등학교는 글을 읽지 못하는 까막눈으로 입학하는 게 당연하다. 1학년을 맡은 교사는 까막눈 아이들과 한글의 재미를 깨우치는 재미에 푹 빠지는 즐거움에 몸을 떨어야 한다. 만약 그렇지 않다면 공교육은 이름일 뿐이다. 지금은 더욱더 학교 가서 공부 열심히 하라고 할 때가 아니다. 동무를 사귀고 동무와 놀라고 할 때다. 초등학교 다니는 아이들한테 물어보라. 너희 학교에 왜 가니 하고 말이다. 아이들이 대답을 뭐라고 할까. 많은 아이들이 학교에 친구 만나러 간다고 한다. 친구 만나서 뭐 하려고 한 번 더 물으면 아이들은 "놀려고요" 이렇게 대답한다. 그러니까 학교는 친구를 만나서 놀려고 가는 곳이라는 말이다. 이게 학교의 쓸모이고 초등학교가 세상에 있는 까닭이다. 배움은 덤이거나 부산물이다. 낭만적으로 들리지 않기를 바란다.

　어린이집, 유치원, 학교는 아이들을 붙잡아 두는 곳이 아니라 아이들을 마음껏 놀게 해주는 곳이다. 놀려면 학습에서 벗어나야 한다. 학습과 놀이가 꼭 같이 갈 필요는 없다. 그래서 공부를 재미있게 놀이처럼 한다는 것은 사기다. 학습은 학습이고 놀이는 놀이다. 사기 그만들 치시라. 놀이는 다른 엇비슷한 어떤 것으로 바꿀 수 있는 것이 아니다. 다른 무엇으로 바꾸거나 소비되거나 도구가 될 때 놀이는 타락한다. 놀이가 아이들 삶 한가운데로 강처럼 흘러야 한다. 왜 이런 학습과 놀이를 연관 짓는 사기가 버젓이 일어날까. 다 아이들 공부시키려고 하는 꼼수이고 물건 팔아먹으려고 하는 아웅을 포장하기 위해서 아닌가.

　최근 몇 년간 몇몇 방송국에서 아이들 놀이를 소재로 다룬 다큐멘터리가 여럿 제작되었다. 새삼스럽게 아이들 놀이에 관심을 두는 것은 어찌되었든 반가운 일이다. 그러나 하나같이 빠지는 함정이 있다. 아이들 놀이가 살아나야 한다고 말하는 듯하더니 어느새 경쟁과 취직에 유리한 창의성을 키우는 데 놀이가 좋다는 쪽으로 어설프게 치닫는다. 이런 프로그램의 공통적 특징이다. 이건 거의 강박에 가깝다. 꼭 이렇게 결론을 내야 한다고 주장하는 사람이 안에 있는 걸까. 내가 그동안 놀이를 다룬다는 방송국 프로그램 일을 사양한 까닭이다. 잘 놀아야 공부 잘하고 그래서 경쟁에서 앞서고 기업은 창의적인 사람을 뽑기 때문에 어려서부터 놀아야 한다는 이 기막힌 궤변을 언제까지 듣고 있어야 한단 말인가. 부디 아이들 놀이를 실용적 기능에 묶어 도구로 타락시키지 마라.

또 하나는 기존의 낡은 놀이 담론에 한껏 파묻혀 있다는 점도 성찰해야겠다. 왜 아이들 성장에 놀이가 필요한지 천착하는 게 아니라 놀이치료를 홍보하고 있으니 말 다한 것 아닌가. 아이들을 편의대로 나누어 아주 짧은 기간 비교 실험하고 분석하는 것을 보여주는 것도 일반적인 짜임인데, 이러한 것이 인권 침해라는 것을 정말 모르는가. 아이들로부터 허락을 받고 하는 일인가. 아이들을 실험하지 마라. 실험은 아이들이 한다. 아이들을 그냥 좀 두시라. 아이들을 둘러싼 다양한 삶의 국면을 무시한 채 제한된 조건에서 하는 실험으로 아이들 놀이를 설명할 수 있다고 자만하지 말기 바란다.

학교가 너무 많은 것을 가르치는 것도 문제지만 아이들을 너무 오래 붙잡고 있으려는 것은 더욱 큰 문제다. 그 속에 부모들로부터 손쉽고 길게 노동을 빼앗으려는 의도가 숨어 있음은 알려진 사실이다. 교육부와 여성가족부는 오후에 아이들을 제발 풀어줘라. 아이들이 자유와 해방 속에서 동무를 사귈 수 있는 시간을 달라! 체험 없는 체험학습, 부모들의 편리와 업자의 상술이 사이좋게 손잡은 각종 프로그램과 돌봄에 언제까지 아이들이 줄을 서야 하는가. 바야흐로 대한민국 아이들은 체험과 프로그램의 노예가 되어 가고 있다. 이런 것에만 끌려다니지 않아도 아이들은 놀 시간과 놀 공간과 놀 친구를 얼마든지 만들어 놀면서 행복해 할 것이 틀림없다. 여기서 좋아하는 만화 〈마르코는 아홉 살〉에서 가져온 이야기를 옮긴다. 학교를 마치면 아이들은 의미 없는 일을 해야 한다.

의미 없는 것을 잔뜩 하는 것이 인생이다.

그중에 가장 큰 악은 양의 탈을 쓴 문화 산업으로 포장된 연예 사업이다. 엄청난 나랏돈을 받아 끼리끼리 도깨비장난을 치며 아이들 영혼을 소비라는 설탕에 절여 갉아먹는 일을 하는 것이 대한민국의 이른바 문화 산업, 연예 산업이다. 윤리적 의무에서 너무나 자유롭고 너무나 뻔뻔하다. 게임과, 연예인과, 상품을 앞장세운 문화 산업, 연예 산업의 따귀를 후려갈기고 싶다. 야 이놈들아! 너희들도 아들딸이 있지 않느냐! 어떻게 아이들을 한낱 흉내쟁이와 소비 중독으로 떨어뜨리지 못해 안달하는가 말이다. 아이들을 자극하고 잠을 설치게 하며 마침내 꼭두각시로 포박하는 극단적 이윤 추구를 목표로 하는 문화 산업과 연예 산업을 콱 주저앉혀야 아이들이 산다.

장난감이 적어야 세상과 만난다

놀이와 게임이 다른 것처럼, 놀잇감과 장난감 또한 다르다. 놀잇감은 자연과 살림살이 주변에서 손수 구한 것들로 만들고 이렇게 만든 놀잇감은 단순하지만, 놀이의 상상을 펼치기에 좋다. 놀잇감을 스스로 만들어 놀아야 참다운 놀이다. 그러나 모든 것을 사는데 익숙한 어른들은 아이들에게 손쉽게 놀잇감 대신 장난감을 사준다. 그런데 이런 유명한 이야기가 있지 않은가. 아이한테 값비싼 장난감을 사줬더니 웬걸 아이가 껍데기 상자만 가지고 놀더라는……. 정작 돈을 주고 사준 알맹이에는 관심이 없고 변신 가능한 상자에만 관심이 있는 사랑스러운 아이다.

돈을 주고 사주는 장난감, 이게 아이한테 해롭다. 특히 이제 갓 태어난 아기나 영유아를 대상으로 판매되는 책이나 영어 음반 그리고 각종 교재교구는 선전하는 것과 달리 효과가 없을 뿐만 아니라 오히려 아이와 엄마와의 관계를 해치는 악영향이 크다. 장난감이 적으면 오히려 관계를 넓힐 수 있다. 반대로 장난감이 많으면 관계는 줄어든다. 사실 이런 상업적 장난감의 가장 큰 해악은 '상상놀이'의 훼손과 축소에 있다. 나는 많은 장난감을 사주지 않는 부모야말로 아이를 사랑하는 부모라고 말해 왔다. 아이라는 한 인간의 전체 생애 속에서 영성이 가장 풍성한 때에 세상에서 가장 조잡한 물건을 안겨 주는 오류에 빠지지 않기를 바란다. 이쯤 되면 다정(多情)은 틀림없는 병이다. 이렇게 돈을 주고 사 준 장난감은 선전이나 광고와 달리 아이들 발달에 거의 효과가 없을 뿐 아니라 아이들의 상상의 폭과 깊이를 제한한다. 장난감이 적으면 반대로 상상의 폭과 깊이는 늘어나고 깊어진다. 학습용 장난감으로 팔아먹는 물건들을 특히 경계해야 한다. 사기일 가능성이 아주 높다. 이런 부모들의 구매 행위는 쉽게 말해 돈 버리고 아이의 성장도 막는 일이라고 생각하면 딱 맞다.

차라리 돈이 없어 장난감을 사주지 못하는 부모들에게 박수를 보내고 싶다. 안 사줘야, 심심해야, 아이들이 놀려고 궁리를 한다는 것을 아는 부모일지 모르기 때문이다. 괜한 데 속아 돈 쓰지 말자. 아이들이 스스로 만들거나 본디 놀잇감이 아니지만 놀잇감으로 바꾸어 놀 줄 안다면 충분하다. 부모라면 장난감과 놀잇감 정도는 구분할 줄 알아야겠다. 아이를 사랑한다면 너무 많은 장난감을 사주지 마시라. 집 안에 널린 온갖 것들을 놀잇감으로 삼도록 하시라. 가장 좋은 놀잇감은 동무이고 부모·형제이고 교사이고 자연이고 엄마가 음식 만들 때 쓰는 주방 조리기구임을 아시라. 집 안에 장난감이 너무 많으면 아이는 '바깥' 세상을 온전히 발견하지 못할 수 있다. 장난감 유튜브를 특히 경계해야 하는 까닭이다.

앞에서 비석치기를 예로 들면서, 요즘 학교에서 옛 놀이로 비석치기를 가르치는 방식은 놀이가 아니라 게임이라고 했다. 아이와 아무 인연이 없이 일정하게 잘라 파는 것을 사서 나눠 하는 놀이가 아이들 사이에 뿌리내리기 어렵다. 옛 놀이 체험 수준에 그치기 딱 맞다. 이렇게 해서 아이들이 놀이의 참맛을 느끼기란 거의 불가능하다.

동무들끼리 만나 부대끼며 노는 놀이를 뒤로 미루고 장난감만 가지고 놀게 해서는 안 된다. 특히 스마트폰이나 손바닥 게임기를 나이 어린 아이들 손에 쥐여 주는 부모는 아이들의 뇌를 녹여 버리겠다고 작정을 하는 것과 같다. 이 시기에 손바닥 게임기를 통해 게임에 입문하면 밖에서 뛰어노는 놀이 하고는 영영 안녕이 될 수 있다. 몸으로 하는 어떤 놀이에도 아이는 반응을 보이지 않을 것이다. 그런 아이를 보고 싶다면 손바닥 게임기를 영유아 때 아이 손에 쥐여 주시라.

아이들은 눈에 보이고, 손으로 만질 수 있고, 피부로 느낄 수 있고, 껴안으면 가슴이 따뜻해지는 실제의 것을 만나고 싶어 한다. 아이들은 동무를 만나고 엄마·아빠를 만나 눈을 마주 보고, 손을 잡고, 안아서 냄새를 맡고 싶어 한다. 이렇게 어린 시절을 보내야 한다. 손도 없고 눈도 없고 따뜻함도 향기도 없는 것들과의 만남을 아이들은 원하지 않는다. 만약 원하는 아이가 있다면 결핍의 적극적 표현일 수 있다. 이런 물건을 자꾸 손에 쥐여 주는 어른들이 제 맘대로 그렇게 할 뿐이다. 누가 뭐래도 놀이는 사람하고 만나 어울리는 것이다.

놀이가 가지는 힘은 단순히 재미와 즐거움에 그치지 않는다. 어른이 된 뒤 살아가는 힘으로 자리 잡는다. 어려서 했던 놀이를 돌이켜 보면 땅에 그어진 금을 밟아 죽고 사는 경우를 참 여러 번 겪는다. 그 속에서 수많은 실패와 죽음을 경험한다. 그리고 다음 판에 다시 살아나 실패와 죽음 속에서 다시 시작하는 경험을 하는데, 그러한 실패의 경험이 어른이 됐을 때 삶의 어려움을 이겨 내는 보이지 않는 힘으로 반드시 쓰인다.

오래전 한 스님을 뵙고 아이들 놀이에 대해 여쭌 적이 있었다. 귀 기울여 들어보니 스님은 어린 시절을 온통 놀이로 보낸 분이었다. 그리고 오늘 스님의 밝은 눈과 생각이 마음껏 놀았던 놀이에서 나온 것임을 보았다. 그날 들었던 스님의 놀이 편력을 감히 옮겨 본다. 스님은 이삭 나기 전에 풀뿌리를 캐고 그 흙을 털어 소를 먹이는 일을 맡아 하셨다. 가재도 잡고 고무줄놀이도 했는데 일본말로 사가다시(옆돌기)라는 가장 고난도의 기술을 잘했다고 한다. 이때는 손가락을 세우고 발끝을 세워 하셨단다. 고무줄을 잡은 술래가 마지막으로 손가락 끝에 고무줄을 올려 팔을 하늘로 뻗으면 이 기술을 썼다고 한다.

자치기도 자주 하셨는데 크게 세 가지로 밑에서 위로 걸어 퍼

올리는 '오돔빼기', 멀리 쳐내는 '맛대롱', 그리고 동그라미 안에 던져 넣는 '자치기'를 하셨다고 한다. 어미 자로 새끼 자를 쳐 점수 내기를 할 때 새끼 자를 톡톡 친 다음 마지막에 멀리 쳐내면 새끼 자의 반으로 자를 쟀는데 스님은 요걸 참 잘했단다. 그리고 싸리대 끝을 뾰족하게 만들어 그 끝에다 솔방울을 꿰어 획 던지는 '솔방울 멀리 던지기'를 했는데 아주 멀리 던졌단다.

팽이치기도 많이 하셨는데 나무 한가운데를 잘라 낫으로 깎고 가운데에 쇠구슬을 박아 썼다. 삼을 끈으로 쓰기도 했는데 귀해서 거의 못 쓰고 닥나무 껍질을 많이 썼단다. 놀이 방법은 몇 가지가 있는데, 첫 번째는 집 둘레를 팽이를 치며 누가 빨리 돌아오나, 두 번째는 한 번 세게 쳐서 돌려놓고 뜀박질을 해서 집 둘레를 돌아온 횟수를 가지고 내기를 했는데 이 놀이는 팽이도 잘 돌려야 하지만 뛰기도 잘 뛰어야 한단다. 세 번째는 치기는 치되 감아 쳐서 팽이를 마루에 올리는 나름 기술이었는데 스님은 동네에서 감아치기의 명수였단다.

구슬치기도 하셨는데 옛날에는 구슬을 사는 것이 아니라 쪼대라는 진흙으로 돌돌 말아 부뚜막 아궁이에 구워 썼다. 스님 구슬은 다른 아이들보다 야물게 만들어 쉽게 안 깨졌다. 겨울이면 썰매도 만들었고 살얼음 지나기 놀이도 했는데, 곧 꺼질 것 같은 얼음판을 차례로 미끄러지는 내기였다. 누군가 차례에서는 반드시 얼음판이 깨진다고 한다. 그러면 대나무로 건져 주고 불을 피워

옷을 말렸단다. 스님은 옛날에는 누가 놀잇감을 비싸고 좋은 것을 가지고 있느냐가 아니라 그 놀잇감을 누가 더 잘 만드느냐가 중요했다고 하셨다. 참 옳은 말씀이다.

내게 스님의 말씀은 장난감을 버려야 아이들이 놀고, 심심해야 아이들이 놀고, 놀잇감은 스스로 만들어 논다는 아이들 놀이의 명제를 깨우치는 계기가 되었다. 아이들이 놀이를 언제 시작하겠는가. 어른들이 놀자고 할 때? 아니다. 장난감을 사줬을 때? 아니다. 놀이는 심심해야 시작된다. 아이들을 심심하게 좀 놔두자. 좀 빈둥거리게 놔두자. 걸핏하면 이것하고 놀자, 저것하고 놀자, 저기 가서 놀아라, 캠프 가서 놀아라, 프로그램 좋은 거 있더라, 그러지 말고 심심하도록 빈둥거리도록 좀 아이들을 놔두자. 그러면 아이들이 "되게 심심하네. 뭐하고 놀지. 뭐라도 해야겠네." 이런 마음이 솟아난다. 이게 아이들 스스로 놀이가 시작되는 때다.

나는 묻는다. 당신은 아이들을 심심하게 내버려 두는가? 아니면 심심해 할까 봐 스마트폰과 손바닥 게임기를 아주 일찍 아이 품에 안기는가? 이른 시기 스마트폰과 손바닥 게임기는 아이들 마음과 눈과 뇌를 녹인다. 게임을 소식하게 하라. 그러면 아이들은 놀이를 먹을 것이다. 거꾸로 게임을 폭식시켜라. 그러면 아이들은 놀이를 내다 버릴 것이다. 아직 초등학교도 들어가지 않은 아이에게 스마트폰을 손에 쥐어 주는 당신에게 이렇게 말해 주고 싶다. 아이의 눈을 보라고, 아이의 손을 잡으라고, 아이와 이야기를 시작하라고……. 스크린을 통해서가 아니라 눈과 손과 발과 몸과 냄새와 느낌으로 세상을 만나게 하시라고……. 이 모든 것이 육아의 힘듦에서 시작된 것임을 너무나 잘 알면서 하는 말이다.

사는 것이 늘어나면

아이는 엄마아빠와 놀고 싶은데
아이는 동무들끼리 놀고 싶은데
아이는 밖에 나가 놀고 싶은데
비싼 장난감을 사서 가득 안기고
온갖 책을 사주고 게임기를 사주고
어디를 자꾸 가라 하고
스크린을 켜주며 안에 있으라고 한다

사는 것이 늘어나면 아이들은 놀지 못한다
사는 것이 늘어나면 아이들 놀이는 멈춘다
사는 것이 늘어나면 아이들 놀이는 숨는다

돌멩이나 막대기보다 못한
값비싼 그 많은 장난감부터 조금씩 줄여가야 한다
부모가 사다 준 장난감이 아이 가까이 쌓일수록
아이들의 자유는 그 안에 갇히고

아이들의 퍼덕거리던 상상의 몸짓은 잦아든다

세상은 사야 한다고 날마다 떠들지만
아이들은 맨손과 맨발이어야 아이들로 자란다
장난감이 적어야 놀이는 시작한다
뭐가 없어야 놀이는 시작한다
심심해야 놀이는 시작한다

적게 사면서 아이를 키울 수 있어야 한다
이 돈 비린내 진동하는 물신의 세상을 사는
참된 부모는 덜 사는 사람이다
어떻게든 덜 사고 아이와 노는 사람이다

놀아야 자는 아이들

잠 못 자는 아이들이 늘고 있다. 시간이 되어도 자지 않는 아이들 가까이에서 어려움을 호소하는 부모들을 만난다. 까닭이 무엇일까? 아이들이 자지 않으니 부모도 고통이 크다. 이렇듯 아이가 잠을 푹 자지 못하는 것 같은데 그 아이의 부모님이 교육에 관해 이야기하려고 하면, 나는 아이들이 왜 잠을 자지 못하는지부터 알아보자고 한다. 아이들이 밤 11시, 12시가 되도록 눈을 말똥말똥 뜨고 있다면 놀이에 대해 먼저 생각할 일이다. 아이들이 잠 하나 푹 자지 못하는 상황이라면, 교육에 관한 부모의 걱정과 관심은 잠시 미뤄 두어도 좋다. 아이들이 낮에 마음껏 움직이고 밤에 푹 잘 수 있는 리듬 하나를 열 살 안팎의 시기에 가꿔 주지 못한 채 하는 교육 담론은 어디에 써야 할지 모르겠다.

아이들이 하루를 잘 보냈는지 그렇지 않은지 보는 척도로 삼아야 할 것이 아이들의 잠이다. 하루를 마음껏 뛰놀며 보낸 아이들은 밤이 되면 약간의 피로와 함께 다디단 잠을 선물받는다. 거꾸로 학교를 마치고 학교 문 앞에서부터 노란 차에 실려 여기저기 학습에 학습을 일삼는 곳을 돌고 집으로 돌아온 아이들은 잠이다 깨 또렷한 각성 상태가 지속되기 십상이다. 몸은 피곤한데 잠이 쉽게 오지 않는 것이다. 잠이 와도 깊은 잠에 들지 못하고 선잠에 들게 된다. 이렇게 어설픈 잠을 자고 난 아이들을 아침에 깨우기란 쉽지 않다. 아이가 이렇듯 스스로 잠들기 어렵고 스스로 잠에서 깨기 어려울 만큼 삶의 리듬이 헝클어졌는데 고상한 교육 이야기는 잠시 멈추고 아이들을 어떻게 푹 자게 할 것인지부터 고민해야 한다.

열 살 안쪽의 아이들을 돌보는 보호자는 무얼 하는 사람일까. 아이들이 하루에 열 시간 정도 푹 잘 수 있도록 도와주는 사람이다. 이 시기는 아이들이 평생 쓸 몸을 가꿔 주는 시기이고 부모는 이것을 도와야 한다. 만약 이 시기에 아이들이 하루에 열 시간씩 푹 못 잤다면 어떻게 될까. 아이들은 약골이 되기 쉽다. 잠 못 자면 아이나 어른이나 무너진다. 아이들이 이런저런 질병을 이겨내는 면역체계를 언제 만드는지 잠시만 생각해 보자. 최근 발표된 뇌 과학 이론에 따르더라도 아이들이 잠 못 자면 낮에 공부한 것 다 헛일이다. 밤에 뇌가 낮만큼 많이 활동해야 하기 때문입니다. 낮에 보고 듣고 느낀 그 많은 것을 자면서 제자리에 꽂는다.

요즘 젊은 엄마 아빠를 만나 보면 아이들 키에 관해 거의 강박을 느끼고 있다는 인상을 받는다. 그래서 물어보았다. 아이들이 언제 크고 어떻게 하면 크느냐고 말이다. 돌아오는 대답이 비타민을 A부터 여럿 챙겨 먹여야 하고 5대 영양소 또한 빼놓지 말아야 한단다. 틀리지 않는 이야기일 테다. 그렇지만 아이들이 정말 언제 크는지 모르고 하는 소리로 들려 아쉽다. 예외는 있지만, 대부분의 한국 아이들은 지금 너무 많이 먹어서 문제다. 먹는 게 모자라 키가 크지 않는 지점을 지난 지 여러 해다. 나는 이렇게 이야기한다. "아이들은 두 가지 경우에 자란다. 첫 번째는 놀 때고, 두 번째는 잘 때다." 아이들 키에만 관심이 있지 도무지 언제 아이들이 크는지 눈과 귀를 막고 사는 것은 아닐까. 우리가 부모라면 아이들 잠부터 푹 재울 일이다.

그래도 이렇게 되묻는 분들이 있다. "아이들이 자야 재울 것이 아닌가?" 우리 집은 손님이 오거나 하는 남다른 날을 빼고는 8시 반에 잠자리에 들어 그림책 한두 권 읽고 9시 정도면 엄마도 자고 아빠도 자고 아이도 잔다. 이런 라이프 스타일을 이야기하면 놀라는 세상임을 나도 알고 있다. 엄마는 안 자고 아빠는 안 자고 아이는 자라는 그런 것은 교육이 아니다. 그렇다면 어떤 아이가 그 시간에 잘까. 반나절을 마음껏 뛰논 아이가 잔다. 아이들을 놀도록 좀 놔두고 어른인 우리도 아이들 덕에 좀 더 자는 것은 어떨까. 아이들은 놀아야 잔다. 푹 자야 쑥쑥 큰다. 그러나 더러 예외적인 상황은 꼭 있게 마련이니 필요하다면 때에 따라 두세 시간 정도 앞뒤로 여유와 허용은 필요하다.

배고프고 피곤하고

여러 과정을 거쳐 가공된 음식보다는 정갈한 음식을 아이들이 먹을 수 있도록 해야 한다. 아이들은 본디 음식 맛을 알 수 있어야 한다. 풍성한 미각 또한 어려서 길러지는 매우 중요한 감각이다. 가공되지 않은 상태의 음식을 밥상에서 만날 수 있으면 좋다. 아이들 음식을 고를 때 가장 먼저 떠올려야 할 것이 어른인 우리가 어렸을 때도 먹었던 음식인가다. 아이들이 산과 강과 바다와 들로 나가 자연을 만나는 것이 중요한 만큼 밥상에서 산과 강과 바다와 들에서 나는 먹을거리를 만나야 한다. 아이들은 지금 자연과 멀어졌을 뿐만 아니라 자연이 주는 밥상과도 격리되어 가는 중이다. 그래서 아이들 건강은 심각하게 위협받고 있다. 식품첨가물과 설탕 그리고 카페인으로 얼룩진 음식들이 아이들의 정서와 행동에 직간접적으로 이바지하고 있다는 것은 이제 상식이다. 이러한 까닭에 아이들 교육은 밥상에서 출발해야 한다.

하지만 밥상교육에서 가장 중요한 것은 어떤 음식을 먹느냐가 아니라 누구랑 먹느냐라는 것을 놓쳐서는 곤란하다. 유기농이냐 아니냐보다 훨씬 중요하다. 바쁘고 쫓기는 현실 속에서 어려움이 많지만 밥 먹는 자리에 함께 있어야 부모라는 말이다. 밥 먹을 때 자리에 없던 부모와 아이들은 커서 소통의 어려움을 겪을 수 있다. 아이와 함께 열 살 앞뒤의 시기를 보내고 있는 부모가 해야 할 긴요한 일이 이 시기가 아이들이 평생 쓸 몸을 가꾸는 때라는 걸 깨닫는 것이다. 아이들은 이 10년의 시기에 오래도록 쓸 몸과 마음을 만든다. 이 시기를 보내고 있는 아이들이 크려면 잘 자고 잘 놀고 잘 먹을 수 있게 도와야 한다. 아이와 함께 잘 먹는 게 정말 무엇인지 따져 보아야 한다. 지금 아이들은 너무 많이 먹거나 아니면 너무 먹지 않기 때문이다. 잘 자고 잘 놀고는 맞지만 잘 먹는다는 것은 좀 더 구체적일 필요가 있다. 바르게 먹은 것으로 말이다.

부모는 아이들에게 정직하고 건강하게 길러진 것을 바르게 먹는 길을 함께 가는 동무여야 한다. 아이들은 지금 몸이 만들어지고 있기 때문에 건강한 음식을 먹는 습관 또한 이 시기에 자리 잡는다. 걱정스러운 대목은 아이 가까이 계신 분들 스스로 바르게 먹는 것이 무엇인지 잘 헤아리지 못하는 경우다. 아이들은 부모를 따라 먹을 수밖에 없고 그렇게 되면 아이들은 정갈한 음식을 만나기 어렵기만 하다. 그러면 아이들 건강은 앞선 부모 세대보다 더 나빠질 수밖에 없다. 첨가물 범벅 식품으로 주변이 빠르게 포위당하고 있고, 그때 그 시절 음식이 아니다.

다시 말하면, 음식이 사람을 만들고 부모가 먹는 것이 아이들이 먹는 것이 된다는 생각을 할 필요가 있다. 부모가 햄, 소시지, 고기와 인스턴트 위주의 식습관을 가지고 있고 이에 대해 성찰이 없다면 아이들은 그렇게 먹을 수밖에 없다는 말이다. 되풀이되는 음식 광고에 어려서부터 길드는 것은 물론이다. 밥상머리 교육이라는 말이 있다. 그 뜻을 밥상머리에서 아이들 버릇을 단단히 잡아야 한다는 것으로 알고 있는 분들이 있다. 나는 조금 다르게 말하고 싶다. 밥상머리 교육은 교육이라는 것이 정갈한 상차림에서 시작한다는 뜻으로 읽히기를 바란다. 밥상 앞에서 자연을 만나고 감사하는 마음을 가지는 것이 밥상머리 교육이 아닐까. 그렇다면 누가 어떤 아이들이 자연을 옮겨 온 정갈한 밥상에서 달게 음식을 먹을까. 하루를 마음껏 뛰놀던 아이들이다.

밥상 앞에서 자기가 좋아하는 반찬이 없다고 투정하는 아이들은 어쩌면 마음껏 하루를 놀지 못한 아이일 가능성이 높다. 열 살 전 아이들한테 꼭 만나게 해줘야 할 것이 있다. 첫 번째, 배고프다는 것이 무엇인지 아이들이 느낄 수 있어야 한다. 배고픔을 만날 수 없는 배움이라는 것은 가짜다. 그렇다면 어떤 아이가 배고픔을 느낄 수 있을까? 그렇다. 마음껏 뛰논 아이라야 배가 꺼지면서 배고픔이 무엇인 줄 안다. 두 번째, 피곤함을 알아야 한다. 하루를 뛰놀며 보낸 아이는 늦은 저녁 피곤함과 만난다. 피곤해서 잠에 떨어지는 아이가 아이다. 배고픔과 피곤함을 만날 수 있도록 우리는 아이들과 함께하고 있는지 물어볼 때다. 배고픔과 피곤함을 아이 근처에도 오지 못하게 알뜰히 막고 있지는 않은지도 함께 물어볼 일이다. 아이들이 배고픔과 피곤함을 만나지 못하게 하는 무관심에서 벗어날 때다. 아이는 아픔과도 당연히 만나야 한다.

왜 스포츠보다 놀이가 먼저일까?

아이들이 밖으로 나가 마음껏 뛰놀면서 자연스럽게 길러지던 생기와 기운은 이제 따로 시간과 공간과 지도자를 마련해 키워야 하는 현실이다. 부모들의 위험제거주의와 안전만능주의는 소심하고 결기 없는 아이들을 만들고, 놀이 부족이 비만과 스크린과 게임과 소셜미디어에 가까워지게 한다는 것은 상식이다. 부모들은 아이들이 놀다가 다칠까 봐 전전긍긍한다. 놀라겠지만 이런 부모와 교사에게 아이들이 다치지 않는 비결을 하나 이야기해 드리고 싶다. 아이들이 작고 자주 다치도록 배려해야 한다. 그렇게 자란 아이들이 크게 다치지 않는다.

또한, 흔히 하는 스포츠가 아이들에게 맞는지 숙고해야 한다. 스포츠는 특정 근육만을 반복해서 쓰게 만든다. 이 시기 아이들은 골고루 몸을 써야 한다. 아이들한테 권할 것은 놀이이지 본격적인 스포츠가 아니다. 집단적인 스포츠는 어린 나이에 특히 경계해야 한다. 아이들은 놀이의 재미가 아니라 경쟁에 사로잡혀 승패의 노예가 되는 경우가 심심찮다. 아이들이 놀면 집중력이 올라가고, 기억력이 좋아지고, 창의력이 생긴다는 선전도 경계해야 한다.

이 세 가지가 좋아진다는 것을 부모들은 어떻게 받아들일까. 결국, 공부 잘하게 된다는 것인데 놀이와 몸을 쓰는 것이 이러한 것들을 기르기 위한 수단으로 둔갑하는 순간 놀이와 운동은 기획이 되고 아이들을 억압한다.

놀이는 자유와 해방을 만나는 일이다. 아이들한테 지금 필요한 것은 동무들과 함께 몸과 마음으로 놀며 자유롭고 거침없는 해방된 세계와 만나 그 속에서 타인을 속박하지 않는 품성을 일구는 일이다. 몸과 마음과 영혼이 건강한 아이들로 성장하려면 마음껏 뛰어놀게 하는 게 가장 좋지만 그럴 기회가 턱없이 모자란 오늘 아이들이 흔히 선택하는 것이 게임이다. 게임은 게임하는 사람보다는 만드는 사람들의 이익을 위해 프로그램된다. 그러므로 게임하는 아이를 오래도록 붙잡아 놓으려는 데 사활을 걸 수밖에 없다. 게임의 해악이 없다고 말할 수 없다. 게임의 유해성은 하는 사람에 있지 않고 만드는 곳에 기인하기 때문이다. 그렇다고 모든 악을 게임에서 찾는 어리석은 길로 들어서서도 곤란하다. 게임의 유익한 부분도 있기 때문이다.

'셧다운제'란 것이 있다. 셧다운제에 반대하는 청소년들의 아우성은 매우 들을 만한 내용이다. 역설적이게도 셧다운제에 관한 청소년들의 한목소리는 오늘을 사는 아이들이 얼마나 놀 수 없고 놀지 못하고 사는지를 또렷이 보여준다. 나라에서는 아이들의 수면권과 인권을 위한 제도라 강변하는데, 아이들은 필요 없다고 한다. 셧다운제는 청소년들의 처지에서 보면 삶의 마지막 출구와 숨통을 막는 것과 다름없다. 한국의 청소년들이 집으로 돌아오는 시간은 거의 10시에서 늦으면 12시에 가깝다. 이렇게 하루를 사는 청소년들에게 게임은 많은 사람이 설레발치며 단정하듯 만악의 근원도 아니고 그렇게 쉽사리 중독에 빠지는 매개도 아니다. 단지 게임을 하며 잠시 쉬고 싶을 뿐이다. 온종일 공부만 하고 아이들이 어찌 견딜 수 있을까. 이 나라가 청소년들의 수면권과 인권을 진정 생각한다면 '셧다운' 말고 '야자'를 없애는 운동에 함께 나서주기를 바란다.

너그럽고 단순하게

　스스로 놀지 않거나 남을 놀지 못하게 하려다 보니 세상이 점점 팍팍해지는 것 같다. 세상은 일해야 한다고 외친다. 날마다 쉼 없이 기계를 돌리고 사람을 돌리고 영혼마저 붕붕 소리 나게 돌려야 살 수 있다고 한다. 그래서 노는 아이 꼴을 못 본다. 내가 밖에서 세상과 가족을 위해 이렇게 열심히 일하는데 너희도 나를 따라 일하듯 공부하란다. 그리고 마침내 이겨야 한다고 한다.
　아이들한테 감당할 수 없는 학습량을 쏟아붓는 것이 어느새 자연스러운 일이 되었다. 그 앞에 선 아이들은 어쩔 줄 몰라 한다. 몇 해 사이 아이들의 학습량은 크게 늘어났다. 늘어난 학습량도 문제지만 더욱 큰 문제는 모든 것을 너도나도 지나치게 점점 더 일찍 시작하는 데 있다. 초등학교 들어가기 전에 선행학습이라는 이름으로 미리 배우고 들어가는 것을 당연하게 여긴다. 이렇게 선행학습이라는 것이 흔한 일이 되었고 이보다 더욱 끔찍한 조기영재교육이라는 것도 어린아이들 삶 속으로 파고들어 분탕질을 해대고 있다. 예체능 조기교육도 예외는 아니다.
　사실, 조기교육이라는 말은 모순이다. '조기'와 '교육'은 가까이 붙일 수 없는 낱말이다. 교육이라는 것이 배움의 주체인 아이들이 내용을 받아들일 수 있는 준비가 당연히 되어 있어야 할 수 있는 것인데 조기라는 것은 이를 처음부터 거스르기 때문이다. 또 한쪽에서는 '조기교육' 대신에 '적기교육'을 해야 한다고 하는데 이것 또한 생각해 볼 문제다.

말 자체는 적기교육이 조기교육보다는 긍정적이지만, 그 적기라는 것이 도대체 언제인지에 대한 넓은 아량이 있는지 모르겠다. 다시 말해 아이마다 적기가 모두 다르다는 것을 실제로 얼마나 포용하고 있는지 말이다. 그리고 조기교육이나 적기교육이나 방점이 아이들에게 무언가를 가르쳐야 한다는 '교육'에 찍혀 있기는 마찬가지다. 교육이라는 것은 그것을 받아들일 아이들이 준비가 어느만큼 되었는지에 대한 섬세한 이해와 배우고자 하는 아이의 동기에서 출발해야 한다. 조기나 적기나 교육보다 아이들이 지금 어떤 자리에 있는지 먼저 차분히 살피는 솔직함이 필요하지 않을까. 그리고 교육은 '놀이' 다음에 와야 한다.

조기교육의 폐해와 아이들의 후유증은 알려진 것 이상으로 매우 심각한 내상을 남긴다. 결론부터 말하자면 당신이 아이들의 몸과 영혼을 망치려고 작정했다면 조기교육, 영재교육, 몰입교육에 입문하라는 것이다. 한국은 출산 다음 날이나 배 속에 아이가 있는 0세 아이들의 조기교육을 위해 수백만 원을 아낌없이 쓰는 부모들로 넘친다. 부모들이 이렇게 하는 까닭은 무엇일까. 하나는 가장 먼저 해야 한다는 것이고 그렇게 하면 머리가 좋아진다는 미신 때문이다. 긴 한숨이 나온다. 태어나지도 않은 아기나 이제 갓 태어난 아기를 머리 좋게 만들어 줄 무엇이 있다고 믿는 부모들이 있다니 말이다. 그런 부모들에게 물건을 팔아먹는 장사꾼들의 상술은 가히 주술에 가깝다.

이렇게 시작한 조기교육은 미리미리 서둘러 준비시키지 않으면 안 된다는 강박으로 자리 잡는다. '재촉'의 서막이 이렇게 시작된다. 그렇다면 아이들은 이런 부모들의 욕망을 어떻게 견디는 걸까? 그런데 이렇게 시키면 그냥 하는 아이들이 늘고 있다. 그것이 무엇인지도 모르고 한다. 어른들은 그런 아이를 칭찬하고 잘 따라오면 혹 영재가 아닐까 착각에 빠진다. 혹 잊었을까 봐 다시 말한다. 아이들을 아프게 하려면 조기교육에 입문하라.

미리 배운다는 것은 무엇인가. 앞으로 언젠가 배우게 될 것을 당겨 배운다는 것이다. 그렇다면 뒤에 배울 때 이 아이의 태도가 진지할 수 있을까. 학교에 가보라. 낯선 것을 알아가는 설레는 첫 만남은 사라지고 웃자란 아이들을 만들어 내는 일이 부모의 욕망으로부터 생기고 있다. 혹 조기교육을 반기는 아이들을 만난 적이 있는가. 오늘도 조기교육 앞에서 쩔쩔매는 아이들을 볼 뿐이다. 어렸을 때 자신이 할 수 없는 일에 끊임없이 내던져져 어쩔 줄 몰랐던 기억을 가진 아이가 건강하게 자라기 어렵다는 것은 쉽게 상상할 수 있는 일이 아닌가.

조기교육의 참혹한 폐해는 아이의 몸뿐 아니라 영혼에 심각한 생채기를 남기는 데 있다. 그것은 마치 부드러운 고문과 같다. 먹을 수 없는데 입을 강제로 벌리고 음식물을 먹이는 것과 같은 결과를 만들어 낸다. 아이들 몸은 뛰어놀게 만들어져 있는데 앉혀 놓고 해야 하는 조기교육에 아이들 몸과 마음이 서서히 무너진다. 여기서 그치면 좋겠지만, 손으로 만지면서 몸으로 겪으면서 세상을 만나야 할 아이들이 결코 받아들일 수 없는 추상 세계의 지나친 퍼부음에 영혼은 질식하고 마음은 돌처럼 굳어 간다.

한글에 질리게 하고 싶다면 한글 조기교육을 하시라. 아직 우리말도 모르는 아이한테 한글과 영어를 뒤섞어 만나게 해서 혼돈 속에서 살게 하고 싶거든 하시라. 아이를 망가뜨리기로 작정했다면 온갖 좋다는 것을 아이한테 되도록 일찍 퍼부어 질리게 하시라. 아이들이 지금보다 커서 온갖 몸과 마음과 영혼의 불안과 주저와 우울에 시달리게 하려고 마음먹은 당신이라면 아이의 손을 잡고 서둘러 조기교육에 입문하시라.

영어를 앞장 세워 불고 있는 몰입교육 또한 마찬가지다. 몰입이라는 말은 놀이에서 귀하게 쓰는 말인데 교과목에 어울리는 낱말이 아니다. 아이들은 놀이에 몰입하지만, 영어나 학습에 몰입하지 않는다. 장사꾼들이 몰입이라는 말을 특정 교과목이나 학습에 갖다 붙이는 것을 볼 때 나는 헛웃음이 나온다. 이제는 물건 팔아먹으려고 별 해괴한 짓을 다하는구나 하는…….

아이마다 조금씩 다르지만, 한글과 영어와 숫자에 관심을 보이는 때가 반드시 온다. 부모는 그때까지 기다려야 한다. 무엇을 하며 기다릴 것인가. 아이들과 놀면서 기다리는 거다. 아이들이 한글을, 영어를, 숫자를 진정 읽고 싶어 할 때, 그때 해도 늦지 않다. 아이는 시간이 아주 많다. 왜들 뭐든지 일찍 시작해서 아이와 관계를 그르치고 돈은 돈대로 쓰고 마음과 영혼과 몸을 망가뜨리려는 것일까. 조기교육이나 적기교육 대신에 나는 '놀면서 기다리는 교육'을 해야 한다고 본다. 부디 조기교육, 영재교육, 몰입교육이라는 사탄의 꼬임에 넘어가지 마시라. 설령 '조기영재몰입교육'이라는 것이 한 세트로 묶여 헐값에 유혹을 해와도 말이다. 지금은 아이에게 자유와 놀이를 허용하고 허용하고 허용할 때다. 너그럽고 단순하게 아이와 지내자. 그것으로 충분하다. 만약 부족함을 느낀다면 유머러스 정도를 추가하자. 아이와 함께 지내는 데 이 세 가지면 정말 부족함이 없다.

놀이길 1

지나친 스크린 시간을 걱정하는 벗에게 전하는 열 가지 생각

1. 운전하거나 건널목을 건널 때 휴대폰 스크린을 보아서는 안 되는 것처럼 아이도 양육자도 함께 동의할 수 있는 작은 것에서 이야기를 출발해야 한다.

2. 스크린을 많이 보는 것이 치명적이라는 것은 아직 충분히 과학적으로 증명되지 않았다. 스크린 사용의 감소가 신체활동을 증가시킨다는 것 또한 아직 충분히 인정되지 않고 있다. 반대의 경우도 마찬가지다. 다만 지나친 스크린 사용 때문에 잠이 부족해지고 가까운 가족과 대화가 줄어드는 것을 아이와 양육자가 함께 이해하는 것이 좋다. 문제는 스크린을 보는 시간의 양이 아니라 보는 때와 방법임을 섬세하게 파악해야 한다. 또한, 스크린을 보는 시간이 늘어나면 놀이와 같은 활동시간이 줄어들고 블루라이트(blue light)로 인한 수면 장애와 얕은 잠이 불규칙적으로 발생해 다음 날 일상생활에 영향을 받는다는 지극히 상식적인 것을 아이와 공유할 필요가 있다. 만약 그 대상이 유아라면 더욱 어려움이 크다.

3. 현실 속 아이는 자율을 보장하고 허용하는 것이 맞지만, 디지털 세상 속 스크린에 관해서는 일정한 경계가 필요하다. 고개만 돌리면 맞닥뜨리는 세상의 갖가지 스크린을 아무런 필터링 없이 아이에게 전적으로 맡긴다는 것은 마치 아이에게 안전핀을 뽑아 건네는 위험물과 같기 때문이다. 운전으로 치면 안전벨트를 착용하지 않고 아이를 태우거나 아이에게 자동차 열쇠를 맡기는 것과 견줄 수 있다. 일정 시간의 안전벨트 착용은 필

수이고 운전면허 교육 또한 필요하다는 것에 동의해야 하듯 스크린 또한 최소한의 한계 설정이 필요함에 합의해야 한다. 꼭 알아야 할 것은 한계 설정에 양육자도 포함된다는 것이다. 위험은 만나야 하지만 그것은 아이가 관리하거나 통제할 수 있는 '건강한 위험'이어야지 악천후 속 맨홀 구멍을 피해 가기를 바라서는 안 된다.

4. 스크린과 새로 설치하거나 자주 쓰는 앱에 대해 주기적이고 따듯한 대화가 필요하다. 양육자는 아이가 스크린 없는 자신만의 시간을 자신의 동기와 결정으로 쓸 수 있음을 일깨워 주어야 하고 아이는 스크린 없는 순수한 자기 시간을 발견하는 기쁨을 누릴 권리가 있다.

5. 스크린 사용에 관한 관심은 필요한 만큼이어야 하지 아이의 사생활을 심각하게 침해하거나 억압해서는 안 된다는 것을 잊지 않아야 한다. 반대로 가난한 아이들의 스크린 사용에 관한 무관심은 매우 심각한 문제임을 알아차리고 지속적이고 따듯한 관심과 실질적 대안을 구체적으로 마련해야 한다.

6. 아이의 실제 생활에서의 안전을 중요하게 생각하듯이 디지털 환경에서 안전이 무엇인지 고민해야 하는 시절이다. 일상의 안전은 살뜰히 챙기면서 디지털 안전에는 무심하다면 아이와 우리는 삶의 균형을 상실할 것이다.

7. 스크린을 통해 만나는 인터넷과 앱이 유익한 점도 있다는 것을 인정하고 긍정해야 한다. 실제의 세계를 보고 만지고 느끼는 것이 중요한 만큼 가상의 세계 또한 매우 의미 있는 한 세계임을 알고 둘 사이의 균형이 필

요하다.

8. 앞선 세대에게 익숙한 배움의 방식이 있었던 것처럼 현재를 사는 아이가 세상을 배우는 또 다른 방식이 있음을 이해해야 한다. 온라인을 통해 얼마든지 우정도 쌓을 수 있다는 가능성도 부정해서는 곤란하다. 인터넷 기술을 유익한 도구로 쓸 수 있어야 한다. 나아가 어떠한 경우에도 '폭발'은 피해야 한다.

9. 건강한 생활 습관과 더불어 건강한 디지털 습관을 지니게 하는 것이 중요하다. 보아야 한다면 아이 혼자 보는 것보다 형제나 친구나 양육자와 이야기하며 보는 것이 좋다. 스크린을 함께 보면서 상호작용도 가능하다. 특히 아이의 행동에 대한 상벌로 스크린 접근을 허용하거나 금지하는 일에 신중해야 한다.

10. 무엇보다도 양육자인 우리는 아이 가까이서 어떻게 스크린을 쓰고 있고, 얼마나 스크린을 보고 있는지 냉정히 돌아봐야 한다. 이른바 '디지털 롤모델'은 여전히 유효하다. 그것을 통해 아이들은 스크린에 마냥 홀릭하거나 외면하거나 무서워하거나 피하는 것이 아닌 관리하는 법을 배울 것이기 때문이다. 중요한 것은 아이가 각종 스크린을 마주하며 스스로 조절하고 진정시키고 관리하는 법을 배워야 하고 양육자는 아이가 배울 수 있다는 것을 신뢰하고 기다리는 것이다.

Ver 1.0(2020.10.15.PHM)

* 이 생각은 계속 업데이트됩니다.

2

아이는 무엇으로 사는가

"사라지는 것은 빙하와 북극곰만이 아니다.
놀이도 사라지고 아이도 사라지고 있다."

도전도 실패도 창의도 권하지 마라! 모두 짐이다!

　아시아와 중동 아이들을 사진에 담는 일을 10년 넘게 했다. 길에서, 골목에서, 공터에서, 논에서, 밭에서, 바닷가에, 냇가에서, 학교에서 아이들을 만날 때마다 우리나라 아이들이 떠올랐다. 아이들은 지금쯤 무얼 하고 있을까. 이렇게 여러 해 아시아와 중동 아이들과 만나면서 나는 몸으로 하는 놀이에 대해 신뢰를 다시 얻었고, 오늘 우리 아이들의 놀이를 새롭게 볼 수 있는 눈도 마련했다.

　인도에서 어느 날 아침, 큰길에 나갔더니 아이들이 자치기를 하고 있었다. 일곱 시도 안 됐는데 말이다. 노는 모습을 지켜보다가 나이를 물었더니 다섯 살이라고 했다. 다섯 살 아이의 그 날렵함이라니! 바로 어릴 때 우리 모습이었다. 신도 없이 맨발로 소똥이 뒹구는 온 동네를 뛰어다니며 노는 아이들을 만나기도 했다. 우리나라 같으면 유치원이나 어린이집 또는 초등학교에 가야 할 아이들이 오전이고 오후고 저녁이고, 길에서 골목에서 공터에서 붐볐다. 아이들의 바짝 마른 정강이에서 힘찬 기운이 뿜어져 나왔다. 우리도 어려서 저런 생기가 있었다. 그런데 요즘 우리 아이들한테는 도무지 저런 기운을 찾기가 어렵다. 왜일까?

공부하고 남는 시간과 생기를 게임이나 소셜미디어나 스크린에 다 쓰고 밖에서 뛰놀지 않는데, 어떻게 땅과 하늘이 주는 기운을 몸에 담을 수 있겠는가. 아이들은 꾸러기로 자라야 한다. 잠꾸러기, 욕심꾸러기, 말썽꾸러기, 심술꾸러기, 장난꾸러기, 먹꾸러기. 이런 꾸러기 가운데 가장 아이다운 꾸러기는 말썽꾸러기와 장난꾸러기다. 아이들은 모름지기 말썽을 부리고 장난치는 걸 좋아해야 아이다. 그런 아이가 건강한 아이다. 그 아이는 제 나이에 맞는 시간을 보내고 있는 것이다. 장난꾸러기와 말썽꾸러기를 나무라기만 하면 안 된다.

그런데 요즘은 이런 말들이 좋은 뜻으로 쓰이지 않고 아이들을 혼내는 말로 쓰인다. 아이들은 잠을 푹 자야 크니까 잠꾸러기가 되어야 하고, 욕심과 심술을 부릴 줄 알아야 나누는 것도 알 수 있는 법이다. 먹는 것은 뭐라도 잘 먹어야 튼튼하지 않겠는가. 아이들을 꾸러기로 자라게 하자. 장난꾸러기로 먹꾸러기로 말이다. 꾸러기로 한 시절을 보내는 것을 크게 걱정하지 않아도 좋다. 다 지나간다. 문제는 처음부터 장난꾸러기와 말썽꾸러기의 싹을 도려내는 데 있다. 왜 우리는 장난꾸러기와 말썽꾸러기를 못 견뎌 하는 것일까. 장난꾸러기 만세! 말썽꾸러기 만세! 아이에게 짐을 지우지 마라! 심지어 도전도 실패도 창의도 애써 권하지 마라. 모두 짐이다. 논다는 것은 가벼워지고 홀가분해지는 것이다.

아날로그로 한 시절을 보내야 하는 까닭

어려서 일과 가까이 지내 본 적이 없는 아이들은 노는 것도 어려워할 수 있다. 작은 일이라도 거들고 해본 아이라야 더 잘 놀 줄 안다. 놀려면 힘이 있어야 하는데 이 힘은 어른들을 돕거나 작은 일 정도는 스스로 하면서 길러진다. 어른들이 아무리 공부만 하라고 해도 어려서 몸을 움직여 일을 거들던 아이들은 몸으로 겪어하고 놀이로 세상을 이해하는 길을 찾는다. 그렇지 못한 아이들은 쉽게 문명의 편리에 사로잡히고 만다.

요즘 아이들은 게임은 많이 하지만 놀이는 적고 일은 더더욱 모르며 자란다. 요즘처럼 밝은 세상에 아이들에게 일을 시키겠다고 하면 송사에 휘말릴지 모르지만 나는 생각이 다르다. 몸으로 무언가를 하는 것을 잃어버린 우리 아이들 세대의 기운 없는 모습을 볼 때면 더욱 그렇다. 일해 본 아이라야, 어른들 곁에서 조금씩 일을 거들던 경험이 있는 아이라야 마음껏 놀 줄도 안다는 것이 내 생각이다.

아이들이 큰 힘 들이지 않고 조금씩 할 수 있는 일이 있다면 그것 또한 놀이다. 집중해서 하는 일만큼 좋은 놀이가 없기 때문이다. 설거지도 좋고, 집 안 청소도 좋고, 양말 빨기도 좋고, 심부름도 좋다. 공부하는 아이 방해할까 봐 조심조심 말고, 이리 와서 좀 거들어라 할 수 있어야 한다. 아무튼 뭔가 할 수 있도록 어른들이 소소한 일거리를 아이들과 나누는 것이 꼭 필요하다. 처음에는 하지 않으려 할 수 있지만 하다 보면 재미있다는 것도 알게 된다.

이 나라 어른들의 실수 가운데 하나는 아이들에게서 이런 얼마간의 일마저 앗아 버린 점이다. 얼마 전까지만 하더라도 시골 아이들은 제 몸 하나는 부릴 줄 알았다. 성장한다는 것이 뭐 별것인가. 제 몸 하나 건사하고 부릴 줄 아는 것이다. 동생을 돌보고, 논이나 밭에서 일하는 어른들 따라 작은 힘이라도 보태다가 장난도 치고, 그것이 다 놀이 아닌가. 아이들한테는 놀 권리와 함께 일할 권리도 있다. 아이한테 알맞은 일을 거들 수 있게 하자. 아이들은 세상을 소소한 일과 놀이를 통해 온몸으로 받아들이고 싶어 하는데 어른들은 지식만 억지로 먹이려 하니 아이들이 힘들고 아프지 않을 수 없다.

세상에서 으뜸으로 훌륭한 놀이를 꼽으라면 나는 보호자가 자기 일에 몰두하고 있을 때, 그 옆에서 따라 하는 것이라고 말한다. 이것이 정말 최고의 놀이다. 그러나 이런 모습을 요즘 참 보기 어렵다. 왜 그럴까. 아이를 곁에 두고 일하는 분들이 적기 때문이다. 김치 담그는 것을 옆에서 지켜보는 것만큼 좋은 놀이가 없는데, 김치를 직접 담그는 경우가 적다. 아빠가 타던 자전거의 구멍 난

타이어를 때우거나 할 때 보고 따라 하는 것만큼 좋은 놀이도 없다. 그러나 오늘을 사는 양육자는 몸을 움직이는 일과 멀어져 산다. 이런 좋은 놀이는 다 잊고 돈과 시간을 따로 들여 아이들을 놀이방으로 보내고 체험 프로그램에 보내고 비싼 장난감을 사줘야 아이들이 논다는 착각에 빠져 산다.

아이들의 일하는 모습을 먼저 긍정한 이는 이오덕 선생님이다. 선생님은 60~70년대 안동 가까이에서 초등학교 선생님을 하시며 아이들이 쓴 시를 엮어 『일하는 아이들』(보리, 2002)을 내셨다. 이 시집을 읽어 보면 얼마간의 일이 아이들을 얼마나 건강한 세계로 이끄는지 고개가 끄덕여진다. 아이들한테 일을 빼앗고 편리의 세계 속에서 꼭두각시 경쟁이나 시키는 지금의 아이들과 무엇이 다른지 견주어 볼 일이다.

이 책에는 일하는 아이들의 살아 있는 생각과 몸짓이 손에 잡힐 듯이 아로새겨져 있다. 오늘 아이들이 제 몸 하나 건사한다는 이야기를 듣기 어렵다. 왜 이렇게 아이들을 놀 줄도 모르고 일할 줄은 더더욱 모르게 되었을까. 생각해 보라. 요새 도시 사람들은 엄두도 내지 못할 농사일을 농사꾼이 어디 학교에서 책이나 글로 배웠겠는가. 그런데 농사일은 어떻게 끊이지 않고 다음 세대로 이어올 수 있을까. 꼬마 때부터 바쁘신 어른들을 도와 동생도 돌보고, 밭 매는 어른들 따라 작은 힘이라도 보태면서 어깨너머로 배웠기 때문이다.

생의 앞머리를 보내고 있는 아이들은 철저하게 아날로그로 자랄 수 있게 도와주어야 한다는 것이 내 생각이다. 아날로그의 품을 들이지 않는 디지털은 휘황한 껍데기이고 거짓말이고 환영일 뿐이다. 아이들 시 좀 보자.

나와 누나와 대연이와
조밭을 맸다.
두 골째 매다니
땀이 머리가 젖도록 흐른다.
땀이 흘러 눈을 막는다.
이럴 때 목욕했으면 좀 좋을까?
풍덩! 물속에 들어갔으면!
햇볕에 시드는 풀 냄새가 섞인
쌔도록한 냄새의 바람이 분다.
그러다가 시원한 바람이 불어온다.
아아, 시원하다.
누나가 대연이 색시 바람 불어오는구나, 한다.
— 1970년 7월 24일 안동 대곡분교 3학년 백석현

"햇볕에 시드는 풀 냄새가 섞인 쌔도록한 냄새의 바람이 분다." 초등학교 3학년이 쓴 시라니! 삶이 시가 되었다. 꼭 한번 『일하는

아이들』을 읽어 보시길 바란다. 우리가 아이들에게 얼마나 못난 짓을 하고 있는지 이 시집 한 권을 읽다 보면 저절로 알 수 있으니 말이다.

놀이의 꽃 '상상놀이'가 사라지고 있다

'소꿉'이란 말은 언제나 내게 어릿한 풍경 하나를 떠올리게 한다. 볕이 드는 처마 밑이었을까? 아니면 따뜻함이 조금 남아 있는 굴뚝 밑이었을까? 잘 씻지도 않은 얼굴 서넛이 옹기종기 앉아 깨진 사금파리나 병뚜껑에 풀을 짓이겨 상상으로 김치를 담그고 솔잎으로 국수를 삶던, 지금은 어디 사는지 모르는 내 어린 시절 동네 누나, 동생, 여자 친구의 모습이다. 나는 아빠였고 그 친구는 엄마였다. 놀이 가운데 소꿉놀이만큼 자연스러운 놀이도 없을뿐더러 쓰다 버린 것을 주워 놀이 재료로 쓴다는 것이 나를 매혹한다. 버려지고 망가진 것들에 생명을 불어넣어 살려 내는 놀이, 그게 소꿉놀이다. 아이들은 버려진 것을 모아 살려 내면서 자신들의 놀이도 활짝 꽃피운다.

아시아와 중동 아이들의 소꿉놀이를 자주 만났다. 그럴 때마다 아이들의 놀이를 깨뜨리지 않아야 하는데 설렘과 함께 늘 걱정이 앞섰다. 먼저 카메라를 내려놓고 아이들에게로 간다. 그렇게 해도 어떤 아이들은 줄행랑을 놓고 또 어떤 아이들은 묵묵히 소꿉을 산다. '저 사람은 무엇을 하러 온 사람일까?' 잠시 생각하는 듯하더니 이내 소꿉놀이 속으로 들어간다. 그리고 나는 '소꿉놀이란 것이 이토록 우리네 살림살이를 쏙 빼닮았구나' 싶어 새삼 눈물을 삼킨다. 아이들의 소꿉놀이가 우리네 '살림'과 다를 바 없이 구체적이고 촘촘하기 때문이다.

이렇듯 놀고 있는 아이들 가까이 갈 때는 조심해야 할 것이 하나 있다. 아이들 스스로 어른에게 어떤 작은 역할이라도 주기 전에 놀이에 끼어들면 안 된다는 것이다. 자칫 놀이를 깰 수 있기 때문이다. 만약 고맙게도 놀이에 끼워 주면 "헤~ 고맙습니다" 하며 아이들이 시키는 대로 하자는 대로 하면 된다. 시키는 대로 해도 하라는 대로 해도 즐거운 일이 이런 것이 아닐까.

소꿉놀이를 한참 들여다보면서 나는 문득 소꿉놀이에 몰두하고 있는 아이 하나하나의 얼굴에서 제의를 집전하는 사제의 경건함을 본다. 그 경건함은 어른들은 여기 들어올 곳이 아니라고 말하는 듯하다. 아이들 놀이에서 느끼는 이 지극한 신성함을 나는 좋아한다. 신성과 놀이가 하나에서 나온 것일지 모른다. 아이들의 제의가 바로 놀이이기 때문이다. 아이들의 놀이는 어른들의 종교와 견줄 수 있다. 아이들이 놀이에 빠져 몰입하는 것을 조용히 보고 있노라면 저절로 그 사실을 깨닫게 된다. 놀이는 한낱 허구이거나 꾸며 노는 것이라는 주장을 나는 거부한다. 아이들 놀이는 진지하고 지극하다. 아이들은 놀이에서 언제나 자신들의 진짜 이야기를 하고 있고 그들만의 작은 우주를 날마다 새롭게 빚으며 앞으로 나아간다. 그러려면 아이들한테 아주 긴 놀이의 시간이 허락되어야 한다. 시간이 충분하면 역할놀이와 상상놀이를 오가며 놀이의 꽃을 피운다.

또 한번은 인도에서 대낮 언덕 위에서 소꿉놀이하는 아이들을 만난 적이 있다. 올라가 보았더니 돌로 울타리를 만들어 소꿉놀이가 한창이었다. 그곳을 저물녘에 다시 가보았더니 아이들은 돌문을 살짝 닫아 놓고 집으로 돌아갔는데 소꿉놀이 살림살이는 고스란히 남아 있었다. 누구도 이곳을 흩트려서는 안 된다고 말하는 것 같았다. 이것은 또한 말해 주고 있었다. 내일도 아이들은 이 나무 아래로 나와 소꿉놀이를 할 것이란 걸 말이다. 그리고 어제도 그제도 이 나무 아래서 아이들은 소꿉놀이를 이야기처럼 드라마처럼 날마다 엮어 가고 있었음을. 이런 상상놀이가 빠르게 사라지고 있어 큰일이다.

진짜 놀이란 한 번 또는 하루에 끝날 수 없다. 그리고 쉽게 치울 수 있는 것도 아니다. 아이들은 한가롭고 긴 시간이 필요하다. 놀 틈을 꽉 막아 놓고 아이들이 노니 안 노니 하는 이야기가 내게는 그래서 거짓으로 들린다. 아이들이 이제 조금 놀려고 하면, 상상을 펼치려면, 막 놀이 이야기가 시작되려고 하면, 그만 정리하라는 말이 들린다. 그것은 아이들 놀이를 파괴하는 일이다. 놀이가 상상의 나래를 펴지 못하게 하는 일이다. 결국 놀이의 꽃인 '상상놀이'는 서두름과 재촉 속에서는 피지 않는다.

굴리다가 길을 잃다

내가 살던 사당동 산24번지 산동네에 철거 바람이 휩쓸고 지나간 것은 88올림픽 즈음이었다. 한 꼬마가 개막식에 굴렁쇠를 굴리고 나와 귀여움을 받았다. 뒷이야기를 들어보니 굴렁쇠가 우리나라에만 있는 남다른 놀이라는 생각으로 개막식에 넣었다고 했다. 하지만 굴렁쇠는 우리나라에만 있는 놀이가 아니라 전 세계 어느 나라에나 있는 놀이다. 아이들이라면 누구나 굴리고 싶기 때문이다. 놀이는 아이들의 '놀고 싶음'에서 출발해 이해해야 한다. 굴리고 싶고 돌고 싶고 오르고 싶고 뛰어내리고 싶은 아이들 마음에서 놀이는 시작된다.

마찬가지로 땅이 있으면 아이들은 어떻게 할까. 시키지 않아도 아이들은 금을 긋거나 판다. 농사꾼이 밭을 갈듯이 아이들이 땅을 만나면 판다는 것은 깊이 들여다보아야 할 대목이다. 아이들은 모름지기 땅을 가는 농부의 마음을 지니고 태어난다. 아이들은 언제까지 팔까. 순천에 있는 '기적의놀이터' 너른 모래놀이터에 가 보면 자기 몸을 웅크리고 들어가 있을 정도까지 판다. 그곳이 엄마의 배 속 자궁이고 집일 것임은 짐작하기 어렵지 않다. 아이들 놀이터에는 이렇듯 팔 곳이 있어야 한다. 『민들레』 80호(2012)에 실린 소호산촌유학센터 아이들이 판 굴 사진을 보았다. 참 반가웠다. 아직 아이들이 살아 있구나 싶었다. 아이들은 엄마의 자궁 안에서 구르고 돌고 놀았다. 그래서 그런지 아이들은 엄마 배 속에서 나와서도 뭔가를 굴리고 돌리고 구른다. 이런 하고 싶은 몸짓이 놀이를 만든다.

아시아와 중동을 다니며 정말 다양한 굴렁쇠를 만났다. 작은 실패에서 자전거나 큰 경운기 폐타이어, 그 속에 들어 있던 튜브에 이르기까지 아이들은 굴릴 수 있는 모든 것을 굴리며 놀았다. 굴렁쇠를 굴리면서 아이들은 온 동네를 돌아다녔다. 그렇게 아이들은 자기 마을과 주변을 알아 간다. 가고 싶은 곳으로 굴렁쇠를 굴리며, 때로는 굴렁쇠에 자신을 맡기며 돌아다녔다. 그러다가 나는 길을 잃기도 했다. 굴렁쇠를 신나게 굴리다가 여기가 어디지? 길도 헤매고, 굴렁쇠를 굴리며 낯선 곳을 모험하고, 다시 더듬거리며 길을 되짚어 집으로 돌아왔다. 이렇게 굴렁쇠를 굴리며 내가 사는 동네의 경계와 곳곳을 몸에 익혔다. 고마운 굴렁쇠다. 아이들과 아직 남아 있는 골목과 길을 내달리는 굴렁쇠 놀이 운동을 한판 벌이고 싶다. 자동차 때문에 위험해 안 된다고 하시는 분들이 당장 반대를 하실 테지만 일시적으로 길과 도로를 막고서라도 하고 싶다. 왜? 아이들은 굴리고 싶으니까.

아이의 노는 시간을 가로채지 않기를 바라며

어릴 때를 떠올려 보면 추울수록 바깥에서 더 많은 놀이를 했다. 추우면 집 안에 더 머물 것 같지만 그렇지 않았다. 한겨울에도 눈이 내리거나 얼음이 녹아 땅이 질퍽하지 않으면 구슬치기를 했으니 말이다. 구슬치기와 딱지치기를 너무 열심히 하다가 어깨가 빠진 적도 있고, 지금도 겨울이 되면 한겨울 찬바람을 쌩쌩 쐬며 얼었던 양쪽 볼이 본색을 드러낸다.

더 놀고 싶은데 밥 먹으라는 엄마 손에 붙잡혀 울며불며 집으로 끌려가던 기억이 새삼스럽다. 손은 트다가 마침내 갈라져 피가 날 정도였으니 말이다. 어머니는 내가 눈 오줌에 손을 담그게 했다가 글리세린을 발라 목장갑을 끼워 잠을 재웠다. 그때 그 얼얼한 손의 느낌이 지금도 쨍하다. 다음 날 목장갑을 벗었을 때 그 고와진 손이라니! 지금도 겨울이면 손이 튼다.

어려서 살던 집 뒷마당을 파보면 딱지와 구슬이 한 자루는 나오고도 남을 것이란 이야기를 하는 분을 종종 만난다. 어려서 놀기를 즐겼던 내 또래 가운데 이런 경험이 있는 분들이 더러 있다. 놀다 보면 우리 동네는 물론이고 다른 동네까지 원정을 가서 딱지 따먹기와 구슬치기를 벌이는 일이 생기고 따다 보면 그 양도 많아진다. 밥을 안 먹어도 배가 불렀다.

이렇게 점점 딱지와 구슬이 많아져 네모난 종이 상자에 김밥처럼 동그란 딱지가 착착 쟁여지고, 구슬은 신주머니에 하나 가득 채워진다. 그러다가 좀 더 나이가 먹고 철이 들고 그런 놀이와 멀어져 갈 시기가 되었음에도 구슬과 딱지를 선뜻 동생들에게 주지 못하고 나중에라도 가지고 놀겠다는 심정으로 일단 땅에 묻어 놓은 것이다. 다시 생각해 봐도 우습고 그 집착이 놀랍다. 놀이란 이런 것이다. 그때 파묻었던 구슬과 딱지가 호리병 속 지니처럼 나를 기다릴 것이라 생각하면 나는 떨린다.

꼭 그런 것은 아니지만, 공기놀이는 여자아이들이 좀 더 좋아했고, 구슬치기는 남자아이들이 좀 더 많이 했던 것 같다. 그렇다고 예외가 없었던 건 아니다. 넘나드는 아이들이 꼭 있기 마련이다. 아시아와 중동을 다니며 참 재미있는 놀이를 보았는데 말하자면 딱지 따먹기와 구슬치기를 합친 놀이였다. 딱지를 한곳에 서로 얼마씩 쌓아 놓고 차례를 정한 다음, 한 사람씩 신고 있던 슬리퍼를 힘껏 던져 쌓아 놓은 딱지를 금 밖으로 쳐내는 놀이였다. 아이들이 어떻게 두 놀이가 가진 서로 다른 특성을 하나의 놀이로 만들었을까 참 신기했다. 이처럼 놀이에 많은 시간을 쏟아붓는 아이들은 이제까지 없었던 놀이를 새롭게 만들어 낸다. 이렇게 노는 아이의 시간을 가로채지 않아야 한다.

어떻게 공기놀이는 살아남았을까

 놀이가 무엇이냐고 물어보면 나는 재미보다는 웃음과 따뜻함 그리고 거기서 생기는 즐거움과의 만남이라 하겠다. 당연한 말이지만 놀고 싶을 때 놀아야 놀이다. 하고 나서 즐거운 것이 아니라 하면서 즐거운 것도 빠져서는 안 되겠다. 요즘 놀이에는 '좋아하는 것을', '시켜서 하지 않는'이라는 전제가 쉽게 빠진다. 이게 없는데 놀이라고 할 수 있을까. 그게 무슨 재미가 있으며 재미없는 놀이를 오래도록 할 까닭이 없다. 새삼스럽게 공기놀이를 눈여겨보는 까닭이 여기에 있다. 한 가지 궁금함으로 공기놀이 이야기를 시작해 보려 한다. '옛날 아이들 놀이 대부분이 사라졌는데 공기놀이는 오늘 아이들 속에서 어떻게 살아남았을까?'

 나는 이 수수께끼를 풀어야 놀이와 아이들이 어떻게 닿아 있는지 실마리를 찾을 수 있다고 생각한다. 공기놀이에 무엇이 있어 끊이지 않는 생명력을 지금껏 이어올 수 있었느냐는 말이다. 여기서 얻은 생각들로 다른 놀이 또한 어떻게 아이들과 만나고 나누어야 할지 그 물꼬를 틀 수 있을 것이다. 그러면 우리는 공기놀이를 어떻게 알고 있나. 시골 사는 여러 할머니께 요즘 아이들이 하는 공기놀이가 어떤지 여쭈었더니, "공구뺕기도 시방 아덜은 싱겁게 하데, 줏어 그냥" 그러셨다.

싱겁단다. 싱겁다는 것은 단조롭다는 말이다. 공기놀이를 놀잇감이 단순하니까 놀이도 단순할 거라 여기는데 그렇지 않다. 할머니 말씀처럼 요즘 대부분 아이들은 싱거운 공기밖에 모른다. 다섯 알을 놓고 한 알을 집어 위로 던져 받으면서 아래 한 알을 집고, 또 하나를 던져 받으면서 하나를 집고, 이렇게 네 알을 다 받은 다음은 두 알씩 집고, 다음은 세 알과 한 알을 집고, 다음은 네 알을 모두 집고, 꺾기를 하면 공기놀이가 끝나는 것으로 안다. 공기놀이의 아름다움은 단순한 놀잇감을 쓰지만, 놀이의 변화와 창조가 무궁무진한 데 있는데 전승이 끊겼다. 시골을 다니며 할머니들께 모은 공기놀이가 수십 가지가 넘는다. 궁금하신 분은 내가 쓴 다음 논문을 살펴보시라. 「공기놀이의 전승모습과 아이들의 공기놀이 현장」(실천민속학회, 2003).

공기놀이는 아이들의 두뇌와 마음과 손과 동무가 함께 어울리는 놀이다. 또한, 공기놀이는 교재교구나 가베처럼 아이와 사물의 관계를 중시하는 것이 아니라 인간과 인간을 단순한 공깃돌 다섯 알로 이어 준다. 공기놀이를 하면서 아이들끼리 어울려 노는 모습은 복잡하고 비싼 장난감을 가지고 홀로 노는 모습보다 그래서 푸근하다. 그 솜씨도 까부리, 알품기, 알까기와 같은 것들이 전 세계에 고루 퍼져 있다. 아이들은 손과 발과 몸을 써서 바깥세계와 잇는다. 아이들의 손과 발은 세계와 만나는 통로다. 이런 까닭으로 손을 쓰는 놀이는 아이들의 마음과 몸, 내면과 세계를 이어주고 일깨운다.

공기놀이의 놀잇감은 퍽 단순하다. 놀잇감은 단순할수록 좋다. 아이들이 채울 부분이 그만큼 많기 때문이다. 돌 다섯 개만 있으면 모자람이 없다. 단순한 놀잇감이지만 아이들은 다양한 놀이를 그들에 맞게 새롭게 창조해 냈다. 또한, 아이들은 공기놀이를 하면서 섬세한 근육을 만들고 고도로 집중된 몰입과 끈기를 자연스럽게 익힌다.

이렇게 공기놀이에 빠지다 보면 어느새 공기놀이의 재미를 넘어 지극한 편안함과 만나기도 한다. 마치 공기놀이에 빠져든 아이들이 깊은 명상에 빠진 모습과 같은 것은 이 때문이다. 공기놀이를 되풀이하면서 아이들은 새로운 공기놀이의 세계를 조금씩 새롭게 연다. 이렇게 만들어진 여러 공기놀이 솜씨가 우리 할머니 세대까지는 온전히 이어졌다. 그렇다면 다른 놀이는 아이들 사이에서 대부분 잊혔는데 어떻게 공기놀이만은 오늘 아이들 속에서도 살아남은 것일까?

오늘 아이들이 이나마 공기놀이를 하는 까닭은 공기놀이가 좁은 공간과 짧은 시간에도 할 수 있는 거의 유일한 놀이였기 때문이다. 공간이 좁아도 되니 어디서든지 할 수 있고, 시간이 적어도 되니 10분 쉬는 시간에도 잠깐씩 할 수 있다. 실내에서 할 수 있다는 이점도 있다. 결국 놀이가 살아나려면 아이들한테 시간과 공간이 허락되어야 한다는 말이다. 그렇다면 작은 돌멩이 다섯 개로 하는 공기놀이나 한 가닥 실로 하는 실뜨기를 오래도록 아이들이 지루해하지 않는 까닭은 무엇일까. 그 까닭은 공깃돌이나 실이 지닌 놀잇감의 열린 성격 때문이다. 이런 놀이는 몇 가지 놀이 방법에만 머물거나 갇히지 않고 아이들 스스로 얼마든지 다른 형태의 놀이로 바꿔 갈 수 있다.

이러한 까닭에 많은 옛 아이들 놀이가 사라졌어도 공기놀이만은 아이들 사이에 살아남았다. 그러나 앞선 세대의 공기놀이를 따라가지는 못한다. 그런 자투리 시간으로는 어림없기 때문이다. 놀이는 시간을 쏟아부어야 오롯한 재미와 경지를 만날 수 있다. 아이들이 한 놀이에 오랜 시간을 쏟을 수 있는 시간을 허락하는 것에서 시작해야 한다. 그래야 비로소 놀이를 이야기할 수 있다. 공기놀이가 살아남은 까닭을 살피면서 어떻게 오늘 우리 아이들 속에서 지나간 놀이를 살릴 것인지 원리를 찾아야 한다.

요즘 아이들에게 공기놀이는 많은 놀이 가운데 하나일 뿐이다. 그러나 앞선 세대들에게 공기놀이는 그렇지 않았다. 꽤 비중 있는 놀이였다. 하나의 놀이를 솜씨 있게 갈고 닦는 데는 시간이 필요하다. 그 가운데 몇몇은 공기놀이에 더욱 깊이 빠지는 아이들도 있게 마련이다. 이 아이들이 스스로 많은 시간을 쏟아부어 세상에 없던 새로운 공기놀이를 만들어 냈다. 궁리가 창조를 만드는 것이 아니라, 충분히 놀 수 있는 한가하고 넉넉한 시간이 창조를 만드는 까닭이다.

비석은 나의 아바타

오늘날 유치원, 어린이집, 초등학교에서 하는 놀이는 놀이라기보다는 거의 게임이나 레크리에이션에 가깝다고 해야 옳다. 설령 그것이 전래놀이나 민속놀이라는 이름이 앞에 붙어 있어도 말이다. 이렇게 하는 놀이는 아이들이 스스로 놀이에 진지하게 빠져들 여유를 좀체 기다려 주지 않기 때문이다. 우리가 어려서 했던 자치기나 비석치기를 한번 생각해 보자. 둘 다 아무리 못 걸려도 두세 시간은 넉넉히 있어야 놀 수 있는 놀이인데, 사온 비석 몇 개 쓰러뜨리고 "오늘은 비석치기 놀이를 했어요. 재미있었나요?" 하는 놀이를 어떻게 놀이라 부를 수 있겠는가.

이처럼 전래놀이를 현재 아이들 삶의 맥락 속에서 다시 읽지 않고 느닷없이 들이미는 것은 세심한 주의가 필요하다. 아이들은 기획되거나 밖에서 일방적으로 주어지는 놀이를 거부할 권리가 있다. 전래놀이나 민속놀이가 필요없다는 얘기가 아니다. 전래놀이 속에 아이들 놀이를 구성하고 있는 원리와 알맹이가 무엇인지 깊이 있게 살펴 '오늘' 아이들 삶 속에 어떻게 스스로 작동하게 할 것인지 고민해야 한다는 말이다. 전래놀이가 가치 있으니까 오늘 아이들도 좋아할 것이라 여기는 것은 점검이 필요하다. 지금은 탈(脫) 전래놀이, 탈 민속놀이 논의가 필요하다.

먼저 오늘 아이들이 어떤 놀이를 하고 있는지 보는 것이 순서다. 오늘 아이들이 잘 놀지 못하고 있다는 진단은 오해일 가능성이 크다. 아이들은 잘 놀고 있다. 이것이 내가 오늘 아이들 놀이를 보는 인식의 출발이다. 아이들은 어떻게든 놀고 있다. 아이들은 놀지 않고 살 수 없기 때문이다. 이제는 전래놀이와 민속놀이를 딛고 오늘 아이들의 바빠진 삶의 리듬과 다양한 엔터테인먼트 환경 속에서 어떻게 재정립할 것인지 논의가 필요하다. 다시 말해 '대안놀이' 또는 '전환놀이' 논의가 필요하다. 특히 미세먼지와 전염병 그리고 기후 위기 속에서 더욱 절실하다.

뭐는 놀이이니 꼭 해야 하고, 뭐는 놀이가 아니니 하지 말아야 한다는 말이 아니다. 정말 걱정스러운 것은 아이들이 이런 전래놀이나 민속놀이 같은 것을 만나면서 놀이에 대한 생각을 새긴다는 데 있다. 더러 어떤 아이는 '옛날 아이들이 했던 놀이라는 것이 이런 것이구나……. 참 시시하고 재미없네…….' 이렇게 느낄 수 있다. 놀이를 시작하기에 앞서 필요한 놀잇감을 즐겁게 만들고 놀이가 끝나도 놀잇감을 소중히 여기는 과정을 아로새길 여유를 주지 않고 하는 전래놀이와 민속놀이로 아이들을 속이지 말자. 이렇게 하면 아무리 전래놀이와 민속놀이라 이름을 붙여도 게임을 하고 있는 것이나 다름없다. 무엇이 놀이이고 무엇이 게임인지 아는 것이 필요하다. 그렇다면 놀이와 게임은 무엇이 다른가?

비석치기 이야기를 꼼꼼히 해보자. 비석치기와 볼링이라는 것은 거슬러 올라가면 세워진 것을 쓰러뜨리는 재미에 뿌리를 둔, 같은 놀이다. 하지만 중요한 차이가 있으니 어려서 놀았던 기억을 떠올리면 단박에 알 수 있다. 동무가 비석을 날려 금에 단단히 세워 둔 내 비석을 딱 맞춰 쓰러뜨릴 때, 그 기분이 어땠는지 다들 기억하시는가. 볼링장에서 볼링핀이 쓰러질 때 마음속의 출렁임과는 아주 다르다. 쓰러뜨리는 건 같은데 왜 서로 다른 느낌일까. 여기에 놀이와 게임의 분명한 차이가 있다.

내 비석이 동무가 던진 비석에 맞아 쓰러질 때를 돌이켜 보면 내 온몸과 마음이 뒤로 '꽝' 하고 자빠지는 느낌, 이런 게 있다. 그러나 볼링은 다르다. 볼링공은 내 공이 따로 있을 수 있지만, 볼링핀은 나와 인연이 없다. 그렇지만 비석은 바로 나다. 내 손에 딱 맞는 반듯하고 단단한 비석은 온 동네를 돌아다니며 찾아야 비로소 손에 쥘 수 있다. 비석치기가 놀이가 아니라 사실은 비석을 찾아 온 동네를 돌아다니는 것이 진짜 놀이라는 말이다. 냇가 물속에서 숨을 참고 눈을 뜬 채 내게 맞는 비석을 찾던 진지함을 무엇으로 바꿀 수 있겠는가. 이렇게 찾은 비석을 누가 그냥 돌멩이라고 말할 수 있겠는가. 이렇게 인연이 된 비석은 바로 나다. 쓰러진 것은 비석이 아니라 바로 나다. 딱지치기도 마찬가지다. 딱지가 뒤집어지는 게 아니라 내가 뒤집어지기 때문에 어깨가 빠지도록 딱지를 치는 것이다.

 이렇게 찾은 비석은 바로 나의 분신, 다시 말해 아바타(Avatar)다. 게임에 나오는 아바타와는 다르다. 비석은 손으로 쥘 수 있고 그 결을 느낄 수 있지만, 게임 속 아바타는 다르다. 공깃돌도 마찬가지이다. 비석과 공깃돌을 놀이가 끝났다고 버리는 일은 없다. 혹 누가 치울까 봐 잘 숨겨 놓거나 아예 땅에 묻어 놓는다. 잠을 자면서도 꿈을 꾸면서도 숨겨 놓거나 묻어 놓은 비석과 공깃돌을 생각한다. 놀이는 이런 실감이 있다.

성인 주도 놀이활동을 최소화하라!!!

이런저런 전래놀이나 민속놀이 시간에 잠깐 하는 놀이를 아이들 스스로 다시 하는 경우가 얼마나 될까? 무척 적다. 이것이 놀이가 아니고 게임이나 레크리에이션을 했다는 반증이다. 아이들을 대상화시키고 홀리듯이 앞장서 이끌어 주지 않으면 할 수 없는 것, 그것이 게임이고 레크리에이션이다. 놀이는 아이들을 세상에 없던 창조의 시공간으로 초대하지만, 게임은 이미 만들어진 질서에 철저히 따를 것을 강요한다. 내가 무언가를 만들고 바꿀 수 있는가 없는가. 이것이 놀이와 게임이 뿌리부터 다른 지점이다.

아이들이 선택하고 변화를 줄 수 없는 것을 놀이라 부르지 말자. 전래놀이나 민속놀이로 아이들 놀이의 범주를 좁게 만드는 잘못을 저지르지 말자. 아이들 놀이는 전래놀이와 민속놀이를 벗어나 '자유놀이'와 '상상놀이'로 무한히 확장되어야 한다. 이 둘을 찾을 수 없는 놀이는 흔한 프로그램 가운데 하나와 다를 바 없다. 딱히 이름 붙일 수 없지만 자유가 있고 실험할 수 있어야 그것이 진짜 놀이다. 나아가 전래놀이는 잊어버리더라도 자유와 상상은 만나야 한다. 이웃과 동무에 대한 사랑과 관심과 이해로 나아가는 만남의 물꼬를 놀이에서 트자. 놀이가 이 일을 거들 수 있다. 그리고 마침내 아이들의 참다운 놀이는 '자유와 해방'에 있음을 잊지 말자. 부디 전래놀이와 민속놀이 속 특정한 놀이 이름을 놀이라고 착각하지 말자. 그것은 '놀이 이름'이지 놀이가 아닐 수 있다. 특히 성인이 주도하면 더더욱 아니다. 성인 주도 놀이활동은 심각한 논의가 필요하다.

만약 전래놀이나 민속놀이를 교육 현장에서 해야 한다면 앞서 이야기한 비석치기처럼 긴 시간을 가지고 하면 좋겠다. 억지로 놀이판을 만들어 놓고 한 외부자가 아이들을 이끌어 가는 프로그램화되거나 레크리에이션과 다름없는 현재의 전래놀이·민속놀이라면 아이들 삶의 한복판을 가로지르는 삶의 놀이가 되기 어렵다. 지금은 아이들에게 놀이전문가 성인이 어떤 놀이를 들이밀기보다는 좀 쉬도록 환경을 가꿔 주고, 이렇게 쉰 아이가 서서히 자유놀이에 기지개 켜기를 기다려 주는 여유가 필요하다. 지금은 아이들에게 놀이를 들이밀 때가 아니다. 이것은 놀이를 아이들로부터 빼앗은 어른들의 최소한의 예의가 아니다. 아이들이 지금 하는 놀이가 무엇인지부터 진지하게 보는 일부터 시작해야 한다. 여러 어려움이 현장에 있다는 것을 안다. 존경과 사랑을 담아 현장 놀이활동가 벗들께 몇 가지 제안한다.

하나. 아이들이 놀 수 있는 환경을 만들고 지원하되 직접적인 진행과 간섭을 최소화하자.

둘. 무엇을 가지고 어떻게 놀지는 철저하게 아이들에게 맡기자.

셋. 놀이시간을 여유롭고 유연하게 계획해서 아이들이 쫓기지 않고 안정 속에서 놀이를 풍성하게 가꿀 수 있게 하자.

넷. 학교나 기관이나 단체에서는 놀이활동가의 놀이활동을 평가하거나 감시하지 말고 믿고 맡기자.

다섯. 가까운 사람이 불편하면 아이들은 놀지 못한다. 아이들은 잘 노는 사람보다 편안한 사람이 필요하다. 아이에게 친절하고 편안한 한 사람이 되자. 그러면서 우리가 진정 무엇을 하는 사람인지 천천히 알게 하자.

여섯. 우리는 아이가 놀이를 확장하도록 도와야지 제한해서는 안 된다.

일곱. 우리는 놀이의 조연이지 주인공이 아니다.

여러 이야기를 했지만 현장의 다양한 상황 속에서 할 수 있는 만큼 하는 것으로 충분히 아름답다고 생각한다.

높이와 속도를 경험하라 : 내 사랑 말짜

초등학교 다닐 때 단짝 친구가 있었다. 같은 동네 살던 친구였는데 이름이 '말짜'였다. 나보다 키도 컸고 특히 용기가 남달랐다. 같은 또래 남자아이들도 무서워하는 행동을 곧잘 감행해서 입이 다물어지지 않을 때가 종종 있었다. 특히 달음박질은 그 당시 유행하던 외화 '소머즈'를 떠올릴 정도로 빨랐다. 그런데 나를 정말 경악하게 만든 것은 말짜의 달음박질 속도보다 높은 데서 사뿐히 날듯이 뛰어내리는 모습이었다. 결국, 이것 때문에 사달이 났지만 지금도 그 높이와 속도를 생각하면 머리카락이 솟고 심장이 찌릿해진다.

지금부터 말짜가 우리 동네 골목대장이 된 이야기를 들려주고 싶다. 내가 살던 곳은 서울 변두리 산동네였는데 아이들이 참 많았다. 그리고 여자아이들보다 남자아이들이 조금 더 많았던 것 같다. 그런데 어떻게 내 또래 골목대장을 말짜가 하게 되었을까? 사건이 있었기 때문이다. 우리 동네에는 칼산이라고 부르는 뾰족한 바위산이 많았다. 어른들 눈을 피해 뭘 하고 놀기에 딱 좋은 장소였다. 동네 한복판에서 왜 떠드느냐고, 시끄러우니 딴 데 가서 놀라는 할머니들 꾸지람 소리를 들을 때면 자연스럽게 동네에서 떨어진 칼산으로 무리 지어 갔다.

칼산에는 뾰족한 봉우리를 가진 높고 낮은 둔덕이 여러 개 있었다. 그런데 어느 날 말짜가 그중에서 가장 높은 칼산 꼭대기에 올라가더니 아무렇지도 않게 바람처럼 빠른 속도로 훅! 가볍게 뛰어내리는 것이 아닌가. 그 모습을 본 아이들이 순간적으로 얼어붙었다. 그리고 함께 간 동네 남자아이들이 말짜가 뛰어내린 칼산 제일 높은 정상으로 향했다. 그리고 아래를 내려다보았다. 높아도 너무 높았다. 뛰어내릴 수 있는 높이가 아니었다. 다들 멈칫거리며 웅성거렸다. 그때 말짜가 다시 한 번 우리 사이를 헤치고 또 가볍게 뛰어내리는 것이 아닌가. 그런데 그때 무슨 용기가 났는지 내가 뒤이어 바로 뛰어내렸다.

이것이 내가 처음으로 경험한 높이와 속도와 용기에 관한 잊을 수 없는 장면이다. 결과는 어떻게 되었을까? 동네 남자아이들은 그 뒤로 말짜 뒤를 졸졸 따라다니게 되었고 나는 뛰어내리다 높이와 가속도를 견디지 못하고 착지하다 턱이 무릎에 부딪히고 고꾸라져 턱에 금이 가고 머리가 깨졌다. 엄청난 높이와 속도를 경험하며 내가 감당할 수 있고 통제할 수 있는 높이와 속도가 어느 정도인지 몸에 새긴 첫 경험이었다. 나에게 그 무지막지한 용기를 내도록 만들었던 말짜는 어디에서 무엇을 하더라도 씩씩하게 잘살고 있을 거라 믿는다. 말짜야! 보고 싶다.

이야기에서 노래를 지나 놀이로

아이들은 이야기한다. 노래 부른다. 논다. 그러면 이야기와 노래와 놀이는 서로 어떤 사이일까. 이야기는 누구나 늘 하는 것이니까 노래 이야기부터 해보자. 오늘을 사는 대한민국 어린이와 청소년이 이만큼 버티는 까닭이 나는 좋으나 나쁘나 노래를 어느 시절 아이들보다 많이 들어서라고 생각한다. '아이들에게 노래란 무엇이고, 아이들은 왜 노래하는가?'라는 질문의 답을 찾아가기에 앞서 '사람에게 노래란 무엇이고, 사람은 왜 노래하는지'를 보자.

신라 성덕왕 때 순정공이 강릉태수로 부임하는 도중 바닷가 한 정자에 앉아 점심을 먹고 있는데, 갑자기 용이 나타나 순정공의 아내 수로부인을 납치해 바닷속으로 들어갔다. 어찌할 바를 모르고 있는데 한 노인이 나타나 경내 백성을 모아 노래를 지어 부르며 막대기로 바닷물을 치면 부인을 찾을 것이라 했다. 순정공이 해가(海歌)를 지어 뭇사람과 더불어 물가를 막대기로 치며 노래를 부르니 정말 용이 부인을 받들고 나타났다.

이 설화는 노래가 무엇인지 잘 알려준다. 여기서 노래란 도저히 할 수 없는 일을 가능하게 만든다. 여러 사람이 입을 모아 함께 부른 노래가 기적을 일으킨다. 노인은 이렇게 말했다. 기적을 바라거든 노래를 부르라고 말이다. 그렇다면 아이들은 왜 노래하는 것일까. 아이들은 왜 자주자주 재잘재잘, 중얼중얼, 흥얼흥얼, 룰루랄라하는 것일까. 내 어린 시절로 잠시 돌아가서 이야기해야 할 것 같다. 초등학교 다닐 때였다.

그때는 누구나 거의 비슷한 신발을 신었다. 그런데 어느 날 동무가 처음 보는 신발을 신고 학교에 나타났다. 어머니께 나도 그 신발을 사달라고 졸랐다. 어머니는 당연히 안 된다고 하셨다. 날마다 졸랐다. 그러던 어느 날, 어머니가 아버지께 이런 말씀을 하셨다. "아이고 해문이가 새 신발을 사달라고 노래를 불러요. 아주 입만 열면 신발, 신발, 신발이 노래예요. 노래." 지금도 노래란 말을 그때 처음 들은 듯하다.

'신발 사달라는 노래'가 따로 있다. 또박또박 이야기하듯 말하지 않는다. "엄마~ 신발~ 새 신발~ 사줘라~ 엄마~" 이 말에는 가락이 실려 있게 마련이라 누구나 이것이 이야기가 아니고 노래라는 것을 안다. 그런데 왜 신발 사달라고 이야기를 하면 될 것을 말에다 가락까지 붙여 노래로 불렀을까. 세상에는 이야기나 말로 해서는 전할 수 없는 것이 분명 있기 때문이다.

이렇듯 노래와 달리 이야기는 무언가를 절절하게 표현하기에 모자란 장르다. 그런데 이렇게 신발을 사달라고 간절히 노래에 노래를 불렀는데도 안 사주셨다. 마침내 어머니가 시장 갈 때 따라나서 신발 가게 앞을 지나갈 때쯤 어머니 치마를 붙잡고 마지막으로 신발 노래를 불렀다. 그래도 그냥 지나치시려고 하는 순간 시장 바닥에 울며 드러눕던 기억이 난다. 왜 나는 길에 드러누워 몸부림쳤을까. 세상에는 노래를 불러도 울어도 안 되는 일이 있기 때문이다. 가지 말라고 노래를 부르고 울어도 님은 간다.

이처럼 노래보다 자신을 더 잘 표현할 수 있는 장르가 고상하게 말하면 춤이고 달리 말하면 몸짓이고 몸부림이다. 아이들한테는 그것이 바로 놀이다. 이것이 이야기와 노래와 놀이라는 세 가지 장르의 관계다. 아이들과 이야기하기가 어려우면 노래로 나아가고 그래도 힘들면 놀이로 서둘러 넘어가야 하는 까닭이 여기에 있다. 이야기나 책은 노래와 놀이와 견주면 한참 모자란 장르다. 시원찮은 말의 감옥에 갇혀 아이들과 끝끝내 뭐가 되니 안 되니 따지고 있어 많은 어려움이 도무지 풀리지 않는 것 같다. 아이들과 지내면서 혹 어려움이 닥치면 이야기를 훌쩍 지나 노래를 타고 후다닥 놀이로 건너뛸 수 있어야 한다.

놀이에서 진보란 무엇인가

어렸을 때 다녔던 초등학교를 가보면 놀란다. 한참을 뛰어야 끝에 닿았던 드넓던 운동장은 작기만 하고, 뛰어다니기에 모자라지 않았던 교실과 공부하던 책상과 의자 또한 코딱지만 해 마치 소인국에 온 듯한 착각에 빠진다. 교실도 예전과는 많이 달라졌고 교실 안에 이런저런 기기들도 많이 늘었다. 바뀌지 않은 것도 있다. 한쪽에 복도가 있고 다른 한쪽에 1학년 1반부터 6학년 6반까지 있는, 감옥의 구조를 떠올릴 수밖에 없는 모습은 비슷하다. 마치 아이들이 딴짓은 하고 있지 않나, 지나가면서 보기에 좋은 구조다. 다행히 최근 많은 변화가 있다. 복도는 기막히게도 아이들에게 남은 마지막 해방구이기도 하다. 참 재미있지 않은가. 감시 장소를 해방구로 쓰는 아이들 말이다.

우리가 어려서 초등학교에 다닐 때만 해도 겨울이면 난롯가 가까이 가려고 애썼고, 한 시간이 바뀔 때마다 분단을 바꾸는 꾀를 내기도 했다. 그러나 지금 초등학교는 이런 추위와 더위 걱정에서 어느 정도 벗어난 것 같다. 겨울에는 난방이 잘되어 따듯하고, 여름에는 교실마다 에어컨이 있어 시원하다. 이쯤 되었으니 학교 교실은 더 갖출 것이 없어 보이는데, 교실에는 이것 말고도 다른 것들이 많다.

우선, 커다란 텔레비전이 있다. 어떤 교실은 프로젝터 시설을 갖추고 있기도 하다. 이런 것들이 서서히 교실에서 칠판을 밀어내는 것을 스마트 교실이라 한다. 그리고 곧 아이들 책상마다 컴퓨터가 놓일 날이 머지않아 보인다. 교육 당사자들은 기필코 이런 교실을 머지않아 실현할 것이다. 그러나 아이들한테 이런 기기가 진정 필요한지 좀 더 사려 깊게 생각해야 한다.

이런 장비를 통한 교실 선진화는 아이들에 대한 몰이해의 출발이다. 요즘은 유치원이나 어린이집에서도 대형 모니터를 켜놓고 수업을 하는 경우가 잦다. 진정 배움을 망가뜨리기로 작정을 하지 않고서야 이렇게 할 수 없다. 이런 것이 교실에 들어와서 교육 환경이 좋아졌다고 자랑한다. 이런 전자기기들 덕분에 아이들이 잃은 것은 없을까. 학교란 무엇인가. 왜 이렇게 학교가 앞장서 아이들 성장을 가로막거나 재촉하는지 모르겠다. 혹시 이런 기기를 마땅히 팔 곳이 없어서일까?

배움이라는 것은, 가르친다는 것은 좋은 시설이나 장비와 무관한 일이다. 교육이란 교사와 아이들의 배우고자 하는, 가르치고자 하는 열망에서 시작한다. 아직 나이가 어린 아이들을 만나는 곳은 철저하게 아날로그로 배우고 익히는 것을 도와주는 곳이어야 마땅하다. 아날로그를 지나 디지털로 하는 교육은 좀 더 커서 해도 늦지 않다. 어마어마한 돈을 주고 들여놓은 장비들이 처음에는 뭔가 있어 보이지만 한두 해 지나 낡은 것이 되는 걸 경험으로 안다. 그러나 걱정할 필요 없다며 또 사면 된다고 한다.

아이들은 눈으로 보고 손으로 만지고 귀로 듣고 코로 냄새 맡으면서 배우고 싶은데 우리 유치원과 어린이집, 그리고 초등학교 교실의 모습은 첨단이라는 이름 아래, 아이들의 감각을 막고 닫게 하는 것들로 점점 채워진다. 아이들이 제 감각을 믿고 느끼게 하는 것들을 만나게 해주지 않고 온통 생략되고 추상화되고 조작된 것들을 가져와 보여준다. 아이들은 진짜 물건을 만지고 싶고, 이야기하고 싶고, 노래하고 싶고, 제 몸으로 춤추고 싶다. 그런데 이 모든 것을 아이콘으로, 소리로, 영상으로, 프로그램으로 만나게 해주는 것을 선진화라고 생각하는 교육은 아이들을 어디로 데려갈까.

학교의 기능은 오해되고 있다. 학교가 오로지 배움터여야 한다고 선언하고, 학습 말고는 모두 내쳐 버리고 줄여 버리는 것은 학교에 대한 심각한 오해다. 학교를 일컫는 '슐레'라는 라틴어 뜻이 '한가한 곳'이다. 초등학교 교육에서 생기는 이런저런 문제는 학교라는 곳이 아이들이 친구를 만나고 만나서 놀기 위해 가는 곳이라는 존재 이유를 되찾아 와야 풀 수 있다.

놀이에서 진보와 보수는 무엇이 다를까? 다소 무거운 질문일 수 있다. 정치적으로 진보와 보수의 스펙트럼은 폭넓다. 그러나 나는 경쾌하게 둘을 나누어 보려고 한다. 아이들 놀이를 통제하면 보수이고 아이들 놀이를 허용하면 진보다. 여기에 현실 정치의 진보와 보수를 겹쳐 보면 일치하지 않을 가능성이 크다. 한국 사회에서 소위 진보와 보수라 일컫는 정치세력 집단의 놀이정체성은 한결같이 통제로 수렴되기 때문이다. 진보가 없다는 뜻이기도 하다. 민망하고 씁쓸한 일이다. 아이들의 타고난 놀이본능을 부정하고 제지하고 관리하려고만 하는 대한민국의 정치적·교육적 의미에서의 진보와 보수는 그래서 모두 보수라고 보아도 좋다. 합리적이고 균형 잡힌 '놀이 진보'의 출현을 기다린다.

아이를 보는 보수와 진보의 차이는 아이들 놀이를 전면적으로 허용할 수 있느냐 없느냐에 따라 갈라진다고 나는 확신한다. 아이들 놀이를 한가하고 우습게 보면 그것이 보수다. 놀이가 아이들 삶의 가장 중요한 것임을 알고 이를 폭넓게 보장한다면 그것이 진보다. 아이들의 놀 권리를 아이들의 가장 앞선 인권으로 명기할 수 있는 것이 진정한 진보교육의 출발이다. 학교를 마치고 노는 것을 숙제로 권할 수 있는 교육이 참다운 진보교육이다. 수업을 마치고 다시 학습을 연장시키는 이런저런 방과 후 프로그램으로 아이들을 2차로 묶어 놓을 것이 아니라 한가한 시간 속에서 자유놀이에 몸과 마음을 맡길 수 있게 해야 한다. 혁신과 대안이란 배움과 놀이의 균형을 찾는 일이다.

유사 '자유놀이'가 독버섯처럼 퍼지고 있다

 가르치거나 배우지 않아도 아이들 스스로 하는 놀이가 있다. '나 잡아봐라' 놀이다. 한 아이는 도망가고 또 한 아이는 쫓아가는, 굳이 이름을 붙이자면 '쫓고 쫓기는' 놀이다. 지금도 이 놀이는 어린이집이나 유치원 마당이나, 초등학교 복도에서 쉽게 맞닥뜨릴 수 있다. 쫓고 쫓긴다는 것은 본디 경찰과 도둑 사이에서나 어울릴 일이지만, 아이들 놀이로 오면 사뭇 그 성격이 달라진다. 하나는 놀이이고 하나는 놀이가 아니기 때문이다. 그렇다면 왜 하나는 놀이이고 하나는 놀이가 아닐까. 놀이와 놀이 아닌 것을 한눈에 알아차릴 수 있는 뭔가 남다른 점이 둘 사이에 있기 때문이다.
 나는 쫓고 쫓기는 아이들과 도둑과 경찰 얼굴을 떠올린다. 도망가는 아이도 웃고 쫓아가는 아이도 웃고 있다면 그것은 놀이가 틀림없지만, 만약 서로 웃고 있지 않다면 그것은 놀이가 아니다. 다시 말해 쫓기는 도둑이나 쫓아가는 경찰은 웃지 않는다. 그래서 놀이가 아니다. 이렇듯 놀이에서 너무나 긴요한 것을 쉽게 잊어 혼란에 빠지는 때가 잦다. 그래서 나는 놀이에서 가장 중요한 것을 '웃음'이라고 말한다. 한마디로 웃으려고 노는 것이고 웃음이 없으면 그것은 가짜 놀이란 말이다.

　웃지 않는데 웃음이 안 나오는데 아무리 우겨도 그것은 놀이일 수 없다. 그것이 전래놀이든지 민속놀이든지 요즘 놀이든지 관계없이 웃음이 없다면 놀이가 아니다. 거꾸로 아빠가 아이와 함께 장난을 치면서 하는 이런저런 몸짓은 뭐라 이름 붙일 수 없고, 민속놀이나 전래놀이도 아니지만 놀이가 틀림없다. 아이도 웃고 아빠도 웃기 때문이다. 웃음은 놀고 있음의 가장 또렷한 증거다. 우리 집 앞마당 모험놀이터에 놀러 왔다가 놀이를 마치고 집으로 돌아가는 아이들 얼굴에 가득 번지는 웃음을 본 나는 피곤함을 잊는다. 웃음이다.

　아이들이 놀고 있다고 하는데 가까이 가서 보면 웃음을 보거나 듣기 어려운 경우를 더러 본다. 그건 놀이가 아니다. 우기면 곤란하다. 웃음소리가 들리지 않는 놀이가 늘어 간다. 특히나 프로그램화된 놀이와 비싼 돈 주고 사는 장난감과 온갖 교재교구들을 가지고 노는 놀이에서 아이들 웃음소리 듣기가 어렵다. 웃음꽃은 동무들이 함께 놀 때 피어난다. 물건을 가지고 놀면서 웃기란 어지간해서 쉽지 않다. 비타민을 섭취하려면 나물이나 과일을 먹어야지 약으로 먹는 것이 좋지 않은 것처럼 말이다.

　누가 내게 왜 놀아야 하는가 묻는다면 나는 서슴없이 웃기 위해서라고 말한다. 또 왜 놀이운동을 하냐고 물으면 웃으려고 한다고 말한다. 웃음이 없는 자유놀이는 가짜 놀이다. 그것은 놀이가 아니라 학습을 놀이로 포장해 아이들을 속이는 것이다. 아이들은 놀다가 웃기도 하고 또 울기도 한다. 그렇다. 웃음과 울음이 있어야 진짜 놀이다. 놀이는 어떤 규칙과 차례와 주제가 있음으로 존재를 증명할 수 없다. 오늘 아이들의 자유로운 선택과 넉넉한 놀이시간에서 출발하지 않는 놀이는 그래서 자유놀이로 보기 어려운 것이다. 이런저런 '○○놀이' 이름에 속지 말아야 한다. 우리는 오로지 놀이 속에 아이들의 웃음과 울음이 녹아 있는지 볼 일이다.

웃음과 울음이 없다면 그것을 자유놀이라 부르지 말자. 울음과 울음이 없다는 것은 친구와 놀고 있지 않으며 친구와 만남이 없다는 말이다. 이런 소란스러움이 없는 놀이를 놀이라 부르지 말자. 더더욱 '자유놀이'라 부르지 말자. 자유놀이가 중요하다고 말했더니 또 여기저기서 '유사 자유놀이'가 들썩인다. 놀이 선택의 결정과 놀이환경 선택을 성인이 다 해놓고 '자유놀이'라 우기는 희극은 이제 그만 봐도 될 때가 되었다. 지금 유아교육 현장에 프로그램화된 유사 자유놀이가 독버섯처럼 번지고 있다. 촉각을 곤두세워 주의하고 경계하고 뿌리치자.

그루밍(grooming) 양육에 관하여

"아동 그루밍은 성적 학대의 목적으로 아동의 어색함을 낮추기 위해 아동, 때로는 가족과 친구가 되고 정서적 관계를 구축하는 것이다."(위키피디아)

아이를 키우는 여러 부모와 보호자와 양육자와 만나면서 20년 가까이 보냈다. 대부분 아이를 사랑하고 아이에 관심이 많고 아이에게 최선의 것이 무엇인지 찾고 고민하는 분들이었다. 아이와 함께하기 위해 자신의 일상을 포기하면서까지 노력하고 헌신하는 분들도 많았다. 이런 분들과 가까이 때로는 멀리 긴 시간을 보내면서 한 가지 떠나지 않는 의문에 관해 이야기하려고 한다. 그 선한 양육자로부터 때때로 받았던 '그루밍'의 선연한 느낌에 관해서다. 먼저 오해를 줄이기 위해 내가 여기서 이야기하는 '구루밍 양육'은 성적인 것은 포함하지 않는다는 것을 분명히 밝힌다.

성적 목적이거나 성적 학대를 제외하고 어린이를 향한 보편적인 그루밍의 요소를 많은 부모와 보호자와 양육자 사이에서 목격했다. 그것은 아이를 '조종'하려는 마음이었다. 앞서 나는 놀이라는 것이 아이 안에서 스스로 움직이는 순수한 동기에 있다고 했다. 쉽게 말해 '하고 싶은 것을 하는' 것이 놀이다. 나는 바로 이야기해야 하는 데 지금 주저하고 있다. '교묘함과 치밀함'에 대해 결국 말하려고 한다. 앞서 이야기한 것과 연결해 말하자면 아이의 생각과 행동을 '교묘하고 치밀하게 조종하려는 마음'을 여러 선량한 양육자로부터 자주 목격했다. 아이들은 양육자에 정서적으로 포박되어 있기도 했다. 물론 나에게서도 발견했다. 조금씩 드러나고 있으나 광범위하게 퍼져 있는 아이를 은밀하게 구속하고 도구화하려는 심리라고 생각한다. 아이들의 자유와 대척점에 놓여 있어 이야기할수록 예민한 문제이며 아이 가까이 있는 양육자의 내면이 폭로되는 일이라 누구도 쉽게 이야기하지 않으려 한다는 것을 오래전부터 직감하고 있었다.

여기서 다시 위에 옮겨 놓은 '아동 그루밍'에 대한 정의를 읽어 보길 권한다. 보호라는 이름으로 우리는 아이들의 말과 생각과 정서와 행동을 지나치게 지배하고 있지는 않은지 말이다. 간섭과 지배는 차원과 강도가 전혀 다르다. '구루밍 양육'이라는 말은 내가 새롭게 두 낱말을 붙여 만든 말이다. 우리는 어떤 상황에서도 누구에라도 그루밍의 그늘을 씌워 내 말을 듣도록 내 감정에 따르도록 조정해서는 안 된다. 우리는 아이 앞에서 쉬어야 하고 때로 한가해야 하고 놀아야 한다. 나는 앞서 말을 듣지 않는 것이 놀이라 말해 왔다. 논란이 있을 줄 안다. 이제 우리는 자신도 모르게 들어서서 양쪽 모두를 파괴하는 우아한 '그루밍 양육'의 폐해와 그늘에 관해 아프지만 이야기를 시작해야 한다. 양육자가 그루밍 양육과 절연하는 곳에 자유의 바람은 아이에게 불고 그곳에 놀이의 꽃은 핀다. 모든 것은 다 사랑에서 시작되었다는 것을 이해한다.

놀이길 2
소셜미디어 사용에 관한 열 가지 생각

1. 금지와 과용 사이의 균형이 필요하다. 특히 비대면이 일상화된 상황과 기후 위기 속에서 더욱더 긴요하다. 아주 빠른 속도로 과용 쪽으로 쏠리기 쉬운 가장 좋은 환경이 만들어졌기 때문이다.
2. 공적인 장소와 사적인 장소, 밤과 낮을 구분할 줄 알아야 한다. 알림을 비활성화하면 큰 도움이 된다. 적어도 잠자리와 식탁에서 소셜미디어 접속은 자녀와 양육자 사이에 진지한 논의가 절실하다.
3. 소셜미디어에 게시하려고 과장하고 불안해지고 우울해지는 청소년의 심리적 어려움을 이해해야 한다.
4. 다른 아이와 우리 아이를 비교하거나 경쟁시키지 않아야 하는 것처럼, 우리 아이에게 친구와 자신을 비교하거나 경쟁하는 것도 다시 생각해 보는 대화가 필요하다. 더불어 비판적 사고력을 기르는 것이 핵심인 디지털 리터러시(digital literacy)에 관한 상호 이해와 논의도 도움이 될 수 있다.
5. 청소년 역시 소셜미디어를 쓰면서 실수와 실패를 하며 삶을 배운다는 양육자의 열린 사고가 있어야 한다. 더불어 청소년의 소셜미디어 사용에 관한 애정 담뿍 담긴 대화가 무엇보다 필요하다. 어린이의 소셜미디어 사용은 신중하고 또 신중해야 한다.
6. 소셜미디어가 소비에 입문하는 통로임을 헤아릴 필요가 있다.
7. 소셜미디어를 쓰지 않는 시간과 공간에서 어린이와 청소년이 놀 수 있는 환경을 가꿔 주고 있는지 점검과 대안 마련을 함께해야 한다.

8. 탐험, 위험, 모험의 경험과 그 가치에 대한 이해가 있어야 한다. 실제 삶에서 이러한 것이 빠져 있다면 어린이와 청소년은 소셜미디어 속 자극과 떨림과 위험을 찾아 나설 수밖에 없다.

9. 무엇보다도 어린이와 청소년이 쫓기지 않는 마음을 가지고 일상을 살 수 있는 여유가 필요하다는 것에 먼저 동의해야 한다. 거꾸로 여유를 가지고 살기 어려운 가난한 어린이와 청소년의 소셜미디어 사용과 영향에 관한 사회적 논의가 진지하게 시작되어야 한다.

10. 놀이와 같은 신체 활동과 소셜미디어 사용 사이에서 어떤 것에 가치를 둘 것인지 균형 잡힌 양육자의 철학이 필요하다. 성인인 우리는 소셜미디어를 어린이와 청소년 앞에서 어떻게 쓰고 있는지 역시 꾸준한 성찰이 필요하다.

Ver 1.0(2020.10.15.PHM)

* 이 생각은 계속 업데이트됩니다.

3

놀이터를 비워야 아이는 그곳을 놀이로 채운다

"가장 좋은 놀이터와
최고의 놀이기구는
다름 아닌 넉넉한 놀이시간이다."

놀이터를 바꿔야 아이가 산다

 한국의 어린이 놀이터를 보면 현재도 그렇지만 앞으로 우리의 상상력이 얼마나 바닥을 헤맬지 헤아려져 때때로 마음이 무겁다. 놀이터에 들어가는 놀이기구는 한 회사에서 만들어 납품하는지 차이가 없다. 조금씩 변화는 있지만 아직도 아이들을 이런 곳에서 놀도록 놔두고 창의와 혁신과 4차를 외치는 모순을 본다. 주변의 놀이터를 둘러보면 아이들이 놀면서 실험할 여지를 줄 수 없는 놀이터가 아직도 너무 많다.

 북유럽의 어린이 놀이터를 다루는 방송을 보았다. 놀이터 디자이너로 놀이운동가로 지낸 세월의 눈으로 이런 놀이터 관련 다큐를 보는 심정은 내내 착잡하다. 그것은 다큐를 잘못 만들어서도 아니고 사실을 왜곡해서도 아니다. 놀이기구는 부서지고 쓰레기는 버려지고 바닥은 화학으로 발라 놓은 한국의 황폐한 어린이 놀이터와 너무나 멀찍이 떨어진 이야기를 천연덕스럽게 하는 게 내내 불편하기 때문이다. 계몽은 충분하니 이젠 그만했으면 한다. 화면에 보이는 북유럽의 아이들 놀이터는 말하자면 신기루다. 지금은 한국의 놀이터가 공공의 놀이터 본디 목적과 쓰임이 어떠해야 하는지 진솔한 논의가 필요한 때다. 다행히 여러 지자체에서 새로운 접근 방식을 통한 참신한 놀이터 만들기 흐름이 이어지고 있어 기쁘다.

놀이기구를 놀이터에 사 넣는 데 큰돈 쓰지 말고 황토 한 차 부어 놓고 수도꼭지 하나 달아 주는 것도 좋다. 아이들이 원하는 놀이터는 변화를 줄 수 있는 놀이터이지 놀이기구가 촘촘히 들어선 놀이터가 아니다. 동네 어린이 놀이터와 학교 놀이터가 어떻게 황폐화되었는지 보라. 학교나 동네 놀이터가 어린이들을 위해 확보된 공간이라는 사실은 잘 알 것이다. 그런데 이런 놀이터에 갑자기 어른들의 체육 시설이 들어서는 것을 보고 이게 무슨 일인가 궁금해 하는 분들이 적다. 어른들의 체육 시설은 따로 공간을 확보해 지어야 마땅한데 기존에 있는 동네 어린이 놀이터 안으로 파고든다. 그러나 마지막 남은 도시 속 아이들 놀이공간마저 줄어들게 만드는 이런 편법은 문제다. 아예 없애고 주차장을 짓자는 곳도 여럿이다. 이렇게 그나마 있는 어린이 놀이터 땅을 다른 용도로 사용하려고 하는 요구는 거세지고 있다.

이용 대상이 뒤섞여 있는 놀이터가 만들어지면 어린이 놀이공간도 아니고 어른들 체육 시설도 아닌 어정쩡한 공간으로 바뀌고 만다. 또 어느 날 가보면 아이들이 마음껏 노는 데 위험하고 비좁은 공간이 돼버린 것을 알게 된다. 우리는 아이를 잊어 가고 있다. 설령 북유럽의 어린이 놀이터를 그대로 옮겨 온들 대한민국 아이들이 나와 놀 수 있을까도 의문이다. 놀 시간이 없기 때문이다. 어린이 놀이터는 한 나라 '상상력'과 '공공성'의 잣대이자 출발이다. 이렇게 비좁게 뒤섞어 만들어 뭘 어쩌겠다는 것인가.

시끄럽고 어지르고 더러워지고 다치고

도시 한복판에 자리 잡은 어린이집이나 유치원, 또는 동네 놀이터의 작은 모래놀이터를 신이 나서 파헤치는 아이들을 보면, 그 모습이 어여쁘면서도 한편으로는 마음이 편치 못하다고 하는 보호자를 더러 만나기도 한다. 게다가 초등학교 모래운동장을 환경호르몬이 그득한 고무로 덮는 대한민국의 무심함을 어떻게 이해해야 할지 모르겠다.

우리나라 대부분의 놀이터는 때가 되면 모래와 흙을 갈아 주고 부서진 놀이기구는 정기적으로 안전검사를 한다. 하지만 이런 것만으로 사랑받는 놀이터가 되기는 어렵다. 놀이터를 가꾸는 문화가 절실하다. 어린이 스스로 몸을 돌보며 마음껏 뛰어놀 수 있는 놀이터 문화를 만들어 보면 어떨까. 비싼 놀이기구가 꼭 놀이터에 있어야 하는지도 성찰이 필요하다. 문제는 유지와 관리를 요구만 할 것인지 나누고 때로는 자임할 것인지에 있다. 이런 움직임이 조금씩 생기고 있어 반가운 일이다. 더 늘어나야 한다고 생각한다. 나아가 전국적인 '놀이터시민네트워크'도 필요한 시점이라고 본다.

더불어 결벽에 가까운 위생 관념 때문에 생기는 도시 아이들의 심각한 면역력 저하 문제도 정면에서 볼 필요가 있다. 세상은 더러운 것과 깨끗한 것이 함께 공존한다. 아이들은 그사이에서 살아간다. 약간의 더러움과 오염에 노출이 절대적으로 아이에게 필요하다. 특히 어린 시기에 맨발로 흙과 모래를 밟을 수 있게 하는 것이 면역과 운동능력을 높이는 가장 손쉬운 일임을 알아야 한다. 아이들이 놀다가 더러워지고 소란스럽고 어지르고 다치는 게 놀이다.

공공형 어린이 실내놀이터

2017년 5월 15일 '미세먼지 바로알기 교실'을 방문한 대통령에게 5학년 김○○ 학생이 했던 말은 흘려들을 수 없는 내용이었다. "(미세먼지 때문에) 밖에서 놀 수도 없고 그러니까 실내에서 놀 수 있는 것들 좀 만들어 주셨으면 좋겠어요." 이에 대한 대통령의 답변은 이랬다. "미세먼지 농도가 어느 정도 기준을 넘어서면 그때부터는 야외활동이나 실외수업을 하지 않고 교실 안에서 수업을 하도록 그렇게 방침을 정하는 겁니다."

더불어 교실 내 공기청정기와 미세먼지 측정기 설치, 그리고 간이체육관 건립 등도 이야기했다. 필요한 일이다. 그러나 어린이 이야기에 좀 더 귀 기울여야 했다. 어린이는 공기청정기나 미세먼지 측정기를 원하는 것이 아니라 밖은 비록 미세먼지가 많아도 안에서 놀 수 있는 장소와 허용이 필요하다고 절절히 외친 것이기 때문이다.

이보다 앞서 서울시교육청은 '학교 미세먼지 종합관리대책'을 발표했다. 핵심은 미세먼지가 보통인 경우라도 야외수업을 자제하겠다는 것이다. WHO 권고 기준으로 보면 우리의 '보통'이 '주의나 심각' 단계에 해당하기 때문이다. 역시 필요한 일이다. 이 뉴스를 보면서 나는 드디어 올 것이 오는구나 하며 가슴을 쓸어내렸다. 몇 해 전 쓴 책에서 앞으로 한국의 많은 바깥놀이터 이용이 급격히 줄어들 것이라 감히 예단했다. 그 까닭은 미세먼지, 자외선, 산성비, 저출산 같은 변화 때문이다. 그러나 그 시절이 이렇게 빨리 들이닥치니 황망하다. 이렇듯 공식적으로 어린이에게 밖에 나가지 말라는 선언을 하는 단계에 우리 사회가 도착했다. 어린이의 놀이를 위축시키거나 방해하는 것이 무엇인지 찾고 그 출구를 찾아 부모와 교사와 지혜를 모으며 지내왔는데 난데없는 상황과 정면으로 맞닥뜨린 셈이다. 여기에 COVID-19는 날벼락이고 기후 위기는 경천동지다.

몇 년 전부터 경기도 시흥시 보건소와 시민과 어린이와 함께 TF를 꾸려 '공공형 어린이 실내놀이공간' 논의를 해왔고, '숨쉬는 놀이터'라는 이름으로 최근 3호까지 문을 열었다. 이 일은 크게 세 가지 진단에서 출발한다. 하나, 도시 한복판에 더는 어린이의 놀 공간 마련이 어렵다. 둘, 어린이가 밖에서 놀 수 있는 날이 급격히 줄고 있다. 셋, 상업적 실내놀이터 이용 부담이 너무 커 생기는 어린이 놀이기회의 불평등이 심각하다. 나아가 최근 상황은 실내에서도 '비대면'해야 하는 최악의 '놀이 위기'가 강제되고 있다.

이제 교육청도 지자체도 정부도 기후와 환경 변화에 따른 UN이 요구하는 어린이 놀 권리 권고와 불이행에 대한 심각한 문제제기의 출구를 새롭게 마련해야 한다. 날씨가 좋은 날은 당연히 밖에서 놀아야 한다. 하지만 미세먼지와 같은 강력한 외부 활동 제한 요인이 발생해도 어린이는 놀 수 있어야 한다. 그래야 어린이가 살아난다. 실내놀이터는 이제 선택이 아닌 필수이며 이것을 공공의 영역에서 자임해야 할 때라고 생각한다.

무상의 구립, 군립, 시립, 도립 '공공형 어린이 실내놀이터' 만들기를 논의하는 자리도 체계적으로 마련되어야 한다. 단언컨대 앞으로 10년 안에 대다수 공공기관은 '공공형 어린이 실내놀이터'를 의무적으로 갖추게 될 것이다. 어린이들이 날씨가 좋고 나쁨에 구애받지 않고 안과 밖 어디서든 뛰어놀 수 있는 환경을 가꾸는 것이 우리 어른들의 의무와 책임이다. 그러나 이 모든 노력을 무위로 돌려야 하는 시절의 한복판에 우리는 아이와 함께 망연자실서 있다. 악천후와 기후 위기 속에서 우리는 어떻게 '놀이 장소'를 찾을 것인가?

아이가 아이 마음으로 살 수 없다면

평안북도 정주가 고향인 백석이 쓴 「여우난 곬족(族)」이라는 시를 좋아한다. 여우난 곬족(族)은 우리에게 텔레비전이나 컴퓨터가 없던 시절, 아이들끼리 어떻게 놀았는지 아름답게 보여준다. 아이들 놀이의 르네상스가 있다면 바로 이 시절이 틀림없다.

……
저녁술을 놓은 아이들은 외양간섶 밭마당에
달린 배나무 동산에서 쥐잡이를 하고
숨굴막질을 하고 꼬리잡이를 하고
가마 타고 시집가는 놀음 말 타고 장가가는 놀음을 하고
이렇게 밤이 어둡도록 북적하니 논다
밤이 깊어가는 집 안엔
엄매는 엄매들끼리 아르간에서들 웃고 이야기하고
아이들은 아이들끼리 웃간 한 방을 잡고
조아질하고 쌈방이 굴리고 바리깨돌림하고 호박떼기하고
제비손이구손이하고

이렇게 화디의 사기방등에 심지를 몇 번이나 돋구고
홍게닭이 몇 번이나 울어서 졸음이 오면
아릇목싸움 자리싸움을 하며
히드득거리다 잠이 든다
……

시 한 편에 많은 놀이가 나온다. 쥐잡이, 숨굴막질, 꼬리잡이, 가마 타고 시집가는 놀음, 말 타고 장가가는 놀음, 조아질, 쌈방이, 바리깨돌림, 호박떼기, 제비손이구손이, 아릇목싸움, 자리싸움 모두 열두 가지 놀이가 나온다. 열두 가지 놀이를 하루 저녁에 친척 아이들이 모여 논다. 서울말로 숨굴막질은 숨바꼭질, 조아질은 공기놀이, 쌈방이는 주사위놀이, 바리깨돌림은 종지 돌리기, 호박떼기는 호박따기, 제비손이구손이는 이거리 저거리 갓거리이다.

아이들이 어떻게 이렇게 많은 놀이를 졸릴 때까지 하면서 놀았을까? 이 수수께끼를 풀려면 오늘 우리 아이들이 놓인 놀이환경이 옛 아이들과 무엇이 달랐는지 보면 된다. 먼저 이 집에는 당연히 텔레비전과 컴퓨터가 없다. 그리고 아이들 방도 따로 없다. 그런데 이 집에는 있는 것도 많다. 먼저 또래가 있고 놀 곳이 있고 아이들 스스로 놀 수 있는 놀잇거리가 넘친다. 그리고 무엇보다도 놀 시간이 넉넉하다. 백석의 시 「여우난 곬족(族)」은 우리에게 아이들이 노는 데 진정 필요한 것이 무엇인지 알려준다. 내가 좋아하는 권정생 선생님께서 쓴 「운동장」이라는 시도 놀이벗과 함께 읽고 싶다.

아모리 다름박질 쳐도
운동장은 싫잖아 한다
오히려 더 단단하게
받쳐 준다

운동장은
우리들의 키를 크게 하고
우리들의 몸을 튼튼하게 하고
우리들의 뼈를 굵게 하고

공부에 지친 머리를
낮게 하고
우리들의 마음씨를
예쁘게 바르게 키워 준다

운동장은
우리들의 또 다른 어머니
이제껏 오빠와 언니들을 키웠고

수많은 동생들을 키워 주신

우리들의 어머니

— 권정생, 『동시 삼베 치마』 (문학동네, 2011)

    권정생 선생님은 운동장이 아이들의 어머니라 했다. 이 시에 나오는 '운동장'을 '놀이터'로 바꿔 읽어 보면 가슴이 뜨거워진다. 이 운동장을 오늘 학교라는 곳이 얼마나 삭막하게 해놓았는지 한번 가보시라. 적막강산이 따로 없고, 아이들에게 해로운 고무로 싹 뒤덮어 놓은 곳도 여럿이다. 아이들이 학교에서라도 흙을 밟고 뛰놀 수 있어야 할 텐데 정말 왜들 이러는 걸까. 제국주의 국가가 그들의 식민지 학교 운동장을 없애거나 일부러 작게 만들었다는 사실은 알려진 사실이다. 왜 그랬겠는가. 아이들이 아이들 마음으로 살 수 없게 하려고 했기 때문이다. 아이들 마음, 동심이란 무엇일까.

    무릇 동심(童心)이란 진실한 마음이다. 만약 동심이 불가능하다고 한다면, 이것은 진실한 마음이 불가능하다고 이야기하는 것과 마찬가지다. 동심이란 거짓을 끊어 버린 순진함으로 사람이 태어나서 처음 가지게 되는 본마음을 말한다. 동심을 잃게 되면 진심이 없어지고 진심이 없어지면 진실한 인간성도 잃는다. 사람이라도 진실하지 않으면 처음의 본마음을 다시 회복할 수 없다. 어린아이는 사람의 처음 모습이고, 동심은 사람의 처음 마음이

다. 처음 마음이 어찌 없어질 수 있는가? 그렇지만 동심은 왜 갑자기 없어지는 것일까? 처음에는 견문(見聞)이 귀와 눈으로부터 들어와 우리 내면의 주인이 되면 동심이 없어지게 된다. 커서는 도리(道理)가 견문으로부터 들어와 우리 내면의 주인이 되면서 동심이 없어진다. 이러기를 계속하다 보면, 도리와 견문이 나날이 많아지고 아는 것과 깨닫는 것이 나날이 넓어진다. 이에 아름다운 명성이 좋은 줄 알고 명성을 드날리려고 힘쓰게 되니 동심이 없어지게 된다. 또 좋지 않은 평판이 추한 줄 알고 그것을 가리려고 힘쓰게 되니 동심이 없어지게 된다.

— 이지, 『분서(焚書)』 「동심설(童心設)」

옆에 있던 개가 그림자를 보고 짖으면 그 개를 따라 짖으며 스스로 나이 오십 이전에 개처럼 살았다는 처절한 고백을 한 이지가 동심에 대해 한 말이다. 나 또한 소년 편해문의 아름다움과 동심을 잃고 개처럼 살 수 없어 이탁오의 '동심'을 오늘 거듭 읽는다.

슬라이드(slide)인가 클라임(climb)인가

 아이들이 살기에 참 불편한 세상이다. 길도 불편하고 학교도 불편하고 집도 불편하다. 마스크는 말할 것도 없다. 이 세상을 어른이 어른을 위해 설계한 까닭이다. 이러한 설계와 디자인은 오랫동안 반론에 부딪히지 않고 오늘에 이르렀고 한국은 이 불편한 세상을 그냥 받아들여 살도록 어린이에게 강요한다. 아이들은 구조와 그 알맹이에 관심이 많은데, 구조와 알맹이가 처음부터 잘못 설계된 곳에서 지내야 하니 아이들이 답답해 한다. 여기에 놀이터마저 포함해야 하니 마음 아프다. 놀이터 또한 예외 없이 아이들이 아닌 어른에게 친절하고 공손하게 만들어지고 있기 때문이다.

 한국의 어린이 놀이터는 그런 의미에서 본다면 어떤 장소보다 '데코레이션'이 심하다. 점점 더 그곳에서 놀 아이들을 생각하지 않는 경향을 보이더니 어느덧 귀를 막고 오든지 말든지 돌아앉은 형국이다. 도시는 어린이를 통제하기 어려운 골칫거리로 여기는 듯하다. 이런 아이들을 이 도시가 그래도 조금 관심 가지고 있다는 알리바이 정도를 증명하는 공간으로 놀이터가 만들어지고 유지되는 것 같다. 아파트나 공원의 '준공검사용' 놀이터라는 말이 어색하지 않을 만큼 비슷한 차례를 밟아 비슷하게 만들어진다. 놀이터를 이렇게 만들어 놓고 아이들 이야기만 나오면 '창의'를 부르짖는 것은 참으로 웃지 못할 일이다.

천천히 첫걸음을 다시 떼야 한다. 놀이터를 이용하지도 않을 분들이 놀이터를 만들 때 가장 힘이 셀 뿐만 아니라 놀이터에 대단한 식견이 있다고 스스로 착각하고 있는 경우와 자주 맞닥뜨린다. 놀이터에 관해 이야기하려면 적어도 놀이터에서 아이들이 노는 것을 3년이라도 봤어야 한다. 그래야 조금씩 놀이터의 원리와 온기와 생기와 자유의 공기를 느낄 수 있다. 이렇게 놀이터에 내재한 요소와 기운을 아이들의 몸짓과 소리로 알아차릴 수 있을 때 아이들이 진정 원하는 놀이터가 무엇인지 상상해 볼 수 있지 않을까. 분석적으로 보는 것은 크게 의미 없는 일이 되기 쉽다. 아이들은 왜 놀이터에 오는지? 왜 놀이터에 올 수 없는지? 왜 놀이터에 왔다 서둘러 가야 하는지? 쉽고 단순하게 볼 수 있어야 한다.

20년 가까이 놀이터에서 아이들을 보았던 이야기 하나를 하고 싶다. 어느 놀이터나 가도 흔하게 있고 아이들이 좋아하는 놀이 기구가 '미끄럼틀'이다. 영어로는 'Slide'라고 하는데 나는 오래전부터 이름이 어색하다는 생각을 해왔다. 아무리 보고 또 보아도 이름을 외부자적인 시점에서, 관찰자적인 시점에서, 어른의 시점에서 붙인 것이 점점 더 또렷해졌기 때문이다. 그렇다. 아이들은 놀이터에 들어서면 놀이터 주인인 척 거만을 떠는 조합놀이대 계단을 올라가 미끄럼틀을 타고 내려온다. 그러나 곧 아이들은 미끄럼틀을 거슬러 기어오르기 시작한다. 당연히 맨발이 쉽다. 그러나 이것은 놀이터에서 해서는 안 되는 반사회적인 행동으로 제지당한다. 그러나 전 세계의 아이들은 오늘도 수없이 미끄럼틀을 거슬러 기어오른다. 제도와 놀이욕구의 심각한 불일치다. 놀이기구 이름은 아이들을 길들인다. 놀이기구의 쓰임과 재미와 빈도로 보았을 때 이 놀이기구의 이름은 '오르내림틀'이 맞지 않을까. 폭 넓은 오르내림틀은 하나의 대안이 될 수 있다.

나무를 쓰면 생태놀이터일까

시늉만 하는 '생태놀이터', 획일화된 생태놀이터가 늘고 있다. 나무 몇 그루 더 심고 통나무 잘라 놓고 '생태놀이터'라 우긴다. 생태에 대한 오해이고 아이들을 향한 거짓말의 기념비다. 환경부는 이런 놀이터 만들기를 100여 곳 목표로 하고 있다고 한다. 탄성포장을 쓰지 않는 등 애쓰고 있는 걸 알지만, 생태놀이터는 지금 재점검이 필요하다. '생태'에 대한 철학적 접근이 부족한 상태에서 사업명으로 밀어붙이고 있기 때문이다.

'생태'란 세상과 자연에 대한 매우 근본적인 태도와 조화를 말한다. '생태'란 말을 소재주의로 인식하고 있음이 여러 '생태놀이터'에서 목격된다. 나무를 썼기 때문에 '생태놀이터'라면 참 민망한 일이다. 놀이터는 소재가 중요한 것이 아니라 아이들의 풍부한 놀이기회가 가능하도록 합목적적으로 만들어야 한다.

생태놀이터에서 가장 먼저 눈에 띄는 것이 안내판이다. 글자도 많고 참 크게도 만든다. 놀면서 생태를 만날 수 있어야 하는데 놀이터까지 와서 설명을 읽어야 할까. 그리고 곳곳에 이런 안내판이 널려 있다. '아이들과 함께 노는 법', '흙놀이터', '멧돼지 발자국',

'숲속미로', '멀리뛰기'. 놀이터는 아이들이 놀려고 오는 곳이지 학습하러 오는 곳이 아니다. 아이들이 놀면서 미로를 느낄 수 있어야 하는데, 미로를 설명하다니. 간판 세울 돈으로 쓸 만한 모래를 구하는 것은 어떨까. 모래상자는 있는데 모래가 없는 불구의 생태놀이터도 여럿 보았다. 놀이터는 설명을 듣거나 견학하거나 체험하는 '생태학습장'이 아니다.

놀이터에서 가장 경계해야 하는 것이 데코레이션이다. 생태놀이터 곳곳에 장식이 넘쳐 난다. '나무소리터', '곤충과 조류호텔', '물레방아'는 왜 만들었는지 알 수 없다. 소리도 안 나는 재료로 나무소리터를 만들고 '호텔'은 그야말로 생태의 알리바이다. 돌릴 수 없는 '물레방아'는 왜 놀이터에 있을까. 더 어색한 것은 어느 나라 생태인지 알 수 없다는 것이다. 왜 우리나라 어린이 놀이터에 인디언 움막을 짓는지 이해하기 어렵다. 오해할까 봐 한마디 덧붙인다. 아이들이 물어서 하는 이야기다. 저건 왜 여기 있냐고. 이렇게 아이들이 물을 때 부모와 교사는 설명할 수 있어야 한다. 생태란 모름지기 자기 사는 곳 가까이 있는 환경을 일컫는 말이다.

생태놀이터에 조합놀이기구가 어불성설일 뿐 아니라(환경부 생태놀이터 가이드북에는 놀이기구나 조합놀이대를 배제한다고 되어 있다.) 초등학생용 모험공간이라고 만들어 놓은 언덕과 그 언덕을 잡고 올라가라고 늘어뜨려 놓은 밧줄을 보면 무심함의 극치를 느낀다. 영유아도 밧줄을 잡지 않고 올라갈 수 있는 경사 언덕에 초등 아이들더러 모험하라는 이 코미디가 어이없다. 더 기가 막힌 것은 이름은 '생태놀이터'인데 실제로는 '유격장'을 만들어 놓은 곳이다. 가이드북에 제시한 '비정형화된 놀이요소'는 어디로 갔는지 '생태놀이터'에 대한 개념부터 되새기고 다시 출발하길 바란다. 바쁘면 스스로 만든 가이드북이라도 정독하길 바란다.

무장애놀이터는 차별이다

한국에서 산다는 것은 거꾸로 하는 일을 날마다 목격하는 것과 같을 때가 잦다. 놀이터 또한 마찬가지다. 그중 대표적인 것이 이른바 '무장애놀이터'다. 이름부터가 딱딱하고 차별의 냄새가 물씬 난다. 왜 자유의 기운이 넘쳐야 할 놀이터 이름이 이렇게 견고할까. 이런 이름이 붙은 놀이터에 휠체어 그네, 휠체어 회전목마 하나 갖다 놓고 장애가 있는 아이들에게 무언가 큰 선물이나 아량을 베푼 것 마냥 홍보하는 것을 보면 안쓰럽다. '무장애놀이터'란 이름이 이미 차별을 전제한다. 왜 간판을 그리 달아 구분을 짓느냐는 말이다. '장애=휠체어'라는 편견도 한몫을 한다. 장애의 정도와 종류는 매우 다양하고 스펙트럼이 넓다. 누워서 생활하는 아이도 놀이터에 와서 모래놀이를 할 수 있어야 한다.

무장애놀이터를 별도의 공간에 강조해 만들고 홍보할 일이 아니라 모든 공공놀이터가 장애 아이들이 쉽게 와서 비장애 아이들과 함께 이용할 수 있게 하는 것이 순서다. 그런데 일을 거꾸로 한다. 장애를 가진 아이들이 놀 수 있는 전용 놀이터는 필요치 않다. 그런 놀이터를 만든다 할지라도 그 전용 공간을 벗어나면 장애 아이들은 보통의 견고한 세상과 만나야 한다. 장애 아이들과 일반 아이들이 함께 어울려 놀 수 있는 놀이터가 필요할 뿐이다. 장애와 비장애는 자주 길게 만나야 한다. 그렇게 만날 수 있는 곳이면 그곳이 둘 모두에게 최고의 놀이터다. 나아가 비장애란 존재하지 않는다. 이른바 일반인 또한 크고 작고 결이 다른 장애를 안고 산다. 고백하자면 나 또한 마찬가지다. 그리고 장애를 가지고 있지 않은 사람을 나는 본 적이 없다.

'무장애놀이터'의 시작은 장애를 가진 아이들에 대한 관심과 사랑과 이해에서 시작되었을 것이다. 그러나 다시 생각해야 한다. 여러 지자체에 무슨 바람이 불었는지 '무장애놀이터'를 서로 짓겠다고 들썩인다. 스스로 하는 일이 선한 일이라고 생각할 때만큼 무서운 일이 없다. 지금 무장애놀이터는 개념부터 적용과 현장 이용 실태에 대한 세심한 점검이 필요하다. 애써 만든 놀이터 간판을 '무장애놀이터'라 붙여 차별의 기념비가 되지 않기를 바란다. 놀이터 콘셉트와 기능을 선전할 것이 아니라 진정 아이가 그곳에 와서 어떤 '사회적 소통'을 할 수 있는지 깊이 살펴야 한다.

놀이터를 만들 때 유니버설 디자인(universal design) 또는 무장애(Barrier Free)는 매우 가치 있어 섬세하게 살펴 반영해야 하는 개념임이 틀림없다. 그러나 구분하고 가르는 '명칭'이나 '강조' 그리고 '선전 또는 홍보'는 그만두어야 한다. 놀이터를 어떻게 만들 것인지보다 더 중요한 것은 놀이터까지 올 수 있는 장애 아이들의 '이동권'이 먼저고 나아가서 '머물권'이 일반 아이들보다 더 길게 보장되어야 한다. 놀이터에 놀러온 장애인 아이들이 할 수 있는 것을 하면서 노는 모습을 본다. 할 수 있는 만큼 하면서 놀 수 있어야 한다. 가뭄에 콩 나듯 '무장애놀이터'를 멀찍이 만들어 줬다고 요란 떨 일이 아니라 가까운 놀이터를 장애와 비장애의 차별이 없도록 가꾸는 것이 정도다. 나아가 장애를 가진 아이들이 그동안 '무장애놀이터'가 없어서 놀지 못했던 것인지 진지하게 물어야 한다. 그래서 시혜의 무장애놀이터는 또 다른 차별이 되는 것이다.

'흙산놀이터' 만들기 운동을 제안하며

흙은 무엇이든지 만들 수 있어 아이들로부터 오랫동안 사랑받았다. 이러한 아이들의 흙과 모래와 진흙 사랑은 오늘날에도 식을 줄 몰라 어린이집이나 유치원, 놀이터에서도 흙이나 모래를 부어 놓기만 하면 아이들이 모여든다. 현란한 놀이기구가 놀이터에 꼭 있을 필요가 없다. 흙무더기 하나면 모자라지 않는다. 아이들이 누가 시키지 않아도 흙 가까이 다가서는 것을 보면 참 고맙다는 생각이 든다. 이렇게 아이들은 흙이나 모래 가까이에서 두세 시간은 거뜬하게 파고, 옮기고, 덮고, 쌓고, 뚫고, 길을 만들고, 물을 부으며 온갖 놀이를 한다.

내가 기억하는 흙 놀이는 뭐니뭐니 해도 노래와 함께한 두꺼비집 짓기였다. 누구한테 배웠는지 모르겠다. 그냥 아이들하고 흥얼거리듯이 흙을 손등에 덮고 불렀다. 오늘이나 옛날이나 아이들이나 어른이나 집 한 칸 갖는 게 꿈이었나 보다. 생각해 보면 이렇게 시작한 두꺼비집 짓기 놀이는 동무들끼리 서로 만든 두꺼비집을 잇는 굴 놀이로 이어졌다. 두꺼비집이 무너지지 않게 터널을 서로 뚫어 나가는 놀이였다. 조심조심 때로는 기운차게 뚫다가 마침내 동무의 손이 저 끝 흙 속에서 만져질 때 그 서늘한 느낌을 뭐라 말해야 할까. 지금도 손끝에 그 느낌이 살아 있는 것 같다. 마치 손끝에 눈이 달려 서로 알아 본 느낌이랄까. 그래 맞다. 서로 만난 두 손이 꼼지락거리며 인사를 나누었다.

모래 놀이를 하기에 제일 좋은 곳은 모름지기 바닷가다. 한번은 아시아의 외진 바닷가 어촌 마을에 갔을 때, 유치원이나 어린이집에 다닐 만한 나이의 아이들이 뱃머리 그늘에 앉아 모래 놀이를 하고 있었는데 참 한가로우면서도 진지했다. 조그만 아이들이 참 깊고 넓게도 파는구나 싶을 만큼 커다란 구덩이를 만들어 놓고 있었는데, 그 노는 모습을 물끄러미 바라보자니 자연이 주는 놀이터에서 멀어진 우리나라 도시 아이들의 모래 놀이터가 생각났다.

이런 모래나 흙 놀이를 보고 있자면 어린아이들이 30분이나 한 시간 이상 놀이에 집중하기 어렵다는 주장이 허튼소리라는 것을 알 수 있다. 아이들하고 놀아 본 적이라고는 없는 사람들이 책 속에 파묻혀 하는 잠꼬대라고 하면 딱 좋다. 이런 주장은 아이들이 놀이에 쏟아부어 집중할 수 있는 시간을 일부러 줄여, 그 남은 시간에 다른 것을 전달하려는 목적을 숨기고 있다. 나이가 어린 유아들도 교육을 시켜야 한다는 생각에 사로잡혀 있기 때문에 한 시간으로 모든 것을 자른다. 나는 이렇게 말해 주고 싶다. "아이들은 몇 시간이라도 몰입해 놀 수 있어요!"

유아들이 지금 놀 때지 수업할 때인가. 유치원, 어린이집 아이들한테 수업을 강요하고 있는 이 상황을 어떻게 해야 할까. 아이들은 푹 빠질 만한 놀이를 만나기만 한다면 아주 오랫동안 놀이에 몰입할 수 있는데, 이런 것들이 교육 현장에서 자주 외면당하고 있다. 도대체 이런 거짓말을 퍼트리는 분들이 누구인가 했더니 대학에서 학생들 가르치는 양반들이었다. 멀리 갈 것도 없이 그들이 바로 우리 아이들 놀이의 첫 번째 훼방꾼이다.

잘 들으시라. 아이들한테 노는 시간을 정해 주는 순간 아이들 놀이는 앞으로 나가지 못하고 멈춘다. 이것은 유아들이 언제 속 깊은 놀이를 끝없이 이어가는지 헤아리지 못하기 때문이다. 유아 가까이 있는 분들이 아이들의 놀이를 편안한 마음으로 넉넉한 시간 속에서 볼 수 있을 때 아이들의 자유놀이는 꽃을 피울 수 있다. 유아 가까이 있는 분들이 불편하고 재촉하고 쫓긴다면 유치원이나 어린이집에서 유아들이 어떻게 제대로 놀 수 있겠는가. 집에서도 마찬가지다. 아이에게 가장 중요한 놀이환경은 어른임을 잊지 말자. 놀이기구는 흙산 하나로도 충분하다. 나는 전국의 초등학교, 어린이집, 유치원에 '흙산놀이터 만들기' 운동을 펼치고 있다. 함께 해 주시기 바란다. 내가 디자인한 '흙산놀이터'를 참고해도 좋다.

탄성포장과 조합놀이기구

놀이터는 토건의 하위 장르다. 땅을 뒤집고 언덕을 파고 그곳에 고무로 된 탄성포장을 깔고 놀이기구를 박는 전형적인 토건을 빼닮았다. 놀이터를 짓는 과정 또한 아파트 공사와 매우 닮았다. 다시 말해, 넓은 땅에 우뚝 솟은 것이 아파트라면 좁은 자투리땅에 비쭉 세워지는 것이 놀이터다. 둘 다 난데없기는 마찬가지다. 도시의 삶이 아파트 한 칸을 마련하는 데 소진되는 것처럼 아파트 한 채의 값은 넘어서기 어려운 벽이다. 그러나 우리는 늘 궁금해 한다. 이 과도한 아파트 한 채의 값이 도대체 어떻게 산정된 것인지 말이다. 이런 궁금함은 곧바로 아파트 앞 놀이터 하나를 짓는 비용을 알고 나면 더욱 커진다. 공공놀이터 또한 예외는 아니다.

많은 돈을 써 아이들이 놀기에 좋은 놀이터가 만들어진다면 다행이지만 그렇지 않다면 놀이터 짓는 고비용은 설득력이 없다. 주거 기능을 못하는 아파트가 있다면 그곳에 누가 들어가 살려고 할 것인가와 같은 맥락이다. 사실을 말하자면 놀이터 짓는 비용 대부분이 두 곳에 쓰인다. 하나는 놀이터 바닥을 탄성포장으로 까는 데 쓴다. 돈을 바닥에 다 깐다고 봐도 좋을 정도로 비중이 높다. 그것이 생태적이냐 그렇지 않으냐는 일단 제쳐 두고서 말이다. 또 뭉텅이 돈이 나가는 것이 놀이터 주인 행세를 하는 조합놀이기구다. 아이들이 놀이터의 주인이라는 내 오랜 주장도 잠시 미뤄 두겠다.

그렇다면 가장 비용이 적게 들어가는 것이 무엇인지 따져 보면 한국 놀이터가 왜 이 모양으로 만들어질 수밖에 없는지 단박에 드러난다. 놀이터 설계 비용이다. 많은 경우는 이 예산이 놀이터 짓는 비용 어디에 들어 있는지 찾기도 어렵고 아예 보이지 않는 경우도 많다. 주더라도 그야말로 쥐꼬리만큼 배정한다. 아파트를 지을 때는 서로 살기에 편리한 공간이라고 도면도 공개하고 후다닥 모델하우스까지 만들어 선전하기 바쁜 것과 대조적이다. 그런데 놀이터 도면은 참으로 보기 어렵고 놀이터 모델 또한 마찬가지다. 가까이 있지만 놀이터와 아파트는 이렇게 다르다. 왜 그럴까. 아이들의 놀이환경에 관심이 없기 때문이다.

이 세상은 어른들이 어른들 편하게 살려고 만든 세상이다. 아이들은 어른들 세상이 불편하다. 주택이나 아파트보다 놀이터를 더 중요하게 보려는 시대가 오고 있고 왔음을 예감한다. 그런데 이를 맨 앞에서 가로막고 있는 물리적 장애물과 상상의 장애물이 있으니 그것이 탄성포장과 조합놀이기구다. 이 둘은 놀이터 비용을 독차지한다. 이 둘을 그대로 두고는 놀이터 상상력을 마음껏 펼 수 없다. 더불어 기존의 놀이기구 위주의 놀이터에서 자유놀이 위주의 놀이터를 구상하는 놀이터 철학이 재정립되어야 한다.

옮기고 망가뜨리고 파괴할 수 있는 놀이터가 필요하다

어린이와 부모와 교사는 놀이기구를 만들 수 있을까? 얼마든지 가능하다. 바야흐로 MAKE의 시대다. 나와 우리와 공동체에 필요한 것이 있다면 스스로 연구하고 만들어 쓰는 문화가 놀이터에도 도착했다. 3D프린터는 물론이고 이제 큰 구조물도 필요하다면 제작할 수 있는 여건이 성숙했다. 놀이기구 또한 예외는 아니다. 기존 놀이터에 있는 조합놀이기구는 작게는 수천만 원에서 수억 원에 이른다. 아쉬운 점은 실제로 놀 아이들의 놀이욕구를 반영하는 과정이 생략된 채 구색과 장식이기 쉽다는 점이다. 가장 아쉬운 점은 재미와 내구성이 없다는 것이다. 도전할 것이 없는 것도 큰 문제다.

무엇으로 이런 놀이기구를 대체할 수 있을까? 우리나라에서도 이제 대안놀이터가 조금씩 물꼬가 터지고 있다. 반가운 일이다. 나는 이런 흐름을 '적정놀이터, 공유놀이터, 전환놀이터, 모험놀이터'로 개념화한 바 있다. 아무튼 사는 곳 가까이 있는 안 쓰는 재료와 간단한 연장과 도구를 가지고 아이들과 이웃이 어울려 뚝딱거려 만드는 놀이터들이 생겨나고 있는 것은 매우 반가운 일이다.

내가 사는 집 마당을 몇 년 전부터 아내와 함께 동네 모험놀이터로 만들어 마을 아이들과 놀고 있고, 우리나라 여기저기서 크고 작은 실험들이 진행되고 있다. 박수와 응원을 보낸다.

그렇다면 DIY 놀이터의 구체적 모습은 어떨까. 한 곳의 사례를 들어보겠다. 상주에 있는 백운초등학교 뒷마당에 놀이터가 있었다. 놀이터 모습은 3층 구조물 형태를 하고 있다. 맨 꼭대기는 트리하우스 형태인데 계단을 타고 올라가 거의 나무 꼭대기까지 올라갈 수 있다. 아래 2층은 구름다리로 이어진 놀이방이 두세 채 연결되어 있어 아이들이 이리저리로 건너다닐 수 있다. 1층으로 미끄러져 내려올 수 있는 미끄럼틀도 있다. 1층에는 밧줄로 연결한 그네와 밧줄놀이가 가능하다. 한마디로 표현하자면 '놀이집'이다. 아이들은 운동장 구석에 반짝이는 기존의 놀이기구보다 이곳을 더 찾았다. 지금은 아쉽게도 철거된 상태다.

이렇게 '적정 또는 모험놀이터'라 이름 붙인 놀이터가 앞으로 한국 곳곳에 만들어질 것이다. 그러나 여기에는 풀어야 할 난제가 몇 가지 있다. 모험놀이터 워크숍에서 내가 늘 강조하는 것이지만 놀이터를 만드는 것은 쉬운 일이다. 만드는 것이 10이라면 관리와 유지는 90의 품과 삯이 든다. 만들어 놓고 우리가 아이들한테 이런 걸 만들어 주다니 감격하면 이것은 곧장 위험으로 이어진다. 다시 말해 적정 또는 모험놀이터를 처음 만들 때부터 관리와 유지의 주체와 계획이 있는지 살펴야 하는데 이 점을 소홀히 하는 경우가 많다. 이것은 반드시 크고 작은 사고로 이어진다. 만약 그렇다면 그것은 보여주기일 뿐이다. 가장 경계해야 할 것은 이런 놀이터를 어른들이 애써 만들어 선물 주듯이 아이들에게 안기는 일이다. 함께 만들어 함께 논다는 철학이 모험놀이터 공동체에 공유되는 것이 먼저 필요하다. 더욱 중요한 것은 비용과 예산의 독립이다. 지원은 일시적이며 곧 휘발된다. 지원이 없어도 공동체가 모험놀이터를 유지·관리할 수 있어야 한다. 일시적 완성이 아닌 여러 해 조금씩 만들어 가는 모험놀이터 철학이 긴요한 까닭이다. 만들기는 나중이다. 적정, 공유, 전환, 모험놀이터에 관심 있는 분들은 졸저 놀이터 3부작 마지막 책인 『위험이 아이를 키운다』 일독을 권한다.

PLAY BOX

놀이터에는 놀이기구 말고도 눈여겨보면 소소한 것들이 꽤 여럿이다. 쓰레기통도 있고 물을 마시고 씻을 수 있는 곳도 있고 안내판도 있다. 놀이터에 따로 쓰레기통을 두지 않는 흐름도 있고 씻을 곳이 없는 놀이터도 있다. 하지만 안내판은 어디든지 있다. 놀이터에서 어떤 것을 먼저 생각하고 있는지 생각해 볼 수 있는 대목이다.

나는 놀이터 한쪽에 꼭 있어야 한다고 생각하는 것이 따로 있다. 그것은 안내판도 음수대도 쓰레기통도 아닌 자그만 놀이상자(놀이함), 다시 이름 붙인다면 'PLAY BOX'다. 놀이상자가 무언인지부터 말하는 것이 순서일 듯하다. 놀이상자를 열면 그 속에 소소한 놀잇감들이 들어 있다. 가장 많이 보이는 것은 아이들이 모래놀이를 할 때 쓰는 소꿉놀이 도구들이다. 이 놀이상자 안에 모래놀이터에 고양이나 개의 배설물을 막기 위한 망이나 천이 들어 있어도 좋다. 여기에 하나 더 보탠다면 아주 최소한의 구급약이 있을 수 있다. 최소한의 밴드와 소독약 정도 수준이다. 이 정도 부상을 넘는다면 병원을 찾아야 한다는 것을 간접적으로 말해 준다.

우리나라 공공놀이터 전반적인 상황을 고려해 여기에 아이들이 놀이터를 오가며 놀이상자를 열고 꺼내 놀 수 있는 단순한 놀잇감 정도가 있다면 더할 나위 없이 좋을 것 같다. 땅에 금 그을 때 쓰는 분필, 나무 재질의 비석, 공깃돌 등등이 될 수 있다. 앞서 성남시 은행동 청소년문화의집에서 공원 네 곳에 '모냐놀이함'을 설치해 운영한 사례가 있다. 주의할 것은 낱낱의 놀잇감에 대한 안전기준을 마련하고 체크하는 것이다.

그러나 공공장소인 놀이터에 이런 놀이함을 설치하는 데는 많은 어려움이 있다. 분실과 훼손과 관리의 문제 제기다. 더 중요한 건 설치할 때 주민적 합의가 필요하다는 것이다. 먼저 이런 놀이함이 놀이터에 왜 필요한지 가까이 사는 분들과 공유가 앞서야 한다. 아이들은 학교에서 학원으로 향한다. 이런저런 놀이를 할 때 필요한 놀잇감들을 지니고 다니기가 쉽지 않다. 시간이 문제이고 함께 놀 친구가 없고 놀이터는 휑하다.

가장 큰 장애는 분실과 관리라는 걱정이다. 아이들이 이런 놀이상자와 그 속에 들어 있는 작은 놀잇감들을 놀이터에서 만나는 것이 필요하다는 긍정이 먼저 필요하다. 아이들은 어지럽힐 것이며 어른들은 안에 있는 내용물을 가져갈 것이라는 생각을 하기 전에 어떻게 이것을 이용하는 아이나 어른에게 공공의 물건이라는 것을 알릴 것인지 지혜를 찾아야 한다. 놀이상자의 확대는 공공놀이터에서 어린이와 시민에 대한 신뢰의 첫걸음이라는 데 의미가 크다. 앞으로 동네 놀이터에서 '놀이상자'를 만나면 내 살림처럼 아껴 주시라.

놀이터 스폰서를 경계하라

오늘날 한국 최대의 어린이 놀이터 스폰서는 게임을 기반으로 한 사기업 펀드다. 어린이 놀이, 놀이터 관련 일을 하는 사람은 물론이고 어린이 문화예술 분야에 종사하는 개인이나 단체들도 이런 펀드에 관심이 많다. 넉넉한 자본을 바탕으로 이 영역에서 몸집을 키우고 있는 모습을 때로는 가까이 때로는 멀리서 목격할 때 씁쓸하다. 그들은 이렇게 공공과 상업주의의 경계를 허물며 새로운 '비즈니스 모델'의 창출에 열심이다. 몇 년 전 그들이 보자고 했고 내게 놀이터에 관한 연구도 제안했다. 나는 자금 출처에 관해 물었다. 들어 보니 요즘 세간을 시끄럽게 하고 있는 1세대 벤처 졸부들이 출연한 돈을 쓰고 있었다.

나는 이들의 자금 출처가 놀이와 대척점에 있는 본격 게임 회사 일색이라는 사실에 그들의 제안을 정중히 거절하고 자리에서 일어섰다. 거듭 밝혔지만 나는 놀이만 해야 하고 게임은 금해야 한다는 착오적 생각을 가지고 있지 않다. 게임을 팔아 번 돈의 깃털을 뽑아 '병 주고 약 주는' 식으로 놀이와 놀이터에 얼굴을 내미는 그들의 변신술이 가상할 뿐이다. 사기업의 코 묻은 돈이 왜 어린이 놀이와 놀이터에 흘러드는지 따져야 하고, 왜 받아야 하는지를 성찰해야 한다. 그들은 어린이 놀이문화예술 판까지 사유화하려 한다. '창의'와 '놀이'를 간판으로 걸면 훗날 무조건 돈이 된다는 것을 게임 사업을 해온 그들만큼 정통한 집단은 찾기 힘들다. 심지어 그들은 우아하게 다가오고 많은 돈을 안기고 간섭도 하지 않는다고 한다. 물론 시간이 갈수록 거짓임이 드러나는 것은 어쩔 수 없는 일이다.

그들만이 아니다. 장난감 만드는 기업들도 아이들을 위한다며 놀이와 놀이터 후원에 나서고 있다. 놀이터는 손 씻는 곳은 아니다. 구호단체나 교육청도 이런 곳의 지원을 받아 놀이터를 짓기도 한다. 무엇이 문제일까? 못 받은 것이 억울하기만 한 세상에서 말이다. 또 대표적인 상업적 장난감을 만드는 회사의 후원을 받아 한 초등학교 놀이공간이 바뀌었다는 소식도 들었다. 이렇듯 특정 사업에 치중된 사기업의 후원을 받아 놀이와 놀이터 프로젝트를 진행하는 것에 대해 매우 신중하기를 바란다. 누군가는 좋은 뜻으로 하는 일에 비용을 대겠다는 기업의 후원을 받는 것이 뭐가 문제냐고 반문할 수 있다. 그러나 아이들의 놀이와 놀이터 접근을 막아섰던 상징적 기업의 돈을 받아 놀이터를 만들고 선전하는 것은 지나치게 노골적인 행위라는 것을 알아야 한다. 이렇게 '비즈니스 모델'만을 추구하는 곳들을 알아차릴 수 있는 눈은 어린이 문화를 일구는 일꾼들에게 꼭 필요하다. 상업주의는 집요하게 공공성을 위장하고 마침내 공적 영역을 무너뜨린 후 자취를 감춘다.

이런 돈들에 목이 마른 까닭을 모르는 바 아니다. 마땅히 집행되어야 할 어린이 놀이와 놀이터 쪽의 공적자금이 턱없이 부족하거나 허투루 쓰이기 때문이다. 단언컨대 놀이터는 국가와 행정과 시민과 어린이가 만들고 가꿀 주제다. 어린이 문화예술도 마찬가지다. 성숙한 국가라면 이들을 향해 이렇게 말해야 한다. "너희들은 장사를 해! 놀이터는 우리의 일이야!" 사기업과 구호단체의 활동도 의미가 없다고 할 수 없지만, 한국의 놀이터 수는 7만 개에 가깝다. 몇몇 기업에서 돈 몇 푼 내고 선한 일로 선전해서 풀 수 없는 문제라는 것이다. 그들의 기여도 조금은 있으리라 생각한다. 그러나 이렇게 언론과 홍보를 앞세워 그들의 일을 선전하기 시작하면 놀이나 놀이터 관련 공적투자는 머뭇거리고 정체되고 축소되어 마침내 멈추는 돌이킬 수 없는 일이 벌어진다.

이런 흐름은 전체 놀이터의 몰락으로 이어질 수 있다. 놀이터에 사기업들이 가끔 얼굴을 내밀고 아이들과 사진 찍고 하는 동안 공공의 주체들은 점점 뒷짐을 지는 이 현상을 나는 '놀이터 민영화' 또는 '놀이터의 비극'이라 부른다. '놀이터 민영화'라는 비극을 맞이하지 않으려면, 우리는 공적자금이 이 영역에서 기능할 수 있도록 놀이터의 공공성을 더욱 강화하라고 줄기차게 요구해야 한다. 자본의 한복판을 사는 놀이터 벗들이여! 우리는 아이들 일을 하는 사람답게 튼튼하게, 민망하지 않게, 빨리 멋지게 하려 하지 말고 작고 오래 할 생각을 해야 한다. 치고 빠지는 얄팍함이 아니라 머물고 가꾸는 든든한 아이들의 놀이벗이 되어야 한다. 게임과 장난감을 앞세운 상업주의의 포화에 아이들이 오늘도 멍들고 있다는 것을 안다면 말이다. 게임과 장난감을 만들던 기업에게 우리 아이들의 놀이와 놀이터를 맡길 수는 없다. 그들은 이미 게임과 장난감을 넘어 놀이와 놀이터를 한 입에 털어 넣을 사업 궁리를 마친 상태이고, 그것을 요 몇 년 사이 펀드로 포장했고, 이제는 짐작했던 대로 철저한 '비즈니스 모델'에 근거한 수익 사업에 나섰다. 어린이를 최종 먹이로 낙점한, 옛날에는 게임을 팔았지만 지금은 창의와 실험과 자유와 놀이와 놀이터를 우아하게 스폰하며 접근하는 뼈와 살 모두가 장사꾼인 '그 펀드'를 경계하자.

위기의 놀이터, 추방에서 환대로, 라지에서 미니멀로

한국의 어린이 놀이터는 지금 위험 국면에 도착했다. 'RISK' 단계를 지나 'HAZARD' 단계에 이르렀음을 예감한다. 점점 놀이터에서 아이들 보기가 어려워지고 있음을 실감하고 있기 때문이다. 그나마 놀이터에 오던 저학년 아이들도 놀이터에서 자취를 감추기 시작한 지 몇 년이 흘렀다. 이러한 변화를 자주 놀이터를 오가며 목격하는 것은 가슴 아픈 일이다. 개인적으로도 그렇고 '놀이운동'도 그렇고 그동안 무엇을 한 것인지 허망함을 텅 빈 놀이터에서 적막으로 맞이하는 일이 잦아지고 있다.

아픈 이야기지만 지금 한국의 어린이 놀이터는 양쪽 바퀴가 모두 진흙에 빠진 형국이다. 아이들이 너무 바빠 놀이터에 도무지 갈 수 없는 문제가 진흙에 빠진 앞바퀴다. 놀이터에 그나마 있던 아이들이 점점 자취를 감추고 있다. 어린 나이부터 학습 시간이 점점 늘어가고 있기 때문이다. 아이들이 놀이터에 오지 않는 문제는 '아이들이 이용하지도 않을 놀이터에 예산을 쏟아 유지할 필요가 있느냐'는 반론 앞에 점점 무력해지고 있다. 예산 수립의 근거가 무너지는 분명한 징후다.

또 하나 빠진 뒷바퀴가 있다. 특히나 급격한 한국 사회의 기후 변화 속도다. 미세먼지로 인해 안심하고 밖에 나갈 수 있는 날이 연중 5분의 1 정도이고 이런 추세라면 3분의 1이 될 시점도 멀지 않다. 이것은 어린이와 부모는 물론 놀이터 가까이 있는 우리 모두에게 전면적인 위험(HAZARD)의 공습이 시작되었음을 알리는 것이다. 여기에 더해 스크린과 소셜미디어 플랫폼으로 어린이와 청소년들이 빠른 속도로 이동하고 있고, 아이들의 놀이문화 또한 '엔터테인먼트로의 대이동'이 압도적이다. 디지털과 아날로그, 가상과 현실, 상상과 몸의 균형이 무너지는 것을 넘어 휩쓸려 가는 상황이 가속화되고 있다. 그런데 이런 문제의 심각함에 대한 인식과 촘촘한 전략(이런 말을 쓰면서도 참 불편하다)이 눈에 띄지 않는다. 여기에 최근 COVID-19와 기후 위기는 '놀이문화의 실제적 붕괴'를 실감하게 한다.

한국의 놀이터를 포함한 놀이문화의 전체적 몰락을 목격하며, 조금은 비장한 마음으로 이 글을 써 나눈다.

하나. 놀이터는 잃어도 자유놀이는 찾자!
— 개별 놀이터 만들기에서 한 도시의 놀이터 생태계를 만들어야

이젠 개별 놀이터 만들기에서 벗어나 한 도시의 놀이터 생태계를 구축해야 할 때가 아닌가 싶다. 한 도시(시·군)의 놀이터를 어떻게 다양하게 구성할 것인지 체계적·계획적·순차적으로 접근해야 한다. 주변에 놀이터는 무관심하게 방치해 놓고 특정한 놀이터 하나만을 잘 만들어 돋보이게 하고 의무를 다한 것처럼 하는 행태는 재고되어야 한다. 이를 견제하기 위해서는 마을이나 동이나 구나 한 도시의 놀이터를 조망할 수 있는 역할을 민간 쪽에서 살피고 맡는 것이 필요하다.

내가 총괄을 맡고 있는 순천에서는 놀이터를 만들 때 다양성, 접근성, 지역성 등을 고려해 안배하고 있다. 더불어 관내 새로 들어서는 민영 아파트 놀이터에 대한 사전 심의 또한 총괄기획자로부터 받도록 조례에 명문화되어 있어 한 도시 전체의 놀이터를 보는 조망권을 상당한 수준에서 확보하고 있다. 최근에는 공원녹지과와 관내 교육지원청과의 협약을 통해 공공놀이터, 아파트 놀이터, 학교 놀이터를 아우르는 한 도시의 놀이터 전략을 펼칠 수 있는 토대를 만들고 있다.

마을이나 동이나 시에서 살아가는 아이들은 다양한 놀이공간을 만날 수 있어야 한다. 학교에 있을 때는 학교 놀이터를, 아파트에 있을 때는 아파트 놀이터를, 동네에 있을 때는 동네 놀이터를, 그보다 조금 큰 공원에 갔을 때는 공공놀이터에서 놀 수 있어야 한다. 그런데 각각의 놀이터가 특징이 없어 이용하는 아이들의 지루함이 극에 다다르게 만들어 오히려 위험하다. 지루하니 놀이기구를 다르게 쓰고 싶은 욕구가 생길 수밖에 없다. 다양성과 놀이가치가 놀이터에 꼭 필요한 까닭이다. 그러려면 마을, 아파트, 학교, 구, 도시의 놀이터를 조망할 수 있는 사람이나 조직이 있어야 한다. 이른바 다양성이 살아 있는 '놀이터 생태계 시민 네크워크'를 만들어야 한다. 물론 어린이가 적극적으로 참여할 수 있는 구조여야 한다. 한 도시의 놀이터 생태계를 보는 관점에서 행정과 시민과 이용자인 어린이와의 협치만이 이 문제를 풀 수 있다. 그래야 아이들이 놀이터로 돌아올 최소한의 기반을 만들 수 있다고 본다.

― 기구 위주의 놀이터에서 놀이 위주의 놀이터로

그네, 시소, 미끄럼틀로 채워진 기존의 획일화된 놀이터 패러다임에서 벗어나야 한다. 어린이의 필요와 요구, 목적에 맞는 놀이기구 한둘 정도 배치하는 것은 괜찮지만, 놀이터를 놀이기구로만 꽉 채우는 것은 비판적으로 볼 필요가 있다. '놀이기구' 위주의 놀이터에서 이제 '자유놀이' 위주의 놀이터가 필요한 까닭이다. 기구 위주의 놀이터는 아무리 비싸고 좋은 놀이기구를 갖다 놓아도 금방 지루한 곳이 되어 아이들로부터 외면받을 가능성이 크다.

어떻게 보면 자유놀이 위주의 놀이터라는 곳은 노는 시간이 허용되는 장소일 것이다. 좋은 놀이기구를 고민하기보다는 아이들이 놀 시간을 얼마나 확보할 수 있는지 물어야 한다. '놀 시간'이야말로 최고의 '놀이기구'이기 때문이다. 나의 중요한 놀이터 철학이기도 하다. '놀 시간'과 '자유놀이 위주'와 같은 좋은 재료를 쓰지 않고는 좋은 놀이터를 만들 수 없다.

자유놀이 위주의 놀이터를 만들려면 아이들의 '자유놀이'에 대한 오랜 관찰과 공부를 통해 축적된 데이터베이스가 있어야 한다. 사실 어린이와 놀이와 놀이터를 둘러싼 모든 문제의 근원과 혼란은 금강석 같은 '자유놀이'를 땅에 묻은 때문이다. 거듭 놀이터의 문제가 아니다. 놀이를 보는 태도의 문제이고, 그 뿌리는 오랫동안 동의해 온 '자유놀이 불가론'이다. 놀이와 놀이터에서 '자유놀이'의 가치를 재인식하지 않는다면 행정 중심의 놀이터 사업은 데코레이션으로 끝날 것이다. 놀이터가 지속하려면 비용을 줄여 행정에도 부담을 덜어 주고 '자유놀이'의 재발견을 통해 주저없이 놀이의 본질로 들어서야 한다.

― **모방하지 말고 지역의 개성이 살아 있는 놀이터로**

곳곳에서 놀이터 바람이 불고는 있지만 흉내 내기 문제가 심각하다. 예를 들어 기존 획일화된 놀이터에 대한 거부와 대안적 모색으로 만들어진 순천시의 '기적의놀이터'와 비슷한 놀이터가 타 시군 지자체에 너무 많이 만들어지고 있어 크게 반성하고 있다. 기적의놀이터를 가보니 터널이 있어 터널을 만들고, 기적의놀이터에 언덕이 있으니 언덕을 만드는 식이다. 나는 늘 다른 지역에서 '기적의놀이터' 이야기를 할 때 '이곳만의 놀이터를 만들어야 한다'고 말해 왔다. 기적의놀이터를 따라 하면 망한다고 했다. 놀이터가 들어설 곳의 입지와 가까이 사는 어린이와 주민의 요구와 필요에 따라 놀이터를 만들어야 마땅하다. 다르니까 다르게 만들어야 한다.

  획일화된 결과물들을 보면서, 그런 내 생각이 어떻게 전달되었는지 알 수 없어졌다. 모두 쉬운 길을 선택하기 때문이다. 모방이다. 왜 그렇게 만들었는지 까닭이나 철학을 살피지 않고 외형만을 서둘러 가져오려는 것이다. 그러나 가장 중요한 알맹이는 가져오지 않는 이중성도 함께 목격한다. 바로 '놀이터 활동가'의 유무다. 놀이터는 어린이가 '실험하고 도전'하고 상상하는 곳이다. 그런데 그런 장소를 베껴서 만들면 그곳에서 어떤 실험과 도전과 상상을 기대할 수 있다는 말인가. 어린이에 대한 공부와 놀이에 대한 공부를 차분하게 하지 않고 서둘러 놀이터 토건으로 직진하기 때문에 이런 일들이 벌어진다. 이렇게 만드는 사람들의 마음이 바쁘면 놀이터에서 도전과 나란히 중요한 '안전'을 담보할 수 없다. 천천히 자기만의 놀이터를 맞춤으로 만들어야 한다. 이제부터라도 그러지 않기를 바라며 놀이터가 들어설 곳 가까이 사는 어린이와 주민의 형편과 요구와 필요와 어울리게 만들어지기를 간절히 바란다. 새로운 놀이터의 방향을 모색하고자 노력했던 한 사람으로서 기적의놀이터 획일화는 부끄럽고 참담하며 큰 책임을 느낀다.

  — 어린이 참여 디자인, 책임 있는 퍼실리테이터 또는 디자이너와 균

형평을 찾아야

최근 한국 사회에서 놀이터를 만들 때 어린이 참여 디자인 과정을 거치는 것이 보편적인 일이 되었다. 반가운 일이다. 그러나 여기에는 두 가지 함정이 있다. 하나는 어린이의 의견을 모두 반영해야 한다는 오해다. 과례는 비례다. 또 하나는 어린이가 참여해 의견을 냈지만 이것이 놀이터 만들기의 알리바이로 쓰이고 증발하는 경우다. 둘 다 지양해야 한다. 첫 번째 지나친 겸손은 배를 산으로 가게 할 수 있다. 두 번째 경우는 속임수이기 때문에 절대 해서는 안 될 일이다. 어린이가 참여한 디자인의 결과를 모두 담으려고 하거나, 의견을 듣고 마는 것 둘 다 극단적이라는 점에서 같다. 그렇다면 길은 어디에 있을까?

우선은 어린이 참여 디자인 과정을 존중하는 태도가 중요하다. 그러나 놀이터 설계와 시공에 있어 전문가의 역할이 분명히 필요하다는 것을 서로 알고 있어야 하고, 처음부터 공동체가 이 내용을 분명히 인지해야 한다. 전문가는 자신의 책임을 다해야 하고 참여 디자인의 주체인 어린이와 긴밀히 협력하는 하나의 파트너가 되어야 한다. 또한 갈등을 두려워하거나 중립을 지키려고 자신의 견해를 밝히길 주저해서도 안 된다. 어린이 참여 디자인에 주민 참여 디자인을 덧보태고 그것을 전문가가 넓게 헤아리면 훨씬 더 풍부하게 갈무리할 수 있다. 여러 해 어린이와 주민과 행정과 참여 디자인 과정을 진행하면서 배우게 된 것은 책임감이 필요하고 협력할 수 있어야 하고 주도하거나 결정을 미루지 않아야 한다는 사실이었다.

더불어 행정도 참여 디자인에 함께해야 한다. 하나의 놀이터를 만들기 위해서는 어린이, 주민, 행정의 유기적인 참여 디자인 과정이 필요하다. 그 과정을 한 사람의 퍼실리테이터가 진행하는 것이 아니라 각 주체가 퍼실리테이터를 자임해 자신들만의 디자인을 만드는 것이 필요하다. 그리고 다시 셋이 만나 균형점을 찾는 실제적이고 수용 가능한 '어린이 주민 행정 참여 디자인' 결과로 갈무리되어야 한다. 각각의 주체는 철저히 '파트너'로서 독립되어야 함은 물론이다.

— 향후 운영과 관리에 대한 예산과 인력 계획을 꼼꼼히 마련해야

어린이와 주민들과 행정과 전문가가 참여해 의견을 내고 마침내 놀이터 문을 여는 단계에 도달했다고 놀이터가 끝나는 게 아니다. 내가 놀이터를 만들 때 '만드는 것'보다 더 관심을 가지고 긴 시간을 쏟는 것은 '향후 관리와 운영의 주체와 예산'을 마련하는 일이다. 나는 이런 긴 과정이 놀이터 디자인이라는, 다시 말해 '긴 디자인'이라는 놀이터 철학을 가지고 어렵지만 노력해 오고 있다. 놀이터 디자인에 관한 확장된 시선이 필요한 까닭이다. 현재 7호가 준비 중인 전남 순천의 1호 기적의놀이터를 만드는 데 3년이라는 시간이 걸렸다. 놀이터를 만든 이후 운영할 주체를 확보해

놓느라고 말이다. 지금은 관리와 운영에 관한 조례에 따라 활동가 세 분이 '공무직'으로 전환되었고 나 또한 조례에 따른 '총괄기획자' 역할을 하면서 날마다 기적의놀이터 곳곳의 관리와 유지 및 보수의 의무를 다하며 일지를 쓰고 있다. 몇몇 지자체에서 순천시 조례를 참고해서 도입하려 하는 것으로 알고 있고, 어떤 곳에서는 벌써 실행에 들어선 곳도 있다. 바람직한 변화라고 생각한다. 놀이터는 이런 정성스러움이 있어야 처음의 상태가 유지될 수 있고, 놀이터의 유지 여부에 대해 의구심을 품는 분들에게도 놀이터 존재의 근거를 차분하게 설명할 수 있다.

둘. 추방에서 환대로!

3년 정도 준비해서 경기도 시흥시 보건소와 함께 만든 공공형 실내놀이터 '숨쉬는 놀이터'가 문을 연 이후 최근 미세먼지를 피할 수 있는 실내놀이터 만들기가 또 유행처럼 번지고 있다. 하지만 이는 문제 해결의 근본적 대안이 될 수 없다. 같은 예산을 들인 바깥놀이터에 견주어 실내놀이터에서 받을 수 있는 인원이 10분의 1 또는 100분의 1 수준이다. 어디까지나 실내놀이터는 바깥놀이터가 피치 못할 사정이 있을 때 잠시 이용하는 곳으로 자리매김해야 한다. 여러 어린이 관련 단체와 지자체에 번지고 있는 추상적인 '놀 권리' 담론도 제자리를 찾아야 한다. 오랫동안 속여온 '가짜 놀이'를 걷어 내고 아이들의 '자유놀이'를 회복해야 한다. 꼭꼭 숨겨 놓은 '자유놀이'의 재미와 즐거움과 환희를 다시 만날 수 있는 장소로 놀이터가 바뀌어야 한다. 오늘 한국의 놀이터가 처한 위기는 자유놀이를 오롯이 만난 아이들만이 제자리에 갖다 놓을 수 있다. 어른들은 아이들에게서 박탈한 자유놀이를 한껏 옹호해야 한다. 추상적인 놀 권리 논의는 구체적인 자유놀이의 회복으로 치환되어야 한다.

내가 어린이, 주민들과 함께 놀이터를 만들 때 가장 중요하게 생각하는 철학이 하나 있다. 다름 아닌 '추방에서 환대로'다. 기존의 놀이터가 쫓아낸 놀이가치들을 하나씩 부르고 찾아 돌아오게 하는 일이다. 물이랄지, 불이랄지, 언덕이랄지, 흙이랄지, 진흙이랄지, 모래랄지, 개울이랄지, 나무랄지, 바위랄지, 동무랄지, 시간이랄지, 내달리는 거랄지, 숨을 곳이랄지, 쉬는 곳이랄지, 더러워지는 거랄지, 소란스러운 거랄지, 다치는 거랄지, 높이랄지, 속도랄지, 위험이랄지 등등이 기존 놀이터에서 추방된 놀이가치들 말이다. 이것을 회복시켜 놀이터 안으로 가져오는 것이 나의 최종적 놀이터 디자인 사상이며, 이런 추방된 것들의 귀환이 없다면 한국의 놀이터는 어린이로부터 다시 사랑받기 어렵다고 확신한다.

여러 장애물과 법령과 복잡한 얽힘이 실제로 놀이터를 구속하고 얽어매고 있지만, 출구를 찾고 새로운 전략을 만드는 길은 쫓아냈던 본래 놀이와 놀이터의 가치와 기능을 찾아 온전히 복원하는 길이다. 추방된 놀이가치의 귀환과 환대! 그만큼이나 중요한 또한 가지는 귀환한 놀이가치의 정착이다. '추방에서 환대로, 환대에서 정착으로'라는 새로운 패러다임을 통해 급격히 쇠락의 길로 들어선 한국의 놀이터와 놀 권리 출구 찾기 전략을 치열하게 고민하고 실천할 때다. 아이들이 가려진 장막을 걷어치우고 '자유놀이와 상상놀이'를 발견하고 몸에 담을 수 있는 '환경', 그곳을 '놀이터'라고 부를 수 있는 날이 오기를 간절히 희망한다. 놀이터가 숨이 멎기 전에.

셋. '놀이격차'를 근본적으로 해소하라!

관계부처 합동으로 '포용국가 아동정책 10대 핵심과제'가 발표되었다. 핵심은 아동보호, 인권 및 참여, 건강, 놀이다. 반가운 마음으로 꼼꼼히 살펴보았다. 놀이와 관련된 항목은 9와 10에 건강은 7과 8에 각각 할애되었다.

9는 '아동이 마음껏 뛰어놀 수 있는 지역사회'인데 순천시 기적의놀이터가 대표적 사례로 언급되어 반가웠다. 순천시 기적의놀이터를 따라 하지 말고 참고하여 어린이와 지역의 요구에 충실한 개성 있는 놀이환경이 여러 지역에 늘어나기를 바란다. 반가운 것은 생활 SOC, 도시재생 등 지역에서 다양한 길을 모색할 수 있는 향후 계획이 있다는 점이다.

10은 '놀이를 통해 잠재력을 키우는 학교'인데 학교 놀이환경 재구성을 위해 향후 5년간 1,250학교에 5천억 규모의 예산을 집행

할 계획을 담고 있다. 총괄을 맡고 있는 서울시 교육청에서 3년째 진행하고 있는 '꿈을 담은 놀이터'가 참고가 될 수 있다. 그러나 새로 만들어진 국가의 놀이 예산은 가난한 아이들의 '놀이격차'를 해소하는 데 1차적으로 쓰여야 한다. 7은 '생애 초기부터 촘촘하게 돌보는 아동건강'인데 시흥시 보건소 건강도시과와 오래전부터 실천해 온 'PLAYSTART' 운동과 유아전용 공공형 실내놀이터 '숨쉬는놀이터' 그리고 영아 '플레이 꾸러미' 사업이 참고할 만하다. 사실 건강, 보건, 놀이는 같은 말이다.

가장 눈에 띄는 것은 두 가지다. 하나는 내가 10년 가까이 교육부, 행안부, 보건복지부, 여성가족부, 국토부, 문체부 정책 입안 관련 분들을 만날 때마다 차분히 설명하고 지속적으로 전해 왔던 국가 단위의 놀이정책기구가 계획에 담겼다는 점이다. 이름도 구체적으로 제시되었는데 '놀이혁신위원회'다. 다행인 것은 서울 중심에서 벗어나 '지역'을 발견한 것이다.

이 위원회가 앞으로 철학과 방향과 지속성을 잘 정립해서 대한민국 어린이의 삶에 큰 역할을 하길 바란다. 구조화되고 기획되고 프로그램화된 '바우처 놀이'로 갈 것인지 비구조화되고 어린이의 자유의지에 뿌리를 둔 '자유놀이'와 놀이의 자기결정권을 존중하는 '놀이권'으로 나아갈 것인지 철학적·사상적으로 가늠할 수 있는 위원회로 자리매김하길 바란다. 앞서 무망하게 끝났던 숱한 '놀권리' 허명과 선언과 행사와 말잔치를 넘어, 변화와 실천에 기반한,

어린이와 했던 약속을 지키는, '말하는 기구'가 아닌 '실행기구'가 되기를 희망한다. 우리는 말이 앞서는 코치가 아닌, 놀이를 배급하듯 나눠 주는 시혜 방식이 아닌, 어린이 가까이서 그들의 플레이그라운드를 알뜰히 가꿀 실천과 운동이 필요하다. 아이들 사이의 '놀이형평성'이 한없이 무너지고 있고 '놀이격차'는 '빈부격차'보다 더 크게 벌어지는 모습을 보는 것은 나의 오랜 고통이고 웅어리다.

날이 저물고 있다.

놀이터가 없어도

앞선 시기가 '놀이결핍의 시대'였다면 최근 '놀이상실의 시대'가 막을 열었다. 학생은 공부, 어른은 일로 굳어지고 있다. 놀이가 실종되어 가면서 교육도 정처 없다. 흔히 알아차리지 못하고 있지만, 놀이와 교육은 길항하는 관계가 아닌 상호의존적 관계다. 쉽게 말하자면 교육이라는 것은 무엇이 즐겁고 재미있고 기쁜지 알아가는 것이다. 그것이 놀이이니 교육과 무엇이 다르다 할까.

이러한 단순함도 복잡다단한 오늘날 한국 사회에서는 뿌리내리기 어렵다. 놀이결핍은커녕 놀이실종은커녕 놀 것들이 지천으로 널려 있다고 많은 사람이 의식적으로 육체적으로 실감하기 때문이다. 놀이가 소비되고 소모되는 시대다. 단 소비와 소모를 누리려면 전제조건이 있다. 반드시 돈이 있어야 하고 돈을 써야 한다. 어린이 놀이는 돈과 무관한 세계라는 내 놀이 철학의 근본이 많은 이들로부터 외면받고 있음을 안다.

닐 포스트먼의 『사라지는 어린이』라는 책으로 이야기를 시작하고 싶다. 이 책은 1982년 미국에서 출판되었고 우리나라에 출간된 것은 1987년이다. 무려 30년 전 책으로 놀이겹핍을 지나 놀이

상실의 한국 어린이들의 현실을 보는 데 부족함이 없다. 그의 혜안은 여전히 유효하다. 어린이 스포츠에 관해 이야기해 보자. 가까이는 학교 운동부가 운동장을 독점해 다른 많은 아이의 놀 권리를 심각하게 위협하고 있다. 운동부 어린이들의 놀 권리 또한 가차 없이 무시되면서 기량 향상에만 몰두한다는 비판도 잠시 접어두겠다. 어린이 놀이가 스포츠라는 그럴듯한 모양에 가려 값싼 과자 취급을 받고 있다. 34년 전 그의 말을 들어보자.

> 어린이들의 독자성에 대한 전통적인 승인이 급속하게 사라지고 있는 것이다. 우리가 여기서 가진 것은 경기란 그 자체를 위해서 행해지는 것이 아니라, 이름을 날린다거나 돈, 육체적 조절, 상승 동기, 국가적 자존심 등 외적 목표 때문에 행해진다는 관념의 표출이다. 어른들에게는 경기는 심각한 사업이다.

훈련이 놀이를 대신하고 있다. 놀이를 누려야 할 어린이들이 직업의 세계를 일찍이 만나는 셈이다. 놀기 위해서가 아니라 경기와 승리를 위해서 어떤 제지와 간섭과 강압도 받을 수 있다는 것을 한국의 많은 유소년 스포츠 단체에 속한 어린이들은 수용한다. 비극이다. 훈련 현장은 고성이 난무하고 경기에 임하는 모습은 강퍅하다. 어린이 모습은 찾기 어렵다. 만약 지기라도 한다면 그 상실감은 과하게 표현된다. 짧은 한국 스포츠의 역사를 돌아봐도 스포츠는 많은 루저를 만드는 데 공을 세웠다. 한 사람의 승자만이 웃기 때문이다. 어린이 스포츠는 특정 근육과 신체 발달을 촉진한다는 데에도 놀이와 다른 점이 크다. 놀이는 몸과 마음 전체를 조화롭게 성장시킨다는 것과 비교했을 때 더욱 그렇다.

다음은 조금 더 거슬러 올라가서 만나는 조금은 뜬금없는 책일지 모르겠다. 제인 제이콥스의 『미국 대도시의 죽음과 삶』이다. 이 책을 눈여겨보는 까닭은 도시와 함께 놀이터가 발명되었고 도로와 자동차로 인해 놀이와 아이가 쫓겨 다니는 상황이 강제되었다는 사려 깊은 생각이 담겨 있기 때문이다. 이런 상황을 가장 밀착된 시선으로 본 이가 제인 제이콥스다. 어린이 놀이가 정처 없이 떠돌게 된 까닭을 이만큼 꼼꼼하게 보여주는 책도 드물다. 어린이 놀이에 대한 따듯한 관심을 한껏 품은 채 말이다. 그 한 대목을 살펴보자. 아이를 키우는 것은 놀이터가 아니라 '골목과 거리'라는 그녀의 생각을 듣는 순간의 희열을 지금도 잊지 못한다.

> 계획가들은 흔히 하는 놀이에서 아이들을 키우는 데 얼마나 많은 어른들이 필요한지 깨닫지 못하는 듯싶다. 또 장소와 설비가 아이들을 키우는 게 아님을 이해하지 못하는 것 같다. 장소와 설비는 유용한 부속물일 수 있지만, 오지 사람만이 아이들을 키우고 문명사회에 동화시킬 수 있다.

제인 제이콥스의 말대로 최고의 놀이와 놀이터는 친구이고 부모이고 이웃이고 거리다. 어찌 보면 아이들의 놀이실종은 친구와 부모와 이웃과 거리의 실종일 수 있다. 달리 말한다면 만약 놀이 결핍과 놀이실종을 줄일 길을 찾는다면 그것은 놀이도구나 기구 장난감 또는 기기가 아니라 관계와 친구와 거리라는 자명한 결론에 다다른다.

다음으로 보았으면 좋을 책은 에드 메이오와 애그니스 네언이 2009년 함께 쓴 『컨슈머 키드』다. 나 또한 오랫동안 소비와 아이들 놀이와의 상관관계에 주목해 왔다. 이 책은 그런 비슷한 주제를 짐작이나 직관이 아니라 구체적인 자료를 통해 적나라하게 보여준다. 다시 말해 어린이들의 놀이결핍이나 놀이실종이 세월이 바뀌면서 자연스럽게 변한 것이 아니라 철저한 기업의 마케팅 승리의 최종 결과물이라는 것이다. 그들은 때로는 놀이실종과 결핍을 유도하고 때로는 그것에 유인된 어린이에게 놀이 대용품을 만들어 그들이 지나다니는 골목에 배치하는 일을 해왔다. 한번 문 먹잇감을 결코 놓지 않는 지구력을 발휘해 마침내 어린이들을 집어삼키며 놀이상실의 시대를 즐긴다.

마지막으로 볼 책은 『놀이터 생각』이다. 유럽에서 40년간 1만 5천여 개의 놀이터를 직접 혹은 간접적으로 설계에 참여한 놀이터 디자이너 귄터 벨치히의 책이다. 이 책을 놀이터를 만드는 매뉴얼이 담긴 것으로 알고 그렇게 보는 경우가 있는데 그렇지 않다. 이 책은 어린이와 놀이와 놀이터에 대한 철학을 오롯이 담은 기념비적인 저작이라 해야 옳다. 귄터 벨치히는 놀이를 이렇게 짧게 정의한다.

**재미없는 놀이는 일이고
재미있는 일은 놀이입니다!**

놀이가 무엇인지 아주 간결하게 말한다. 그러나 귄터 벨치히가 이런 명제를 만들어 내기까지의 과정은 길었고 장애 또한 많았다. 스스로 어렸을 때 과잉행동이 있어 학교에 다니는 데 어려움을 겪었고 놀이와 놀이터를 가르치는 학과도 있지 않아 스스로 공부했다. 이런 세월을 보내면서 귄터 벨치히는 과잉행동을 스스로 극복하는 데에도 자신의 어린 시절 놀이가 너무나 절대적인 영향을 주었음을 깨우쳤다. 아울러 아이들이 원하는 놀이터를 만드는 끊임없는 도전과 실패의 과정에서 어린이와 놀이 그리고 놀이터에 대한 철학을 마련했다. 그는 아이들이 놀이터에 와서 도전하고 실패하기를 함께 소망했다. 그러한 생각을 고스란히 담은 책이 바로 『놀이터 생각』이다. 이 책은 전혀 어렵지 않다. 거의 그림책에 가깝기 때문이다. 이런 형식의 책은 매우 드물다고 생각한다. 놀이와 놀이터에 대한 생각과 철학을 그림으로 풀어 가는 솜씨가 참 남다르다. 더욱 놀라운 것은 이 책 전체를 흐르고 있는 결론이다. 귄터 벨치히는 이렇게 이야기한다.

놀이터는 필요 없다.

놀이터에 대한 이야기를 내내 하다가 이렇게 결론을 내리면 읽는 독자는 어떤 생각을 하게 될까? 아이들에게는 이 세상 모두가 놀이터여야 한다는 말이다. 귄터 벨치히는 나아가 이렇게 이야기한다. "나는 아직 좋은 놀이터가 무엇인지도 그런 놀이터를 만들지도 못했다"라고. 다만 그가 하는 일은 놀이터가 만들어지면 그곳에 거듭 가서 아이들이 놀이터에서 어떻게 노는지 볼 뿐이라고 한다. 내가 그로부터 배운 것은 겸손이다. 놀이결핍을 지나 놀이상실의 상황을 맞이하고 놀이망각과 놀이탈취 상태에 접어든 우리 시대 아이들을 손 놓고 지켜보는 일은 참 쉽지 않은 일이다. 어떻게 이 난제를 풀 것인가.

아이들은 오늘도 말을 듣지 않고, 경계를 넘고, 불편한 것을 선택하고, 관리를 용인하지 않고, 균질하지 않은 대지로 뛰쳐나가고, 위험을 무릅쓰고 감행한다. 그런 아이가 지금 분명히 존재한다. 이 아이들을 어떻게 헤아리고 사랑할 것인가.

놀이길 3
아이들이 놀고 싶어 곧 죽겠다는 것을 알아차려야 할 때

몸을 비비꼬고 비틀 때

앉았다 일어났다 할 때

돌아다닐 때

딴청을 부릴 때

창 너머 먼 곳을 볼 때

밖과 닿아 있는 창문을 자꾸 바라볼 때

하품을 할 때

짜증을 부릴 때

말을 안 들을 때

혼자 떠들 때

함께 떠들 때

투정 부릴 때

던질 때

망가뜨릴 때

옆 친구를 툭툭 칠 때

위험하고 거친 행동을 할 때

말없이 주위를 맴돌 때

싸울 때

소리 지를 때

울 때

이때는 온몸으로 밖에 나가 놀고 싶다는 아이의 간절한 호소이니 번개처럼 알아차리고 행동해야 한다. 부디 외면하지 말자. 이런 상황과 맞닥뜨리면 당장 하던 일을 멈추고 놀이를 허용해야 한다. 아이들은 시간이 없어서 장소가 없어서 친구가 없어서 놀지 못하는 것이 아니라 '허용'이 없어 놀지 못한다. 부디 더 허용해야 아이도 어른도 살 수 있다. 어제보다 오늘, 오늘보다 내일 조금 더 허용해야 한다. 그래야 아이들이 자란다.

4

놀이는 아이 안에 있다

"놀이 앞에서 어린이는 평등한가?"

거친 몸싸움 놀이를 권하며

놀면서 숱하게 지고 이기고, 죽고 다시 살아나는 것을 경험하지 않은 아이들이 세상에 나가 무언가에 좌절했을 때, 아이들은 어떻게 그것을 넘어설 수 있을까? 놀이는 실패와 좌절을 넘어서는 수많은 상황과 만나게 해주고 그것을 넘어설 수 있는 회복의 힘을 길러 준다고 앞서 말했다. 어떤 놀이든지 놀이가 몸에 푹 익기 전까지 미숙하고 자주 실패하기 마련이다. 그렇지만 자꾸 해보고 부딪히다 보면 언젠가는 되기도 하고 살기도 한다. 놀이는 이런 과정과 경험을 즐겁게 되풀이하게 한다. 이런 놀이 속에서 아이들은 어려운 일을 만났을 때 앞으로 힘껏 헤쳐 나아갈 수 있는 삶의 기술을 익힌다. 잘 걸으려면 많이 넘어져 봐야 한다.

이처럼 놀면서 몸으로 익힌 용기와 긍정의 힘은 놀이 바깥 세계에서 살아 움직인다. 어려움 속에서 행복을 찾아가는 힘도 여기에서 길러진다. 놀이는 행복을 미래가 아닌 지금 만나게 하기 때문이다. 놀면서 자유와 해방을 만나 그 속에서 행복을 몸으로 느낀 아이라야 실패와 좌절에 무릎 꿇지 않는 회복력과 탄력을 기를 수 있다. 행복을 찾아가려면 행복할 때 느낌이 무엇인지 알아야 한다. 이것이 놀이의 힘이다. 아이들에게 행복과 자유의 기억이 차고 넘치게 있어야 한다. 놀이는 모름지기 하고 싶을 때 하는 것이다. 가만두면 재미있을 것도 시켜서 하는 것이 되면 어느새 하기 싫은 일이 되어 버리기 때문이다. 시험 점수로는 앞으로 그 아이가 무엇을 좋아하고 잘할지 알기 어렵다. 아이의 노는 모습을 눈여겨보면 커서 무엇에 관심과 즐거움을 가지고 살지 조금은 알 수 있다. 만약 아이가 놀지 못한다면 우리는 영영 그것을 보기 어려울지도 모른다.

아이들 놀이에서 땅과 돌과 금을 빼면 이야기할 것이 반으로 준다. 여기에 덧붙인다면 실과 끈과 줄이 있다. 여기서 더 나아가면 보자기, 막대기, 상자, 동굴을 이야기할 수 있겠다. 땅에 돌을 가지고 금을 긋고 노는 놀이는 세상에 흔하디흔한 아이들 놀이다. 어디에나 땅은 있고 돌은 지천으로 굴러다닌다. 놀이의 가장 원초적인 것들이 여기서부터 시작되었음을 짐작할 수 있다.

땅이 있으니 돌을 가지고 금을 긋고, 금을 그어 금 이쪽과 저쪽을 갈라 살고 죽는 공간을 나누고, 그 중간에 산 것도 죽은 것도 아닌 넘나드는 공간을 만들면서 여러 형태의 금 놀이가 만들어졌다. 세계 보편적인 사방치기, 망차기, 망줍기 등등의 놀이가 모두 이런 원리에서 만들어졌다고 보면 크게 틀리지 않다. 돌은 또한 뭔가를 맞추는 놀이로 나아갔을 터인데 그게 구슬치기나 비석치기 같은 놀이다.

망이라 불리는 돌이 스스로 그어 놓은 금을 밟거나 넘어 죽음을 맞기도 한다. 그러나 놀이에서 죽음은 오래가지 않고 곧 살아난다. 이렇듯 놀다가 때로 죽기도 하고 살기도 하지만, 우리 실제 삶과 달리 놀이는 죽음과 삶이 오래가지 않는다. 놀이의 아름다움은 바로 이쯤에 놓인다. 죽음과 부활이야말로 놀이의 가장 큰 매혹이다. 이 둘을 자주 왔다갔다 하면서 아이들은 '회복력과 탄력'을 몸에 담는다. 만약 놀지 않으면 회복력과 탄력의 힘이 부족할 수밖에 없다. 매우 걱정스러운 상황이다.

오늘 아이들은 거친 몸싸움 놀이 또한 즉각적으로 저지받기 일쑤여서 한참 부족하다. 가끔 몸싸움을 벌이면 어른들은 깜짝 놀라 뜯어 말리기 바쁘다. 아이들은 거친 몸싸움 놀이를 하면서 커야 하는데 일상 속에서 자주 저지당하고 억압받는다. 거칠고 억센 부딪침을 통해 어디까지가 몸으로 동무를 밀쳐도 다치지 않는 놀이의 영역인지 아이들 스스로 배울 기회를 처음부터 막아 관계 단절이 생기기도 한다.

놀다가 숱하게 져도 보고 죽어도 봐야 한다. 악다구니를 끝까지 써보기도 하고 제힘이 얼마 정도인지 한껏 써볼 수 있어야 한다. 이런 것 저런 것을 다 못하게 막기만 하면 아이들은 몸 안에 힘을 쌓아 놓을 수밖에 없다. 쌓아 놓은 힘이 임계치를 넘으면 밖으로 터지는 것은 자연스럽다. 거친 몸싸움이야말로 아이들한테 꼭 필요하고 여러 어려운 상황이지만 허용해야 할 중요한 놀이다.

기다리면서 가까이 지켜보면 아이들의 거친 몸싸움 놀이라는 것이 어떤 선을 넘고 있지 않음이 보일 것이다. 거친 몸싸움 놀이를 지금보다 좀 더 넉넉히 허용했을 때다. 무기력과 좌절에서 벗어나 어떻게 회복력과 탄력을 몸과 마음에 담을 것인지 거친 몸싸움 놀이에서 그 실마리를 만나길 바란다. 아이들끼리 깐죽거리고 티격태격하는 것을 너그러운 마음으로 볼 수 있어야 한다.

놀며 삼매에 들다

'깍두기'라는 말이 있다. '왔다리갔다리'라고도 한다. 이쪽과 저쪽으로 나누어 겨루는 놀이를 할 때, 어리거나 몸이 약한 아이를 깍두기로 뽑아 놀이 속에 끼워 주는 관심과 배려의 철학이 오롯이 녹아 있는 말이다. 따지고 보면 이 깍두기는 아직 놀이에 어설픈 아이들이 바로 놀이 속으로 들어왔을 때 겪을 수 있는 실패와 좌절을 줄여 주는 완충 역할을 훌륭히 했다.

이런 관심과 배려 속에서 깍두기를 하면서 이제 갓 놀이를 시작한 아이는 노는 솜씨를 조금씩 가다듬는다. 그러다가 시간이 좀 흐르면 어느새 이편이나 저편에 서서 당당한 한 명의 놀이꾼이 된다. 이렇듯 놀이 속에서 여러 빛깔의 감정을 만나고 조절하며 길러진 힘을 놀이 밖 현실 속에서 풀어 갈 힘이 얼마 전 아이들에게는 있었다.

'깍두기'는 요즘으로 치면 약자에 대한 배려이고 관용이며 나아가 모두가 평등한 출발에 서기까지 기다려 주는 사려 깊은 마음 씀씀이다. 아이들은 놀이 속에서 처음에는 안 되던 것도 시간이 지나면 되는 남다른 경험을 한다. 생각해 보라. 우리 아이들이 앞으로 넘어야 할 경계와 시험 앞에서의 좌절을 말이다. 도대체 무엇으로 이것을 넘어서는 '용기'를 낼 수 있겠는가. 넘어져도 다시 일어나 툭툭 털고 다시 자기 길을 걸어갈 수 있는 이 힘을 어디서 기를 수 있단 말인가. 나는 놀이밖에 없다고 생각한다.

돌이켜 보면 우리가 어려서 했던 놀이 가운데 자기 혼자 잘한다고 뽐내는 그런 놀이가 적었다. 왜 없었을까. 혼자 앞서가면 재미가 없기 때문이다. 재미가 없는데 그게 놀이가 될 리 없다. 놀다 보면 다툼이 생긴다. 다퉈 봐야 동무도 알고 나도 안다. 그러나 그 다툼을 해결해 줄 권위를 놀이 속에서 누구도 가지고 있지 않다. 그래서 놀이는 경기나 게임과 달리 심판이 없다. 그렇지만 놀다가 생기는 이런저런 갈등과 다툼이 놀지 못하는 상황으로까지 치닫는 일은 드물다. 못 놀면 모두가 다 심심하기 때문이다. 놀이는 이처럼 스스로를 돌보고 관리하는 능력이 있다.

살다 보면 큰 난관에 가로막힐 때가 있다. 그러다가 정말 무너질 때도 있다. 쌓아 두었던 삶의 부정적 찌꺼기와 쓰레기가 우리를 한꺼번에 짓누를 때다. 이러한 것들에 영혼이 깔릴 때 사람은 크게 상한다. 괜찮은 방편 가운데 하나가 이러저러한 찌꺼기와 쓰레기가 쌓일 때마다 그때그때 조용히 앉아 꾸준히 치우는 일이다. 골방에 들어앉아 조용히 빌거나 기도하며 쓰레기와 찌꺼기를 조금씩 치우는 거다. 그렇다면 아이들은 삶의 찌꺼기와 쓰레기가 없을까? 있다. 오늘날 어른과 다를 바 없을 정도의 찌꺼기와 쓰레기가 아이들의 영혼을 어지럽히고 짓누르고 있다. 그렇다면 아이들은 어떻게 이러한 것들을 치울까?

공기놀이 하면 가장 먼저 떠오르는 모습이 엄마가 불러도 못 듣고 놀이에 푹 빠진 동네 누나들 모습이다. 공기놀이에 빠져들면서 누나들은 점점 정신 줄을 놓아 간다. 엄마가 불러도 소리 질러도 못 듣고 있다가 뛰쳐나온 엄마한테 옷자락을 잡히고 나서야 그때 비로소 깨어난다. 다시 생각해 봐도 일부러 못 들은 척한 게 아니라 정말 못 들은 것이 틀림없다. 끝내 달려 나온 엄마 손에 끌려가는 누나는 저 멀리 펼쳐 놓은 공깃돌에서 눈을 떼지 못했다. 손은 또 어떤가. 하도 땅을 쓸어 땅바닥에 닿던 손날에는 피가 맺혀 있었다. 하! 우리는 이렇게 놀았다.

공기놀이에 빠지다 보면 어느새 공기놀이의 재미를 지나 깊은 평화로움과 만나기도 한다. 공기놀이에 몰입된 아이들을 보면 마치 깊은 명상 속 삼매에 빠진 듯이 보이는 것은 이 때문이다. 옆에 무슨 일이 일어나도 돌아보지 않는다. 생각해 보라. 기도하고 묵상하고 참선을 하고 있을 때, 말을 걸고 소리를 질러도 들리지 않는다면 그 사람은 삼매에 들었다고 해야 하지 않겠는가. 아이들은 놀 때 삼매에 든다. 아이들이 놀면서 삼매에 드는 것을 훼방하지 말아야 한다.

바로 이때 아이들은 두려움과 걱정의 찌꺼기를 태운다. 그리고 놀이가 끝났을 때 아이는 놀이 이전의 아이와 아주 다른 존재로 태어난다. 자, 어떻게 놀지 않고 아이들의 영혼이 날마다 푸를 수 있겠는가. 하루를 잘 논 아이는 짜증을 내지 않는다. 10년을 잘 논 아이는 마음이 건강하다. 묵상이나 명상을 할 때 어른들이 가장 편하게 쉬듯이 놀이를 할 때 아이들은 가장 푹 쉰다. 아이들은 놀면서 쉰다. 아이들이 만약 몸과 마음이 지쳐 있다면 그것은 놀지 않거나 놀지 못해서라고 해도 좋다. 아이들은 명상이 명상이 아니라 놀이가 명상이다.

아이들에게 맞지도 않는 억지 명상을 시키지 말고 아이들을 놀게 하라. 다시 말해 아이들에게 놀이는 기도요 묵상이요 참선이요 삼매에 드는 통로라는 말이다. 어른들은 놀면서 하는 아이들의 기도를 묵상을 참선을 방해하지 말자. 그래서 노는 아이는 이미 천국에 가 있는 셈이다. 「마태복음」 18장 3절에 나오는 "진실로 너희에게 이르노니 너희가 돌이켜 어린아이들과 같이 되지 아니하면, 결단코 천국에 들어가지 못하리라"는 말씀은 어른들은 아이들의 놀이로부터 배워 마음과 몸의 평화를 찾으라는 뜻으로 새롭게 읽혀야 하리라. 아이들이 즐겁게 웃으며 놀 때 그곳이 바로 천국이고 정토인 셈이다. 그래서 놀이는 신의 은총과 다름없다.

그래서 논다는 것은 수행의 가장 높은 단계와 닿아 있다. 부처도 '유희삼매(遊戱三昧)'라는 말을 했다. 즐겁게 노는 자유로운 마음이 신과 하나 되게 해준다. 나를 비끄러매고 있는 이런저런 것들에서 벗어나는 것이 자유라면 그 자유는 상상이나 놀이와 같은 말이다. 상상할 수 없는 상태, 그것이 억압이고 질곡이고 죽음이다. 그러니까 자유니 상상이니 깨달음이니 놀이니 하는 것은 결국 같은 말이다. 다시 말해 놀아야 삼매에 들 수 있다는 말이다. 공기놀이에 빠져 엄마가 부르는 소리도 듣지 못하던 동네 누나들이야말로 그 순간 삼매에 들었음을 나는 확신한다.

더워도 밖에서 추워도 밖에서

이렇게 규측적으로 철측을실행시키느랴고 애쓰는이보다 차라리 적극적방침으로는 보통학교정도아이는 문밖에서 정신없이잘놀게하는것이 조타고 생각합니다. 건강이 첫째라고 생각한다면방속에 너허두고 이것도마라 저것도마라하는 억지로맨드는 주의를 그만두고 건강을보전하는데 여러가지로 노력을하지아니하면 안될것입니다……. 사내들은 연띠는것도조코 게집애들은 따뜻한 뜰에서 소곱질이나뜀질도조코 공작난도조코무엇이나조흐니 공긔가 조흔곳을 택해서 충분히 놀도록 하는것이좃습니다……. 밖에서 잘놀고 운동을 만히하면 여간 좀 먹는대도 잘 소화를하게 될것이오 또 만히 놀앗으니고단해서 밤에 앉어 잇으려도 어려울 만큼 졸려서 일즉이 잘것입니다……. 대체로가 사내아이들이 칩다구방속에만 들어앉엇으면 보잘것없는 사내오 제아무리 어쩐대도 신통치못한 학생입니다.

「한달이나되는방학에 아이들지도법 만히먹고만히놀도록하십시오 어머니께드리는말슴」

— 1937년 12월 25일 『동아일보』

이 기사가 나온 지 40여 년쯤 흘렀을 때, 나는 곧 철거될 산동네에서 놀고 있었다. 그전 아이들과 별로 다를 게 없이 말이다. 우리 동네 아이들은 놀았고 어른들은 노는 아이들을 그러려니 했다. 내가 살던 산동네는 물이 안 나와 지게를 지고 아랫동네까지 가서 물을 길어다 먹었고, 한번 불이 났다 하면 어느새 옆집 뒷집으로 불이 옮겨 붙어 한 동네가 홀라당 다 타버리는 허름한 집이 다닥다닥 붙은 그런 곳이었다. 더러 연탄가스를 마셔 학교에 못 오는 동무들도 있었다. 아버지는 채석장에 돌 깨러 가시고 어머니는 남의 집 일을 가셨다. 학교 갔다가 집에 오면 동생만 나를 기다리고 있었다. 우리 동네 사는 아이들이 거의 비슷한 처지였다. 그때 썼던 시 한 편이 아직 남아 있다.

우리 집은 네 식구
엄마, 아빠, 나, 여동생
엄마는 파출부 가고
아빠는 돌 깨러 가고
나는 학교 가고
동생은 집에서 놉니다
학교 끝나면 빨리 집에 갑니다

우리는 놀았다. 우리끼리 놀았다. 잘 놀았다. 온종일 놀았다. 더워도 추워도 놀았다. 꼭 밖에서 놀았다. 어려서는 할머니 할아버지 무릎이 놀이터였고 조금 커서는 온 산동네가 우리들의 놀이터였다. 멀리 야산에 가서도 놀았고 까마득히 높은 축대에서 뛰어내리는 위험한 모험도 겁 없이 감행했다. 그러나 오래 앓는 아이가 적었다. 그때도 부모님은 오늘을 사는 부모들처럼 바빴고, 이웃을 둘러보면 아줌마 아저씨들이 사니 못 사니 싸움도 잦았다.

그렇지만 우리 동네 아이들은 자기 엄마 아빠의 어려움과 고민에 사로잡힐 틈이 없었다. 우리는 틈만 나면 마당과 골목에 쏟아져 나오는 동무들과 누나 오빠 언니 형들과 어울려 놀기에도 시간이 턱없이 모자랐기 때문이다. 집에 오면 책가방을 마루에 던져 놓고 바로 밖으로 뛰어나갔다. 해가 지면 어머니 손에 잡혀 와 밥 먹고 저녁에 또 나가 놀다가 돌아와 코 골며 자기 바빴다. 우리 동네 '사당동' 아이들이 그랬다.

어렸을 때 엄마 아빠의 세계는 우리가 느끼기에 무척 작은 세계였다. 그리고 우리 세계는 너무나 컸다. 그 큰 세계는 바로 놀이로 채워졌다. 요즘 아이들은 어떤가. 마당과 골목과 동무를 잃어버려 놀이의 공간과 시간과 관계는 손톱만큼 작아졌고, 어려서부터 엄마 아빠의 집요한 간섭과 기획과 상품 광고와 연예 산업의 표적이 되어 자란다. 컴퓨터와 텔레비전에서 나오는 감당할 수 없는 빛과 소리의 공격에 아이들의 두뇌 속 후두엽과 측두엽은 너무나 많은 자극으로 빠르게 소진된다. 자연스러운 풍경과 사람의 목소리에는 오히려 반응을 보이지 않고 말이다. 자극적인 시각과 청각의 강렬함에서 벗어나려면 몸의 세계, 다시 말해 놀이의 세계와 앞서 만나야 한다.

게임은 전두엽에는 거의 자극을 주지 않아 되풀이할수록 치매 비슷한 상태에 빠진다. 또한 실제 현실 속 판단을 그때그때 하지 못하고 충동을 조절하지 못하는 일이 있을 수 있다. 이것은 분명 지나친 게임과 텔레비전 노출의 간접적 결과다. 아이들이 보는 빛과 듣는 소리가 무엇인가에 따라 심성과 신체에 영향을 주는 시절이다. 강렬한 빛과 소리와 순한 빛과 소리 사이에서 균형을 잡아 주는 것이 부모다. 어느새 아이들의 또래 세계는 게임과 소셜 미디어와 스크린이 차지해 버렸고 컴컴해지도록 아이들이 놀던 학교 운동장은 텅 비어 버렸다.

어느 날 산동네는 철거됐고, 우리 가족은 쫓겨났고, 사람들이 다닥다닥 붙어살던 산언덕은 불도저가 밀어 버려 평지가 되고 그곳에 아파트가 들어섰다. 놀이가 넘쳐 하루하루가 즐겁고 바빴던 내 어린 시절의 흔적은 이제 어디에도 찾을 수 없다. 뜬금없지만 그래서 나는 놀이운동을 애써 한다. 어려서 즐겁게 놀았던 유년의 기억이 어른이 된 나를 지금껏 밀어가는 바닥나지 않는 힘이기 때문이다. 나는 어릴 때 놀던 힘을 꺼내 오늘을 산다. 그런데 마음껏 놀지 못한 우리 아이들은 이 불확실의 세상을 무슨 힘으로 살아갈 수 있을까. 놀지 못해 마음마저 아프고 몸은 시들어 가는데 말이다.

오늘 우리 아이들의 놀이와 노래 문화를 둘러보면, 앞선 세대와 견줄 수 없을 만큼 많이 달라졌다. 그러나 자기들끼리 스스로 무언가를 만들어 놓고 노래했던 옛 아이들의 놀이와 노래는 오늘날 어떤 놀이나 노래와 견주어도 빛나는 아름다움이 있다. 연날리기를 아이들과 함께할 때, 태어나서 처음 연을 날리는 아이라 할지라도 옛날 아이들이 연을 만들어 날리던 그 재미와 즐거움에 빛과 같은 빠르기로 빠져든다. 바람이 당기는 그 연줄의 팽팽한 느낌을 어떤 게임이 감히 흉내 낼 수 있겠는가.

어떤 놀이보다 연날리기가 재미있음을 말해 주지 않아도 연을 날려 본 아이들은 몸으로 안다. 연날리기뿐 아니라 다른 놀이도 마찬가지다. 문제는 진짜 놀이를 아이들과 좀체 만나게 해주지 않는다는 것이다. 아이들은 언제나 그랬듯이 어떠한 놀이도 몸과 가슴으로 받아들일 준비가 되어 있는데 말이다. 아이들이 흙을 밟지 못하고 강과 갯벌과 숲에서 멀어져 자란다. 그리고 배운다는 것이 아직 무엇인지 알지 못하는 아이들에게 어른들은 너무 많은 것을 요구한다. 아이들에게 지식을 앞세우는 가르침은 살아 움직이고 바뀌는 세계와의 만남을 가로막는 장막일 뿐이다. 아이들은 자신과 또래의 동무, 그리고 자연으로부터 배워야 한다.

시골에서 도시 아이들과 며칠 논 적이 있다. 아이들과 많은 놀이를 했고 노래도 불렀다. 끝나고 누군가 이번에 무엇이 가장 재미있었는지 물었나 보다. 아이들은 모두 나와 함께 푹푹 빠지는 논에 들어가 아이들 키만 한 벼들 사이를 헤치고 논 끝까지 갔다 온 것이 가장 재미있었다고 했다. 아이들은 이렇듯 몸으로 느끼고 깨우친다.

또 어느 해인가는 마음이 힘든 아이들과 우연히 맞닥뜨려 놀았던 적이 있었다. 처음 만났을 때는 이 아이들하고 어떤 놀이를 해야 할지 떠오르는 것이 없어 속이 새까맣게 탔다. 함께 온 엄마들은 내가 노는 일 하니까 어떻게라도 함께 놀 거라 믿었다. 그런데 아이들은 "얘들아!" 불러도 저 멀리서 다 따로따로 먼 산만 바라보니 이 일을 어찌하나 망막했다. 그런데 이 아이들이 두서너 시간 뒤에 얼굴이 다리미로 쫙 편 듯이 웃음으로 가득 차 집으로 엄마 손을 잡고 돌아갔다. 무엇을 어떻게 하고 놀았기에 이런 일이 생겼을까. 물이었다.

나는 이런저런 이름이 붙은 놀이들을 먼저 머릿속에서 지웠다. 그리고 뿔뿔이 흩어져 있는 아이들을 둘러보았더니 그 가운데 한 아이가 혼자 큰 물통 가까이서 물을 튕기고 있는 것이 보였다. 다가가 그 아이에게 물을 튕겼다. 그렇게 한 아이와 몇 방울 물 튕기는 장난으로 시작한 것이 나중에는 물싸움으로 번지고 마침내 둘레가 온통 물바다가 되어서야 끝났다.

그 집이 마침 수목원 관사였는데, 소방차에나 달려 있을 법한

굵기의 물 호스가 연결된 커다란 펌프 꼭지를 틀어 쏘고 피하고 세숫대야에 퍼 담아 뒤집어씌우며 두세 시간 가까이 아이들과 물범벅이 되어 놀았다. 참 신기하게도 물을 보자 구석에 있던 아이들이 하나씩 둘씩 물 가까이 오더니 놀이에 뛰어들었다. 그리고 잦아 있던 몸짓과 표정과 목소리가 조금씩 살아나는 것을 나는 느꼈다. 아이들 하나하나가 그날 맞은 물의 양은 엄청났다. 짤순이로 아이들 옷을 하나하나 짜주면서 나는 좋아서 눈물을 짰다.

실내에서 하는 이런저런 얄궂은 칠교니 산가지니 하는 깨작깨작하는 놀이를 내던지고 우비에 장화를 신고 물, 불, 바람, 흙 속에서 아이들은 세상과 만나야 한다. 진정한 놀이는 아이들이 아주 오랜 옛날부터 있었던 것들과 있는 그대로 마주하는 것에서 시작해야 한다. 예를 들어 추위, 더위, 비바람, 집 밖에서 하룻밤 보내기, 밤길 걷기, 비 맞기, 눈구덩이에 구르기 등등의 것들이 아이들이 더할 나위 없이 좋아하는 놀이다.

나는 안다. 이런 것들 속에 아이들이 가장 만나고 싶고 놀고 싶어 하는 재미와 즐거움과 발견이 가득 숨어 있다는 것을……. 이렇게 놀아 본 아이라야 행복을 찾아 나설 힘이 있다는 것을……. 다른 나라 속담에 이런 것이 있다. "아이들이 놀기에 좋지 않은 날은 없다." 참 맞는 말이다. 우리가 아이들에게 무언가를 할 수 있고 해야 한다면 그것은 아이들에게 바깥을 발견할 수 있는 기회를 한껏 제공하고 그것을 아이가 통제할 수 있도록 허용하는 것이리라. 놀이가 치유인 까닭이 여기에 있다.

자본에 가장 극렬하게 저항하는 길

한 모임에서 놀이와 오락 또는 게임의 차이가 무엇인지 여러 생각을 가다듬어 달라는 부탁을 받았다. 놀이와 오락이나 게임이 다른 점이 무엇인지 여러 삶 속에서 느꼈던 나름의 생각들이 정리되어 있었다. 먼저 놀이와 오락과 게임을 나누어 이야기를 시작하는 것이 좋겠다.

> 아이에게 놀이, 오락의 차이를 말해 보라고 했더니 놀이는 '아이들이 스스로 규칙, 방법을 정해서 하는 거'라고 하고요. 오락은 게임이라는 말이 나오기 전에 썼던 말이랍니다. 오락이라는 말이 아이들에게는 좀 낯선 듯하고……. (맹목)

많은 분이 올려 주신 글들이 오히려 놀이에 대한 내 생각을 가다듬는 데 좋은 기회를 준 것 같아 벅찬 마음으로 글을 읽었다. 조금 흥분도 하면서 말이다. 먼저, 내게는 놀이와 게임을 가려낼 수 있는 대단한 식견이나 자격이 있지 않다는 점을 밝혀야겠다. 다만, 놀이와 게임의 도드라진 점이 있다면 살피고 우리 아이들이

(어른 함께) 놀이와 게임을 고르게 만났으면 하는 바람으로 다가서 본다. 솔직히 말해 아이들이 놀이와 게임을 균형 있게 만나지 못해 걱정하고 있던 참이다.

올려 주신 분들의 글을 두루 읽었다. 쉽고 정곡을 찌르는 탁견들이 많았고 도드라지게 인상 깊었던 글도 여럿 있었다. 멍석 깔아 놓으면 한 가락 하시며 노실 분들이 많았다. 그분들 글에 내 생각을 조금 보태면서 이야기를 해볼까 한다. 한 분의 말씀처럼 놀이는 보는 것이 아니라 하는 것이다. 또 한 분의 말씀처럼 놀이는 할수록 마음이 풍요로워지지만, 게임은 할수록 허기가 진다. 옳은 말씀이다. 역시 몸소 겪은 일을 올린 글에 무릎을 쳤다.

> 우스개로 무궁화꽃이 피었습니다는 어른들은 못한다고 하지요. 왜냐하면, 술래가 움직였다고 하거나 어 너 이빨 보였어(우리 동네에선 눈을 깜박이는 건 봐줬습니다.) 하면 꼼짝없이 술래 뒤에 가서 손가락 걸어야 합니다. 하지만 어른들은 내가 언제, 증거 대봐, 이렇게 나오니 놀이가 될 수가 없지요. 뭐 가끔 안 움직였다고 우기는 어린 동무들이 있긴 하지만, 이내 다른 참여자들에 의해(말 없이 그저 빨리 술래의 '무궁화꽃'을 듣고 싶다는, 즉 놀자는 표정 하나만으로도) 이내 제압됩니다. (아유해피)

이 놀이에는 심판이 없다. 그래서 당연히 다툼이 있다. 누가 반칙 하나 안 하나 지켜보고 있다가 호루라기를 불며 뛰어나오는 심판이 없으니 말이다. 그렇다고 엉망이 될까. 그렇지 않다. 안 죽었다고 우기는 아이가 있지만, 내일 아침까지 울고불고 떼를 쓸 필요까지 없다. 죽었어도 다음 판에 조금만 기다리면 곧 살아날 수 있는데 뭐 하러 그러겠는가.

놀이는 죽음과 부활의 현실 속 경험을 아이들에게 준다. 금을 밟고 죽는 순간의 아득함과 잠시 뒤 살아났을 때의 환희, 이 둘의 오고 감이야말로 놀이가 우리에게 주는 가장 황홀한 세계다. 놀이의 재미를 아는 아이들은 간발의 차이로 겪는 생사의 갈림길에서도 넉넉한 아량으로 "그래, 나 죽었다" 하고 받아넘길 줄 안다. 아! 어른들은 언제나 좀 어렵다. 좀 길게 따진다. 그러다가는 세월이 다 간다. 어서 재미있게 놀자는 표정을 짓고 있는데 계속 따지면 곤란하다. 그런 어른을 다음 놀이판에 다시 끼워 줄지 모르겠다.

> 아들이 만화책을 보면서 키득거리고 있다. 지나가는 어머니 왈 "놀고 있네!"
> 여기서 "오락하고 있네!" 하면 이상하잖아요?
> 오락기라고 불리는 기계를 잡고 아들이 놀고 있다. 어머니 왈 "오락 그만하고 숙제해!"
> 여기서 "놀이 그만하고 숙제해"라고 하면 이상하잖아요? (두루미)

"놀고 있네!" 좋은 말인데, 나쁜 데 더 자주 쓰는 말이 된 것 같다. 놀이와 게임이 어떻게 다른지 길게 따지지 않아도 모두 다 이미 잘 알고 있는 듯하다. 그런데 아이들이 밖에서 놀고 있어야 "야 이놈들아 그만 놀고 공부 좀 해라!"라고 동네가 떠나가게 소리 한 번 질러 볼 것이 아닌가. 반고흐님과 좁쌀한알님은 말을 어떻게 그렇게 재미나게 하시는지……. 아무렴! 땀 안 나는 놀이는 놀이가 아니지.

놀이 : '놀'고 나면 '이'게 재미구나 하고 (놀고 나면 땀이 나고)
오락 : '오'락하고 나면 '악'소리 나고 (오락하고 나면 땀이 안 나고)
(반고흐)

놀이 : 하고 나면 즐겁고 신이 나고 행복하고 친구들과 가까워지고 뿌듯한 것!
오락 : 돈 들고 맘 상하고 사람 망치고 인간관계 나빠지는 것!
(좁쌀한알)

여기서 잠깐, 놀이와 게임과 도박과 전쟁 이야기를 해볼까 한다. 오늘 아이들이 하는 게임은 이미 한 경계를 넘어선 지 오래다. 어느새 도박에 이르렀고 PC방은 전쟁터를 닮아 가고 있다. 도박으로 날 새는 사람들을 가까이서 본 적이 있다. 씻지도 않고 먹은 것을 치우지도 않는다. 온갖 악취와 담배 냄새가 뒤섞인 놀음판에서 살아 있는 것은 오로지 노름꾼들의 핏발 선 눈동자뿐이다. 노름꾼은 자신들에게 그런 냄새가 나는지 전혀 모른다. 노름은 사람을 이른바 무아지경으로 데려다 놓기 때문이다. 밥도 물도 잠도 필요 없다. 몇 날 며칠 노름을 해도 배고픈 줄 모른다. 그런데 요즘 이와 같은 노름꾼 모습과 비슷한 어린이와 청소년을 더러 볼 수 있다.

놀이와 게임에는 약간의 규칙이 있다. 둘의 다른 점은 놀이는 놀면서 규칙을 새롭게 만들어 간다는 것이고 게임은 규칙의 단단함에 묶여 철저히 규칙의 노예가 된다는 점이다. 그러나 여기서 더 나아간 전쟁이라는 것은 지켜야 할 어떠한 규칙도 없는 상태를 말한다. 그래서 전쟁이 무서운 것이다. 오늘 아이들의 게임은 놀이를 넘어 게임과 도박을 지나 전쟁으로 치닫고 있다.

게임 안과 밖을 혼동하는 아이들로부터 게임 이외에는 아무것도 하지 않으려는 아이들, 밤잠 안 자고 뜬 눈으로 잔업을 하듯 게임 속 진지를 지키는 아이들, 그리고 컴퓨터 모니터 속에서 벌어지는 싸움의 패배를 받아들일 수 없어 상대방이 있는 PC방으로 찾아가 진짜 싸움을 벌이기도 한다. 또 한 분의 이야기를 들어 보자.

옛날 학교 다닐 때 가난한 친구들은 놀 거리는 많았지만, 오락거

리가 없었고요. 부잣집 친구들은 오락거리는 많았지만 놀 거리는 없었던 거 같아요. (반고호)

반고호님의 이야기는 평소 내 가슴을 아프게 하는 이야기와 닿아 있다. 지금은 완전히 뒤집혔기 때문이다. 요즘은 가난한 동네 아이들의 놀 거리가 오직 게임밖에 없다. 놀 거리가 없는 빈곤층 아이들은 놀이 영양결핍에 더욱 시달린다. 그러나 우리가 알듯이 20~30년 전만 해도 서울 변두리 산동네는 아이들 놀이의 천국이었고 동네마당에 아이들이 득실거렸고 철 따라 손수 만든 놀잇감들이 손에 쥐어 있었다. 그러나 오늘 도시 변두리 아이들의 놀이라는 것은 게임이 유일하다. 시간 대비 가장 비용이 저렴하기 때문이다.

놀이와 게임을 구분해 볼 수 있는 가장 쉬운 것은 돈이 드느냐 안 드느냐에 달렸다. 돈이 있어야 스포츠클럽에 가입해 몸도 만들고 음악회를 가서 마음도 살찌울 수 있는 세상에 우리는 살고 있다. 돈이 없으니 값싼 게임밖에 할 것이 없다. 가난한 아이들이 잘사는 아이들과 싸움도 쉽지 않다. 저소득층 아이들의 몸이 더욱 비만이거나 몹시 허약해져 있기 때문이다. 피눈물이 나는 현실이다. 그러나 옛날 아이들은 놀면서 그까짓 슬픔, 절망, 분노와 같은 감정들을 훌훌 풀어 던졌다. 있는 집, 없는 집 아이들도 적어도 놀이 속에서는 평등했다. 컴퓨터 게임은 하면 할수록 분노가 고스란히 마음속에 쌓인다. 우리 사회는 이런 아이들의 쌓인 분노를 어루만져 줄 여력이 부족하다. 진정 놀이가 살아나야 아이들도 살 수 있을 텐데 말이다.

> 놀이는 언제 어디서나 자기가 몰입해서 즐거움을 느낄 수 있고, 오락이란 여가 시간(남는 시간)에 일상에서 얻은 스트레스나 피곤을 해소하기 위해서 하는 것이 아닐까요. 그러니까 어떤 사람들에게는 일이 놀이일 수도 있고 공부가 놀이일 수도 있고 생활이 놀이일 수도 있지만(그 사람이 일과 공부와 생활에서 자기 스스로 즐거움과 만족을 느낀다면), 오락이란 일과 공부와 생활에서 즐거움을 느끼지 못하는 사람이 일부러 시간과 돈을 들여 찾는 대치물이 아닐까 생각합니다. (길 위에서)

옳은 말씀이다. 나 또한 같은 생각이다. '오락이라는 것, 여가라는 것, 게임이라는 것은 따지고 보면 볼수록 자본의 치졸한 발명품이라는 것이 명백해진다. 『뉴욕 열전』을 쓴 고소 이와사부로는 "스펙터클은 부르주아의 산물이지만 퍼포먼스는 민중의 것이다"라 했다. 나는 이렇게 바꾸어 말하고 싶다. "게임은 벤처 자본가들의 발명품이지만 놀이는 어린 민중의 것이다"라고 말이다. 중요한 것은 왜 자본이 이런 것을 만들어 냈을까 하는 점이다. 자본이라는 것이 일터라는 곳을 노동을 값싸게 파는 곳으로 바꾸어 버려 일하는 사람들이 힘들어 죽을 것 같으니까 가짜 놀이를 만들어 속이기 시작한 것에 '여가'의 뿌리가 있다. 그러니까 여가는 자본의 야심찬 발명품인 것이다.

아이들이 하는 게임도 이제 분명해졌다. 아이들이 놀아야 마땅한데 과도한 학습에 내몰리고 있어 이러다가는 아이들이 살지 못할 것 같으니 움직이지 말고 실내에 편안히 앉아 요것 갖고 잠깐 놀라며 어른들이 이런저런 가짜 놀이를 만들어 팔기 시작한 것이 게임의 출발이다. 아이들은 게임에 속고 어른들은 놀음과 여가에 속는다. 아이나 어른이나 놀이를 만나야 산다.

밤새워 놀 수는 있어도 밤새워 오락하다가는 쓰러질 것 같네요. 또한, 논다는 건 누가 가르쳐 주지 않아도 아이들 때부터 자연스레 하는 거지만 오락은 오락기계, 오락부장, 오락시간이 있어야만 가능합니다. (맹목)

나는 놀이와 노을을 잇는 just2kill님과 놀이가 추억이라는 상이님 말이 좋았다. 예수가 그토록 탄압을 받았던 것은 그가 낭만을 모르는 사람으로 온통 휩싸인 시대의 한복판에서 낭만을 부르짖었기 때문 아니었던가.

노을이 질 때까지 놀라는 뜻으로 노을이라는 말이 생겼다고 하

더군요(수십 년 전 국어선생님 주장). (just2kill)

놀이는 시간이 지났을 때 추억이 되는 것이고, 오락은 시간이 지났을 때 후회가 되는 것이 아닐까 생각해요. (상이)

자본과 싸우려면 잘 놀아야 한다. 이 싸움이 놀이가 될 때 우리는 자본을 이긴 것이나 다름없다. 자본에 가장 극렬하게 저항하는 것 또한 잘 노는 것이다. 돈 한 푼 들이지 않고 놀 줄 알아야 한다. 이런저런 장난감과 게임기, 스마트폰, 노래방 탬버린을 내려놓고 맨손으로 놀 수 있어야 한다. 두레로 농사짓던 옛날 농촌까지 거슬러 올라갈 것까지 없다. 얼마 전까지 우린 다 그렇게 놀았다. 자본에 빼앗긴 놀이와 낭만을 되찾아 오자. 그리고 아이들과 함께 그 속으로 즐겁게 걸어가자.

놀이는 내가 내켜서 한다.
놀이는 누구나 할 수 있다.
놀이는 아무 데서나 할 수 있다.
놀이는 무엇으로든 할 수 있다. (napper4)

놀이를 하는 시간은 micol73님 말씀처럼 자유를 누리고 아팠던 것을 치유하는 시간이다. 간교하고 잔혹한 자본의 세계와 가장 잘 맞서는 사람은 분명코 놀 줄 아는 사람이리라. 놀 줄 아는 어른이 아이를 놀게 할 수 있으리라. 기억하라. 노는 것을 잊어버린 아이거나 지금 놀 때가 아니라고 말하는 순간 우리은 이미 노예라는 것을······.

입으로 나지막하게 "놀자!"라고 해보자. 잠시 옛날로 돌아가 이웃집 동무 담장 아래나 대문 앞에서 친구나 누나 형 언니 오빠 이름을 앞에 넣어 "광식아 놀자!" "옥희 누나야 놀자!" 큰 소리로 불러 보자. 노는 마음이 새록새록 살아나는 것을 느끼리라. 이 마음으로 아이들을 대한다면 틀림없다. 어린 시절 들었던 말 가운데 나와서 함께 놀자는 말보다 놀아도 된다는 말보다 아름답고 가슴 떨리는 말을 나는 모른다. 연대의 즐거움을 나는 여기서 처음 만났으리라. "해문아 놀자!" 이 말만큼 나를 행복하게 했던 말도 없다. 전날 치고받고 싸웠던 사이라도 이 말 한마디면 다 녹아내렸다. 놀자는데 무슨 말이 필요 있겠나. 어렸을 땐 노는 게 남는 거다. 만약 아이도 놀고 우리도 논다면 그것은 자본을 향한 가장 급진적인 저항의 길에 들어선 것이리라.

아이를 풀어 줘야 우리도 풀려난다.
우리가 해방돼야 아이도 해방된다. (편해문)

'놀이밥' 한 그릇

1. 아이는 한가한 시간이 필요합니다.
2. 아이는 마음껏 뛰놀 수 있는 곳이 필요합니다.
3. 아이는 함께 놀 수 있는 동무가 있어야 합니다.
4. 놀 틈, 놀 터, 놀 동무가 있어도 허용하는 마음이 없으면 아이는 놀 수 없습니다.
5. 하루 두세 시간씩 '놀이밥'을 꼬박꼬박 먹습니다.

아이들 가까이 두고 실천하기를 바라며 다섯 가지 '놀이밥 한 그릇' 캠페인을 제안한다. 늘 아이들 가까이 두고 흔들리는 마음을 다잡았으면 한다. 놀이에서 응급조치는 통하지 않는다. 꾸준해야 한다. 아이들은 놀아야 자고 놀아야 먹는다. 그리고 아이들 문제는 어쨌든 놀아야 풀린다. 이게 정도다. 지금은 아이들에게 정성스레 따듯한 '놀이밥' 한 그릇을 고봉으로 담아 퍼줄 때다. 나아가 내가 밥솥에 지은 '놀이밥'을 이웃과 나누자. 놀이밥 세상을 만들기 위한 '놀이밥' 나눔 사상이다.

이제 '자유놀이'의 고향으로 돌아가자

하나. 유아교육의 떠나온 고향을 찾아서

여러 놀이이론이 있다. 우리는 놀이이론을 몰라 아이들과 제대로 놀지 못하는 것일까. 그렇지 않다. 아이들과 놀아 본 다음 여러 놀이이론을 살펴보면 놀이이론이라는 것이 아이들의 실제 놀이세계와 동떨어져 있음을 알게 된다. 많은 이론 속에서 내 앞에 있는 아이 하나 알기가 어렵다. 교육학 언저리를 떠돌고 있는 놀이이론이라는 것이 아이들에 대한 이해를 풍성하게 만들어 주지 못하고 방해하는 경우다. 유치원과 어린이집에서 마주치는 교사들과 유아교육학과에 다니는 학생과 만나면 그런 괴리가 크다는 걸 새삼 느낀다. 유아교육학과 졸업을 앞두고 현장 실습을 나간 학생 이야기를 들어보자.

> 이번 실습을 하면서 무엇보다 이론과 실제의 차이를 크게 느끼고 돌아왔다. 내가 놀이이론을 배우면서 특히나 현장에 꼭 적용해 봐야지 했던 것이 바로 '놀이 시 갈등 중재의 방법'이다. 원인을 제공한 아이와 피해를 받았다고 생각하는 아이 둘을 교사

양손에 감싸 안고 아이들의 감정을 읽어 주고 각자의 상황에 대해 서로 각각 이야기하게 했다. 고의적으로 친구를 속상하게 하지 않았다는 것을 알면서도 아이는 분을 참지 못했다. 이론대로라면 "친구가 일부러 그런 것이 아니구나. 이해해 줄 수 있겠니?"라고 하면, 아이는 "네" 하고 다른 아이는 "미안해" 하는 것이 나의 시나리오였다. 하지만 아이는 "싫어요. 그래도 속상해요. 화나요"라며 친구의 사과조차 받아 주지 않았다.

그러던 아이들이 나와 함께 놀며 바깥 놀이터를 쉴 새 없이 뛰어다녔더니 언제 그런 일이 있었느냐는 듯 신나게 웃으며 서로 잡으러 다니며 웃음과 기쁨을 나누었다. 나는 이것을 보고 '역시 아이들은 놀이로 소통하는구나!'라고 생각했다. 그렇다. 아이들은 각종 놀이이론에서 거창하게 이야기하는 '상위 의사소통 능력, 자아통제감, 자기중심적 사고, 인지발달' 이런 글자 몇 자로 된 논리적이고 합리적인 개념들에 들어맞는 수동적 존재가 아니라, 그들 속에 기쁨과 분노와 즐거움이 서로 섞여 존재하고 놀이를 통해 스스로 자신의 위기를 극복해 가는 살아 있는 존재다.

노래도 마찬가지다. 노래의 요소라고 불리는 리듬, 화성, 멜로디, 박자 등에 대해 정의를 알고 그 요소들을 분석하며 그 요소를 알게 하고 음감을 키우기 위한 노래 수업을 구상하였던 것과는 달리 실제 속의 아이들은 부르기에 좋고 쉽게 흥얼거릴 수 있는 노래들을 훨씬 좋아했다. 또한, 한 곡으로 이미 완전하게 만들어진 것이 아닌, 친구들과 함께 놀이처럼 만든 노래들을 부르고 그 가사에 자신들의 생각을 담으면서 언제 어디서나 노래를 부르는 모습이 훨씬 즐거워 보였다.

모든 것이 이미 교사의 계획과 진행, 평가로 이어져 체계적으로 구성해 나가야 함을 강조하는 이론과 달리 노래와 놀이는 전적으로 아이들의 것이다. 자리에 바르게 앉아 선생님의 반주에 맞추어 부르는 것이 아니라 자기 전에 밥 먹기 전에 바깥놀이를 하면서 등원하면서 등등 일상생활 전반에 걸쳐 부를 수 있는 노래가 진짜 아이들 노래다.

학교와 교사 양성과정에서 4년이나 3년, 때로는 1년 동안 놀이이론을 공부했지만, 현장에 가서 아이들과 놀 수 없고, 오히려 생각 속에 가물거리는 놀이이론이 아이들과 노는 데 걸림돌이 되고 있다면 이를 어찌해야 할까. 이렇듯 졸업을 앞둔 학생도 아는 놀이이론과 현장과의 큰 격차를 가르치는 사람들은 정말 모르는 걸까. 아니면 알고도 모른 척하는 걸까. 이렇듯 대한민국의 유아교육 속 놀이는 졸업을 앞둔 학생의 솔직한 이야기에 뿌리가 흔들릴 정도로 허약하다.

유아교육 현장에서 놀이를 얼마나 이론적으로만 교육하고 있는지 알수록 놀랍다. 흔히 '자유선택활동'이라고 이름 붙인 게 있다. 이름부터가 놀이와는 거리가 먼일을 벌이고 있음을 보여준다. 학생들이 쓴 글을 다시 한 번 읽어 보자.

> 특히 현재 유아교육계에서 자유놀이선택시간을 '유아교육의 꽃'이라고 부르지만, 실제 현장에서는 자유선택놀이시간을 충분히 주지 않는 경우가 많고, 흥미 영역별(수조작, 조형, 음률, 언어 등) 놀이 분류는 아이들의 놀이에 대한 흥미를 단순히 각 인지 영역의 하위체계로만 생각해 따로따로 분리해 가르치고자 한다. 그러나 어린아이일수록 통합교육이 중시되는 점에서 인위적으로 조작된 놀잇감에서 1+1=2, 나비, 메뚜기와 같은 명제적 지식을 분리해서 '놀이의 탈을 쓰고 학습'을 시키는 것은 옳지 못하다. 아이들이 진정한 의미에서 놀이를 즐기게 된다면 단순히 학습하기 위한 놀이가 아니라, 자연스럽게 놀면서 세상을 알아가게 되는 것이 올바른 교육의 지향점이 아닐까 하는 생각을 해본다.

아이들이 스스로 하고 싶은 놀이를 막고 거꾸로 인지나 학습과 연결하려 한다면 교사는 오히려 아이들의 놀이를 방해하는 사람이 될 것이다. 이렇듯 놀이를 학습의 보조도구로 쓰는 경우가 유아교육 현장에서 자주 보인다. 이것은 아이들 놀이를 타락시키는 것이고 그 결과 학습의 가치를 강요하는, 쉽게 말해 결코 놀이라 할 수 없는 것을 놀이라 우기는 것이다. 학생의 말처럼 학습에 놀이의 탈을 씌워 놓은 것이라 할 수 있다. 놀이이론 속에 아이들이 정말 있는지 물어야 할 때다. 2020년 누리과정이 '놀이 중심, 유아 중심'으로 새롭게 개정되어 '자유놀이'가 전면에 부각된 것은 천만다행한 일이다. 나는 이러한 변화를 유아교육이 잃어버린 자유놀이의 고향을 찾아가는 일이라 이름 붙여 응원하고 있다.

둘. 놀이는 누가 선택하고 아이들은 정말 노는가

어린이집이나 유치원 교사는 하루를 계획하고 일주일을 계획하고 한 달을 계획하며 많은 시간을 쓴다. 아이들을 집으로 다 돌려보낸 다음에도 아직 계획에서 벗어나지 못하고 업무가 이어진다. 어린이집이나 유치원의 본디 역할은 무엇인가. 나라에서 만든 교육과정이라는 것을 처음부터 끝까지 살펴보라. 교육과정은 아이들과 이런저런 것을 하며 놀라고 되어 있다. 그렇다면 어린이집이나 유치원은 아이들을 놀게 하고 있을까? 초등학교나 그 너머 상급학교에서 하는 '수업'을 하고 있다. 그러니 교사는 수업을 준비하느라 눈코 뜰 사이가 없다. 유치원, 어린이집을 다니는 시기를 '초등 준비기'로 보는 커다란 오류 때문이다.

아이들이 어린이집이나 유치원에서 무언가를 배우는 것만이 아니라 교사들과 함께 많이 논다고 주장하는 분들도 있다. 그렇지만 아이들이 놀고 있다는 것을 교사나 원장의 말을 통해 확인하는 것이 맞는 일일까. 놀고 있는지 놀고 있지 않은지 누구한테 물어야 알 수 있을까. 아이들한테 물어야 마땅하다. 어린이집, 유치원에서 놀이라는 이름을 붙여 하는 것 가운데 아이들에게 물어 놀았다는 대답을 들을 수 있는 것이 얼마나 될지 궁금하다. 교사가 무언가를 할 때 "선생님, 우리 언제 놀아요?" 이렇게 묻는 아이들은 바보가 아니다. 너무나 간절하고 진지한 질문을 던지는 거다.

더욱 궁금한 것은 아이들과 하는 놀이를 누가 무슨 까닭으로 누구의 동의를 얻어 정하느냐다. 아이들이 놀이를 자유롭게 선택하고 결정할 수 있는 경우가 얼마나 될까. 다시 말해 "우리 오늘 이거 하고 놀아요?" 또는 동무들에게 "얘들아 우리 이거 하고 놀래?"라는 말이 아이들 입에서 나왔을 때 그것을 따라갈 수 있는 어린이집, 유치원이 얼마나 될까. 놀이에서 스스로 놀고 싶어 논다는 자기결정이라는 것이 중요하다는 것은 표어에 그치고 있다.

나는 모든 놀이의 선택이 아이들로 넘어와야 한다고 말하는 것이 아니다. 중요한 것은 아이들이 그런 놀이 주장을 할 수 있고 교사는 그것을 들을 수 있느냐다. 가슴 아픈 것은 아이들은 그런 생각을 잊어 가고 있고, 교사는 오늘도 내일 아이들과 무엇을 할 것인지 아이들의 '놀이욕구'와 상관없이 이런저런 것을 뒤져 계획을 세우느라 너무 피곤하고 바쁘다는 점이다. 이런 환경에서 놀이는 가능하지가 않다. 물론 교사가 준비하고 계획한 놀이가 아이들로부터 크게 환영받고 진지한 놀이로 나아가는 경우도 많다. 고정된 정량적 균형이 아니라 역동적인 균형이 아이와 교사 사이에 필요하다는 말이다. 어떤 놀이를 하며 하루를 보낼 것인가에 대한 교사와 아이들의 조화로운 대화를 꽃피울 수 있는 곳으로 어린이집과 유치원이 바뀌기를 바란다. 이런 자유놀이가 가능하려면 무엇보다 교사에게 '자유'가 주어져야 함은 말해 무엇하겠는가. 교사에게 이른바 '자유'가 없는데 어떻게 교사가 아이의 '자유놀이'를 옹호할 수 있겠는가.

셋. 놀이가 크게 달라지는 시기와 까닭

놀이는 아이들이 자람에 따라 달라진다. 아이마다 조금씩 차이는 있지만, 큰 흐름이 있다는 것을 아이들과 함께 지내면 자연스럽게 알게 된다. 조금 늦고 빠른 정도의 차이는 있지만 놀이의 질적인 변화가 일어나는 때를 볼 수 있기 때문이다. 보통 어린이집이나 유치원 아이들은 나이가 일곱 살 아래 아이들이 모여 지낸다. 이 아이들을 작게 셋으로 나누어 볼 것인가 아니면 크게 둘로 나누어 볼 것인가 하는 부분에 대해서는 고민이 필요하다.

마침내 아이들 놀이가 눈에 띄게 달라지는 시기는 차이는 있지만 대략 4세에서 5세로 넘어가는 때인 것 같다. 젖니가 빠지는 시기와도 사뭇 겹친다. 그전까지는 흉내놀이, 꾸며 하는 놀이, 소박한 수준의 역할놀이를 하며 놀던 아이들이 이 시기를 지나면서 소꿉놀이와 같은 본격적인 역할놀이가 눈에 띄게 늘어나고 섬세해지면서 놀이 속에 풍부한 상상력이 녹아들며 '상상놀이'가 춤을 춘다. 그리고 이 시기에 비로소 규칙이 있는 놀이의 재미에 눈을 뜨고 그것을 즐긴다. 여기서 더 나아가 규칙을 바꾸고 자기들 놀이에 맞게 새로운 규칙을 만들기까지 한다. 또 하나는 어울려 노는 것의 재미를 알고 함께 놀려는 모습도 보인다.

4세에서 5세로 넘어가는 때에 왜 이런 놀이의 변화가 서서히 때로는 빠르게 일어나는지 알 필요가 있다. 그래서 놀이 말고 다른 무언가의 변화가 함께 일어나는 것은 없는지 살펴야 한다. 4세에서 5세로 넘어가는 아이들이 이 시기에 말이 빠르게 는다. 이즈음 이야기를 듣는 힘도 아주 커지는 것을 볼 수 있다. 나는 '놀이와 말' 또는 '놀이와 이야기'가 함께 나란히 간다고 생각한다. 다시 말해 놀이와 말 또는 이야기는 아주 긴밀한 관계 속에서 발전한다는 점이다. 이야기하고 주장하고 때로는 따지면서 놀이의 규칙이라는 것도 알아간다. 이런 변화는 나이가 두 자릿수로 바뀌며 절정에 이른다.

아이들 놀이가 풍성해지려면 말이나 이야기를 많이 하고 들을 수 있는 환경이 만들어져야 하고, 거꾸로 말과 이야기가 풍부해지려면 놀이를 마음껏 할 수 있어야 한다. 여기서 좀 더 나아간다면 이런 결론에 다다를 수 있다. 아이들 놀이가 어딘가 막혀 있다고 느껴진다면 그것은 놀이 자체에서 문제를 찾기보다는 말과 이야기에서 찾아볼 수 있는 지혜를 가져야 한다는 점이다. 거꾸로 아이들 말과 이야기에 어려운 점이나 제한이 있다면 우리는 그 해답을 놀이의 결핍에서 찾아볼 수도 있어야겠다. 이 둘이 이렇듯 경계 없이 넘나들 때 아이들 성장은 눈부시고 순조롭다.

넷. 놀잇감, 장난감, 교재교구를 보는 새로운 눈

먼저 장난감과 놀잇감을 구분할 줄 알아야 한다. 가장 큰 차이는 돈을 주고 사느냐 아니냐다. 돈을 주고 사는 것이 장난감이다. 놀잇감은 스스로 만들거나, 버려진 것에 새롭게 의미를 주어 놀잇감으로 되살려 낸 것이다. 아이들에게 장난감을 돈을 주고 사주다 보면 알게 되듯이 아이들은 끊임없이 새로운 것을 원한다. 까닭이 뭘까. 정말 그것을 가지고 싶어서일까. 그렇지 않다. 사준 것을 가지고 놀아 보니 이게 아닌 거다.

앞서 사준 장난감에 싫증을 내고 다른 장난감을 사달라고 하는 아이의 저 속 깊은 마음을 읽어야 한다. 이 아이가 진정 가지고 놀고 싶은 것은 많은 장난감이 아닐 수 있기 때문이다. 그렇다면 아이는 무엇과 놀고 싶을까. 바로 엄마이고 아빠이고 동무이고 자기가 만든 놀잇감이다. 끊임없이 사다 주는 장난감에 아이들은 잠시 홀리지만, 곧 내던진다. 왜일까. 자동차를 생각해 보자. 기능이 크게 네 가지밖에 없다. 전진, 후진, 좌회전, 우회전. 곧 재미없다. 엄마, 아빠, 동무 그리고 내가 만든 놀잇감은 기능이 끝이 없다. 그래서 좋아한다. 장난감이 많을수록 친구와 사람과의 커뮤니케이션 능력이 줄어들 수밖에 없는 까닭이 여기에 있다.

어린이집이나 유치원 어디를 가나 눈에 띄는 것이 교재교구다.

그 나름의 필요와 쓸모가 있는 것들이겠지만 나는 그 교재교구들을 가지고 노는 아이들이 웃는 모습을 몇 번 보지 못했다. 왜 나는 '웃음'을 이야기할까. 우리가 노는 가장 중요한 까닭이 '웃음'에 있기 때문이다. 웃음 없는 놀이를 상상할 수 있을까. 그런데 왜 그 비싸고 아이들에게 좋다는 교재교구들을 가지고 노는 아이들 얼굴에는 웃음이 쉽게 피어나지 않을까. 교재교구들은 어디까지나 물건이기 때문이다.

웃음은 언제 나올까. 사람과 사람이 만나야 나온다. 아이들과 아이들이 만나야 나온다. 아이들과 엄마 아빠 교사가 만나야 웃음이 나온다. 이것이 첫 번째 놀이다. 이렇듯 사람과 사람이 아이들과 아이들이 만나는 놀이를 밀어내고 교재교구라 이름 붙은 물건을 가지고 노는 것이 유아교육에서 생각하는 놀이라면 잘못되어도 한참 잘못된 일이다. 이런저런 교재교구가 쓸모없다는 말이 아니다. 어디까지나 교재교구는 아이들끼리 흠뻑 놀고 난 다음에 시간이 그래도 남으면 하는 '두 번째 놀이'라는 것을 알아야 한다.

비고츠키(Lev Vygotsky)가 말했던 것처럼 아이와 아이, 아이와 부모, 아이와 교사가 서로 주고받는 상호작용이 없다면 추상의 세계로 나가는 능력은 생기기 어렵다. 그래서 '첫 번째 놀이', 사람과 사람이 만나는 놀이가 중요한 것이다. 아이 가까이 장난감과 교재교구가 많을수록 실내에 머물 가능성이 높아질 것이다. 한국의 유아교육은 실내에서 실외로, 교사의 선택에서 아이의 자유놀이로,

장난감에서 놀잇감으로 대 전환이 절박하다. 이렇게 서서히 꾸준히 '자유놀이'라는 유아교육의 고향으로 돌아가자. 만약 유아와 함께 '자유놀이'의 고향으로 돌아가지 못한다면 유아의 몸과 마음이 멍들고 개정 누리과정은 정처 없이 떠돌 것이다.

아이는 노는 데 도가 터야 한다

아이들이 놀아야 하는 것은 맞지만, 너무 놀기만 한다고 걱정하는 어른들과 더러 만난다. 아이들은 많이 놀아 건강한데 저렇게 온종일 놀기만 하면 될까 걱정스러운 것이다. 결론부터 말하자면 크게 걱정하지 않아도 좋다. 논다는 것은 배움을 거부하는 일이 아니기 때문이다. 아이들이 놀면서 얼마나 많은 것들을 배우는지 헤아리지 못해 생기는 오해다. 결론적으로 말해 놀이는 배움으로 가는 가장 쉽고 진지한 첫걸음이다. 한마디로 '놀이 과잉'으로 볼 수 있는 장면인데 때로 이런 문제 때문에 교사와 부모의 시각이 엇갈려 갈등할 때가 있다. 어떻게 하면 좋을까? 먼저 아이들이 이곳에 오기 전에 얼마나 놀았는지 생각해 봐야 한다. 앞서 나는 아이들이 저마다 놀아야 할 양을 가지고 태어난다고 했다. 그 양은 채워져야 한다. 그 양이 채워졌을 때 아이들은 이제 다른 삶의 주제로 비로소 넘어갈 수 있다. 그것이 '배움'일 수 있다. 좀 더 놔두고 기다리는 여유가 필요하다.

승부가 나는 놀이 속에서 때로 격한 감정을 드러내는 아이들이 있다. 이 상황도 부모와 교사를 어렵게 만든다. 놀다 보면 이길 때도 있고 질 때도 있지 애들이 왜 저러나 당황스럽다. 그러나 다시 생각해 보자. 왜 요즘 아이들은 그렇게 지는 것을 견디지 못하고 울고불고 분통을 터뜨리는 것일까. 때로 이런 놀이를 정말 지지해 주고 계속해야 하나 갈등하게 한다. 차분히 생각해야 한다.

첫 번째 까닭은 아이들이 그동안 놀이다운 놀이를 해본 경험이 너무 적은 탓이다. 숱한 승리와 실패의 감정을 많은 놀이를 통해 두터운 경험을 쌓을 수 없었다는 말이다. 그 경험이 충분하지 못하기 때문에 한두 차례의 내침과 거절과 패배에 즉각적인 반응을 일으키는 것은 당연한 일이다. 삶에서 만약 이런 거절과 좌절의 경험을 무수히 겪는다면 아이는 견디지 못할 것이다. 그러나 놀이 속에서 아이들은 이런 극단의 경험을 얼마든지 하고 그것을 오히려 즐긴다. 피 한 방울 흘리지 않고 말이다. 그렇게 하면서 놀이 밖 현실에서 겪는 거절과 좌절의 경험을 즐기고 이겨내는 힘을 기른다. 놀이는 그래서 참 중요하다.

여럿이 자주 어울려 놀다 보면 자기편이 졌다고 지나치게 화를 내거나 또 누구 때문에 졌다고 탓할 필요가 적다는 것을 조금씩 알게 된다. 다음 판이, 또 다음 판이 내일도 모레도 기다리고 있기 때문이다. 함께 놀며 아이들은 화를 다스리고 다음을 기다리고 감정 표현을 늦추는 법을 스스로 배우며 '긍정'에 도착한다. 요즘 아이들이 '자기통제력'이 절대적으로 부족한 까닭은 바로 놀이의 양적 결핍에 원인이 있음을 분명히 말하고 싶다. 자기통제력은 풍부한 자유놀이의 허용에서 비롯됨을 분명히 알아야 한다. 어린이 스포츠클럽이 승패에 아이들을 지나치게 몰입시키고 긴장시키고 나무라는 모습이 매우 바람직하지 않은 까닭이 여기에 있다. 또한, 아이들이 경험하는 스포츠 대부분이 다툼을 바탕에 깔고 있다. 아이들은 놀이에서처럼 졌다고 생각하지 않고 싸움과 경쟁에서 밀렸다고 생각한다. 이기거나 지더라도 품위를 잃지 않아야 하는데 자기통제력을 배우지 못해 어려워한다. 좀 더 과정을 즐길 수 있는 아름다운 놀이를 만나게 해주어야 한다. 스포츠는 그 다음에 해도 늦지 않다. 스포츠의 궁극적 미학은 결과의 품위 있는 수용에 있는데 그 길로 가고 있는지 점검이 절실하다.

두 번째 까닭은 혼자 하는 놀이는 해보았지만 여럿이 하는 놀이의 경험이 부족한 탓이다. 저 혼자 잘해서 칭찬받고 우쭐대는 것에 익숙한 아이들에게 이것 또한 다스리고 통제하기 힘든 장면이 분명하다. 어른들이 권하는 스포츠 대부분이 극단적인 경쟁을 통한 승패를 밑에 깔고 있는 것도 큰 문제다. 마지막 하나는 너무나 급작스레 놀이로 뛰어들어 일어나는 문제다. 다시 말해 놀기 위한 몸과 마음의 준비가 안 된 아이들이 겪는 어려움이다.

아이들이 지는 것을 못 견디는 감정은 먼저 자연스러운 것이라 받아들이자. 문제는 이런 이기고 질 때 느끼는 감정의 군살이 너무 얕고 허약한 데 있다. 놀다 보면 이길 때도 있고 질 때도 있는데 이런 경험이 아이들 놀이 속에서 자주 되풀이되어 자기통제를 통한 회복력이 넉넉한 경지에 도달해 있어야 한다. 그러니까 더 많이 놀게 해서 아이들 스스로 이런 한쪽의 감정에 끌려다니지 않고 항상 변하고 바뀐다는, 다시 말해 이길 때도 있지만 질 때도 있다는 것을 받아들일 수 있는 다양한 경험이 필요하다. 놀이에서 보이는 지나친 경쟁이나 고집도 같은 시각으로 보길 바란다.

또한, 아이들이 노는 것을 지켜보다 보면 끼어들어야 하나 내버려 두어야 하나 갈등하게 되는 대목과 맞닥뜨릴 때도 있다. 이때 '끼어들기'나 '멈추기'보다는 '바라보기'나 '이어주기'나 '함께하기'의 길을 찾아보기를 권하고 싶다. 아이들과 함께 놀 때 어른 스스로 완전히 아이가 되어 몰입하는 경우부터 나 몰라라 방관자에 이르기까지 그 폭은 꽤 넓다. 중요한 것은 놀이를 이끌기를 멈추고, 놀이 할 수 있는 환경을 가꿔 주고, 놀이를 이어주고, 아이들이 잘 어울릴 때 빠지고, 아이들이 같이하자고 할 때 함께하는 열린 태도 그 어디쯤일 것이다. 아이와 놀려면 한없이 유연해야 한다. 아이들이 타고나는 것이 둘 있다. 하나는 놀이이고 또 하나는 부지런함이다. 아이들은 이 둘을 합쳐 놀이에 도가 트는 것이다. 참말이다.

놀이가 아이 안에 소복이 있어요

어느 해 여름이었다. 유치원, 어린이집, 학교 밖 교사들과 함께 비석치기를 한판 벌이고 놀았다. 끝나고 놀았던 시간을 헤아려 보니 세 시간이 훌쩍 넘은 것을 알고 모두 놀랐다. 저녁에 하루를 돌아보면서 낮에 했던 비석치기가 한 편의 드라마 같다는 생각을 했다. 웃고 떠들고 마음이 조였다가 풀어지고 따지고 받아들이고, 이처럼 놀이 속에는 마치 한 편의 영화에서 볼 수 있는 이야기의 시작과 흐름과 매듭과 결말이 고스란히 녹아 있다. 그리고 그날의 절정은 '똥싸기'였다.

'똥싸기'는 비석을 가랑이 사이에 끼고 동무가 세워 놓은 비석 가까이 가서 똥 누는 모양으로 엉덩이를 낮춰 어림짐작으로 비석을 떨어뜨리는 차례다. 세워진 비석을 맞추려고 똥구멍으로 겨누는 모습을 보며 서로 웃었다. '똥싸기'를 하면서 서로 처음 보는 교사들이라 서먹했던 마음도 조금씩 열렸다. 이렇듯 사람과 사람 사이의 벽이 허물어지려면 밖으로 나와 함께 움직이고 부대끼고 웃고 떠들고 이야기하고 노래하며 놀고 춤추어야 한다.

책 읽기와 글쓰기는 이렇게 어울린 다음에 해도 늦지 않다. 내

작은 경험으로 비추어 보건대 이렇게 온몸으로 놀아 본 교사만이 아이들과 놀 수 있다. 그리고 교사는 아이들이 왜 놀아야 하는지 또렷한 자기만의 철학을 일목요연하게 정립해야 한다. 왜 공부 안 시키고 아이들을 놀리기만 하느냐는 반문과 성화에 교사는 왜 아이들이 놀아야 하는지 야물딱지게 설명할 수 있어야 한다는 말이다. 만약 교사가 이 질문에 제대로 자신의 주장을 펴 설득할 수 없다면 아이들의 놀이는 심각하게 위협받을 것이다. 이래저래 아이들과 노는 일이 쉽지 않은 세상임을 나 또한 잘 안다. 그러나 어쩌겠는가. 우리는 양육자와 아이 사이를 오가는 교사이거나 활동가가 아닌가.

놀이의 차례와 방법에만 관심 있는 교사는 아이들에게 놀이를 가르칠 뿐이다. 놀이를 가르치다니 말도 안 된다. 감히 말하건대 아이들과 놀이 속으로 들어가 함께 놀지 못하고 가르치려고만 드는 교사는 불행하다. 교사가 늘 떨치지 못하는 생각은 이 놀이를 어떻게 아이들에게 가르칠까다. 이렇게 하면 아이들과 노는 시간은 일하는 시간이고 수업의 연장일 뿐이다. 고백하건대 나 또한 그런 시절이 있었다. 지금은 내가 먼저 나서 놀자고 하는 일이 없으니 그렇게 마음 편할 수가 없다. 놀이가 나에게 있는 게 아니라 아이 안에 소복이 있다는 것을 긴 공부 끝에 깨우쳤기 때문이다.

교사는 놀이하는 차례와 방법에 관심을 쏟고 그런 것을 배우려 한다. 그렇지만 나는 이제 그런 것을 전하지 못한다. 다만 교사들이 놀이를 아이들과 어떻게 나눌 것인가 조금 거들 수 있을 뿐이다. 나아가 우리가 놀이 속으로 들어가 어떻게 재미있게 놀 것인가를 조금 더 생각하도록 돕는다. 교사는 아이들을 위해 있기에 앞서 자신을 위해 있어야 한다. 나아가 교사도 쉼이 필요하니, 아이들과 노는 시간이 교사 자신도 쉬는 시간이어야 마땅하다.

놀이는 가르칠 수 없다. 아이 안에 놀이가 있기 때문이다. 이런저런 책을 펴놓고 배울 수도 없다. 오로지 놂으로 느낄 수 있고 그 재미있고 따뜻하고 때론 흥분되는 느낌을 아이들과 나눌 수 있다. 놀려면 놓여나야 한다. 놀려면 교사와 아이들의 일상을 붙잡고 있는 이런저런 것들에서 놓여나야 한다. 마침내 교장과 원장이 교사를 놓아 주어야 놀이꽃을 활짝 피울 수 있다. 가장 신나는 어린이집과 유치원, 학교를 만들고 싶다면 먼저 교사에게 자유를 주고 활기차게 지낼 수 있게 해주라. 그러면 아이들은 저절로 신명난다. 뭔가를 가르치려고 아이들 뒷덜미를 잡고 못 움직이게 하면서 아이들이 놀 줄 모른다고 하는 억지는 그만 부렸으면 한다.

슈타이너(Rudolf Steiner)는 아이들에 대해서 공부할 수 있는 책은 없다고 했다. 아이들을 책으로 삼아 배워야 한다는 말이다. 놀이 또한 마찬가지다. 제대로 놀려면 놀이하는 방법과 차례가 적힌 책과 재주와 기술을 내던져야 한다. 나 또한 이런 비슷한 책을 펴냈지만, 이 책들이 놀이를 하고 느끼고 나누는 데 큰 걸림돌임을 고백한다. 이런 책들은 놀이를 책으로 공부할 수 있다는 미신을 심어 주고 놀이가 아이 외부에 있다는 오류에 빠지게 만든다.

더 나아가 마침내 놀이마저 버려야 한다. 이 세상에는 그보다 중요한 것이 참 많다. 놀이가 중요한 것이 아니다. 놀이는 강을 건너면 뒤에 두고 가는 배와 같다. 놀이를 위해서 노는 것이 아니기 때문이다. 그러면 무엇이 중요하냐고 물을 수 있다. 놀이보다 중요한 것은 놀다가 생기고 쌓이고 오가는 따뜻한 눈빛과 사랑과 이해와 우정이다.

사랑은 말로 마음에 새기기 어렵다. 교사와 부모와 아이들이 놀이를 가운데 두고 서로 부대껴야 사랑의 싹을 틔울 수 있다. 무슨 놀이를 하든 관계없다. 꼭 이름 붙은 번듯한 놀이와 비싼 장난감과 브랜드 키즈카페에 가서 놀 필요도 없다. 그때그때 상황을 놀이로 여기고 앞에 있는 것들을 가지고 즐겁게 놀 수 있다면 그만이다. 노는 시간이 바로 사랑을 나누는 가장 충실한 시간이다.

또 아이들은 놀면서 이 세상에 나만 있는 것이 아니라 타인이 있음을 깨우친다. 가까이 있는 동무가 나와 생각이나 표현이나 몸짓이 다를 수 있다는 것도 놀면서 깨우친다. 놀다 보면 서로 다르니까 조절하는 것을 배우고, 조절하다 보면 자기 고집도 돌아보고 가진 것도 나눈다. 놀이에 끼워 줄 때까지 기다릴 줄도 안다.

이렇듯 나와 여러 가지로 다른 동무와 놀이를 하다 보면 놀이판 속에서 평소 듣지 못했던 아이들끼리 서로 주고받는 많은 이야기를 들을 수 있는 행운과 만나기도 한다. 놀고 그 속에서 이야기하며 아이들은 몸과 마음이 자란다. 그런데 놀이를 학습의 효과를 높이는 보조 수단쯤으로 생각하는 분들이 늘어 걱정이다. 거듭 말하지만, 놀이를 하면 머리가 좋아진다고 하는 사람들은 장사꾼들이니 속지 말자. 앞에서도 말했듯이 놀이는 우정과 사랑, 웃음과 울음이 빠지면 아무짝에도 쓸모가 없다. 그리고 그 놀이는 아이 밖에 있지 않고 아이 안에 가득하다. 놀이를 아이 밖에서 찾아와 아이에게 주려는 노력이 별 소용 없이 끝나는 까닭이 여기에 있다. 놀이는 아이 안에 있고 아이는 놀면서 마침내 자기가 된다.

아이의 놀이가 멈추면 아이의 숨도 멈춘다

 놀이를 찾고 놀이의 길을 따라 놀이를 이야기하러 다닌 지 이십 년이 가깝다. 길면 길고 짧다면 짧은 세월이지만 어쨌든 한 시절을 놀이를 안고 뒹굴었다. 때로는 교사와 때로는 부모와 때로는 행정과 이런저런 자리에서 놀이에 대해 말하고 놀이의 아름다움을 만나자고 했지만, 돌이켜 보면 아이들 세계에 여태 눈뜨지 못하고 놀이운동을 하는 사람이란 이름만 알리고 다닌 것 같아 부끄럽다.

 오늘 우리 아이들 놀이는 학습, 컴퓨터, 스마트폰, 인터넷 게임, 소셜미디어, 유튜브 등등에 자리를 내주고 있다. 공터와 골목이 사라지면서 놀이가 사라지고 담 너머 시끄럽던 아이들 소리도 이제 듣기 어렵다. 그 많던 아이들은 뿔뿔이 건물 속으로 사라졌고 바깥놀이터에서도 아이들 보기가 쉽지 않다. 놀이는 이제 정말 끝나 버리는 것일까. 이렇듯 놀랍고 기묘한 일이 벌어졌는데 나서서 꾸준히 말하는 이를 만나기가 쉽지 않다. 아이들과 아이들 문화에 관심이 많은 분들조차도 아이들에게 좋은 책을 만나게 해줘야 한다고 생각하지, 밖에서 뛰노는 것이 먼저라고 애써 말하는 사람은 적다.

대한민국은 이미 아이도 어른도 놀 수 없는 곳인지도 모른다. 그런 생각이 십 년 넘게 아시아와 중동의 아이들을 만나러 다니게 했나 보다. 급격히 쇠락하는 우리 아이들 놀이문화를 보면서 한숨이 쌓이고 가슴이 답답하고 무언가 꽉 막힌 벽 앞에서 어쩌지 못하고 있는 나 자신을 보았다. 우리나라 할아버지 할머니 기억 속에 남아 있는 아이들 놀이와 노래를 여러 해 묻고 살피면서 그처럼 기운이 펄펄 살아서 뛰며 노는 오늘 아이들 모습을 보고 싶은 마음이 간절했다. 나 또한 개구쟁이 어린 시절의 놀이를 추억 속에서 어렴풋이 불러낼 수 있을 뿐이었다.

내 어릴 때처럼 뛰어노는 아이들을 만나고 싶었다. 만나서 함께 놀며 갑갑한 마음을 열고 다시 아이들로부터 놀이가 무엇인지 배우고 싶었다. 어렸을 때 마음껏 뛰놀던 놀이의 기억을 소중하게 지니고 사는 나 같은 어른과 자기 얼굴을 잊은 우리 아이들에게 맨얼굴, 맨 몸짓, 맨손, 맨발이 무엇인지 보여주면서 이야기하고 싶었다.

온종일 놀이로 시간을 보내는 아이부터 온종일 노동에 시달리는 아이까지, 학교에 다니는 아이부터 학교 가까이 가보지 못하는 아이까지, 집과 부모가 있는 아이부터 거리의 아이들까지……. 아시아와 중동의 여러 나라에서 나는 보았다. 그 많은 아이들이 놓인 환경과 처지는 달라도 틈만 나면 기를 쓰고 놀고 있었다. 아시아와 중동의 가장 큰 희망은 그래서 아이들이다.

아이들은 어쨌든 놀고 있고 놀면서 길러진 힘으로 살고 있었다. 대한민국에 뿌리내린 신자유주의라는 것이 아이들을 얼마나 빠르게 기운 없고 생기 없고 웃음 없이 만드는지 아시아와 중동의 여러 골목을 헤매며 절감했다. 이제는 그곳도 크게 다르지 않다. 산업화와 정보화가 진행될수록 아이들은 점점 기운을 잃어 갔다. 우리나라 아이들은 그 가운데 정말 가혹한 환경 속에 있는 것이란 생각이 확신으로 변하고 있어 이렇게 긴 글을 쓴다.

우리는 알고 있다. 아이들이 놀지 못하고 있고, 눈 뜬 시간 대부분을 무언가에 마음이 빼앗겨 다 써버리고 있다는 것을……. 그래서 대한민국 아이들은 몸과 마음의 건강이 썩 좋지 않다. 바깥 놀이와 자유놀이를 잃어버리고 살려니 당연한 일이다. 또한, 이름도 이상한 식품첨가물이 범벅된 인스턴트 음식과 미세먼지를 날마다 먹고 들이마셔야 한다. 거기에 비대면마저 강제되고 있다. 그러나 신나게 뛰어놀며 생명의 기운을 몸 안에 가득 담는 아이는 거친 환경과 음식 앞에서 쉬이 쓰러지지 않는다. 놀이는 아이들을 살려 내는 힘이 있기 때문이다.

컴퓨터 게임은 아이들 영혼을 조금씩 무기력하게 만든다. 그저 시키면 시키는 대로, 학교와 학원과 집을 왔다갔다 하다가 틈만 나면 게임과 유튜브와 소셜미디어에 접속한다. 게임과 유튜브와 소셜미디어에 몰입하는 것, 이것 또한 아이들 스스로 살려는 처절한 몸부림을 안다. 이런 것도 없이 아이들더러 가혹하기만 한 이 세상을 어떻게 견디라 할 수 있단 말인가. 길을 찾기가 참 쉽지 않음을 새삼스럽게 느낀다. 이런 복잡다단함과 욕망과 소비가 뒤엉킨 세상을 사는 아이들에게 우리는 어떤 놀이환경을 가꿔 주어야 할까.

아이들이 놀 수 없는 나라는 서서히 무너지는 중이라고 보면 맞다. 세계에서 교육열이 제일 높다는 한국 아이들이 대학을 마치고 유학까지 다녀온 뒤 외국인 회사에 취직하려고 할 때 채용을 꺼린다는 소식이 들린다. 왜 그럴까. 아시아의 많은 개발도상국 청년들과 견주었을 때 문제를 풀어 가는 능력과 함께 일하는 능력이 떨어지기 때문이다. 생기도 부족하다. 이러한 외국 회사들의 한국 청년 채용 기피 현상은 분명 까닭이 있다. 모든 것을 과외와 암기, 그리고 부모의 기획에 의존해 오로지 등수에만 몰두한 아이들이 도대체 스스로 무슨 문제를 해결할 수 있겠는가. 창의적이기는커녕 코앞에 닥친 사소한 갈등 하나도 해결을 못하고 어려워할 것은 어찌 보면 당연하다.

그렇다면 다른 나라 상황은 다른가. 조금은 다르다는 게 내 판단이다. 내가 십여 년 여러 나라를 다니면서 본 바로는 아이들이 학교를 마치고 동무들과 산과 들과 강과 바다를 내달리며 아이다움을 잃지 않고 하루를 보내는 흐름이 아직 있었다. 우리나라처럼 이렇게 아이들의 방과 후 시간을 낱낱이 옭아매고 있는 곳을 나는 모른다. 이렇게 어린 시절부터 끔찍한 경쟁의 한복판에서 자라는 우리나라 아이들이 다른 세상의 아이들과 어깨를 나란히 한다는 것이 쉽지 않아 보인다. 아이들의 삶의 푸릇푸릇한 기운은 어디로 간 것일까? 우리나라보다 앞서거나 뒤서거나 하는 나라 곳곳에서 아이들이 놀면서 만드는 생기가 아직 푸른데 우리 아이들에게 생기라고는 찾기 어려우니 큰일 아닌가.

아름다운 것, 새로운 것, 이로운 것을 만든 것은 언제나 놀이다. 아이들은 놀면서 생명의 아름다움에 눈뜨고, 새로운 낯선 세계로 발을 옮기고 그 속에서 무언가를 만들어 낸다. 무언가를 창조하는 데 이렇듯 꼭 있어야 할 놀이와 생기를 아주 어려서 거세당한 아이들이 새로운 무언가를 만들어 내는 일에 서툰 것은 자연스러운 일이다. 아이들을 놀도록 하지 않고 학습과 경쟁으로 밀치는 대한민국은 그래서 앞이 캄캄하다. 생기 없는 아이들을 찍어 내는 데 온갖 제도와 장치가 한 축으로 돌아가면서 낭떠러지를 향해 가고 있다. 놀이를 박탈당해 놀지 못하고 자라는 아이들 나라에 기대할 것이 도대체 무엇인가.

똑똑한 아이들은 많아지는데 점점 더 어울리지 못하는 아이 또한 왜 크게 늘고 있는지 진지하게 생각해 봐야 한다. 불행이 어디 따로 있는 것이 아니다. 함께 어울리지 못하면 불행에 가까워지는 거다. 대한민국의 아이 가까이 계신 분들에게 다시 말씀 드리고 싶다. 아이들을 놀게 내버려 두시라. 어려서 마음껏 놀았던 아이는 결코 스스로를 해치지 않는다. 놀지 못하면 아이는 마음이 굳고, 놀이를 빼앗기면 아이의 몸은 무너진다. 하지마! 만지지마! 가지마! 조심해! 위험해! 올라가지마! 뛰지마! 울지마! 마!마!마! 이렇게 아이의 놀이와 자유가 멈추면 아이의 피도 숨도 멈춘다. 그 길로 정녕 가야 하는가.

아이들 편을 들자 아이들 편에 서자

아이들이 놀기 위해 세상에 왔다고 했더니
사람들은 정신 나갔다고 하고
아이들은 맞아요 한다.
놀아야 아이라 했더니
사람들은 헛소리 말라고 하고
아이들은 맞아요 한다.
놀아야 천국 간다고 했더니
아이들은 덩실덩실 춤을 추고
어른들은 저 무슨 사탄인가 한다.
위험이 아이를 키운다 했더니
어른들은 위험한 사람 취급을 하고
아이들은 위험이 없다면 재미가 없다고 한다.
아이들은 말을 못하니
세상이 어른들 마음대로다.
놀 수 없어 아픈 아이들이 자해를 하고 세상을 버리는데
어른들은 여기가 끝이 아니란다.

더는 물러설 곳이 없어
나라도 아이들 편을 들어야지 마음먹고
어른들의 천박함을 낱낱이 써보려 한
내 이야기와 노래와 글은 여태 가난하다.
사람아!
아이들 편에 서자.
놀지 못해 자기 몸을 긋고 자기 마음을 죽이는
아이들 편을 들자.
세상이 가장 두려워하는 아이는
언제라도 어디에서라도 누구라도 어울려 노는
아이라 믿는 사람아!

'진짜 놀이'도 '가짜 놀이'도 없다

불편하게 들릴 수 있지만, 나의 이야기를 이렇게 시작하고 싶다.

"체험은 과연 놀이인가?"

기획된 체험, 체험관, 체험시설에 유아가 잠깐 머물며 때로는 줄 서 지나가며 경험하는 것을 '놀이'라 보는 것은 민망한 일이다. 이러한 상황의 지속이 한국 유아교육을 불행으로 이끈다. 놀이를 가장한 코스형 또는 주제형 실내 체험시설이 늘고 있고 유아들은 그곳을 떠돈다. 실내에 있는 이런 체험공간은 전국의 많은 유아교육진흥원에서도 볼 수 있다. 듣는 분들이 조금 충격을 받을지 모르겠지만 조잡하기 그지없는 세계였음을 고백한다. 유아를 어떻게 이해하고 있는지 시설이 웅변하는 듯했다. 유아를 놀이의 주인이 아니라 철저히 대상화하고 있었다.

어느 시기보다 직접적이고 가공되지 않은 실제의 세계를 만나고 싶어 하는 유아들을 모조품과 모형과 추상화시킨 것들로 채워진 공간으로 이끄는 것이 일상화되고 있다. 나는 그런 곳을 갈 때마다 이 구성과 디자인과 설계를 유아교육을 공부한 사람이 조금도 관여하지 않았기 때문에 이렇게 만들어졌을 거라 애써 위로한다. 총평하자면 '유아와 놀이 이해의 빈곤' 그 자체였기 때문이다. 실내라는 태생적 한계 안에서 조작적으로 구성하기 때문에 이런 '빈곤'은 피해 가기 어려운 점이 있다. 그러나 곳곳에 있는 유아교육진흥원 실내 체험공간을 이런 수준으로 늘려 가는 것에 나는 절망한다.

생각해 보자. 어린이집과 유치원에서 유아와 함께 갈 곳이 실제로 얼마나 존재할까? 이 질문은 "유아들과 함께 구체적인 실제의 세상을 만날 수 있는 곳이 도대체 어디에 있는가"라는 현실적 항변에 맞닥뜨릴 수 있다. 그에 대한 대답은 크게 두 가지로 나누어 할 수 있다. 하나는 "없다. 그래서 실내 체험이라도 하러 가야 한다"이다. 이해한다. 그러나 또 하나 놓치지 않아야 할 게 있다는 것을 유아교육진흥원 10주년을 맞아 말씀드리고 싶다. 그 10년 동안 유아들은 실내에서 기획된 체험과 성인이 미리 선택한 놀이를 하도록 한 것은 아니었는지 물을 필요가 있다. 다시 말해 그런 '체험'의 공간에 재미와 즐거움과 놀이의 자유가 있어서 유아들이 그렇게 양적으로 많이 왔던 것인지 아니면 그런 곳만 만들다 보니 그런 곳밖에 갈 수 없어서 이용 유아가 많았던 것인지 냉철해져야 한다. 놀이는 기획이 아니며 아이들을 기획으로 키울 수 없다. 유아교육진흥원은 새로운 길을 모색하기 전에 왔던 길을 차분히 돌아보기를 바란다. 우리는 언제쯤 유아를 즐거움과 배움의 주체로 볼 수 있을까.

끝으로 아이들을 만나 놀이를 20년 가까이 연구하고 놀이터를 디자인했던 사람으로 말씀드리고 싶은 게 있다. 지금은 진정 '놀이 철학'이 필요한 시기다. 기능적이고 기획되고 외주화된 유아의 왜곡된 놀이 현실을 파괴하려면 한국 유아교육은 기능에서 벗어난 '놀이 철학'을 재정립해야 한다. 지금이 바로 그때다. 외람되지만 '체험에서 실험으로, 체험에서 놀이로'라는 화두를 드리며 내 놀이 철학의 한 축을 말씀드리고 싶다.

"놀이는 어디에 있을까?"

유아교육진흥원이 10주년을 맞았다고 한다. 그동안 왜 어려움이 없었을까. 그러나 어려울수록 정도를 권하고 싶다. 정도라는 것은 다름 아닌 아이 안에 놀이의 씨앗이 있음을 한없이 긍정하는 일이다. 유아 가까이 있는 사람이 유아 밖에 놀이가 있다고 생각하는 한 이런 체험과 체험장과 체험시설은 끝없이 늘어날 것이다. 시설은 양적 평가를 일삼을 것이고 그러면 그럴수록 유아들은 스스로 안에 있는 놀이의 싹을 꺼내지 못하고 시들고 만다. 이것이 '체험과 시설과 프로그램과 기획'의 오류이고 폐해다. 우리는 유아 가까이 있는 사람들이다. 유아가 자신 속에 있는 놀이의 씨앗을

볕 잘 드는 곳에 꺼내 놓고 물을 주고 가꾸어 가는 것을 거드는 게 우리의 존재 이유이고 우리의 즐거움이고 환희라는 것을 잊지 말자. 적어도 그 지극한 즐거움을 외면하는 어리석음에 빠지지 말아야 한다. 유아들은 한가한 시간이 필요하고 그 한가한 시간을 누리는 것이 놀이이지 관람하고 구경하고 체험하고 뭐 하나 만들어 가는 것이 놀이가 아니라는 말이다.

그 많은 혼란과 비효율과 과도한 비용 낭비와 실내 집중과 체험의 과잉이 사실은 '놀이가 아이 밖에 있다'는 망상에서 출발해서 생긴 지루한 해프닝이었음을 깨우쳐야 한다. 그리고 우리가 말하는 놀이는 무슨 이름이 앞에 붙어 유행하는 '○○놀이'도 아니고 '놀이 중심'도 아니고 놀이 그 자체임을 다시 한 번 강조하고 싶다. 한국 유아교육이 여러 부침의 세월을 보내다 보니 어디에서 유아교육이 출발했는지 잊고 있음을 현장에서 자주 목격한다.

'진짜 놀이'와 '가짜 놀이' 논쟁도 정리가 필요하다. 가짜 놀이와 진짜 놀이가 따로 있는 것이 아니다. 나의 경우처럼 자유놀이를 온전하게 설명하는 과정에서 은유로 가져와 쓸 수 있지만, 가짜 놀이는 해서는 안 되고 진짜 놀이만 해야 한다는 도그마에 빠져서는 안 된다. 이런 구분을 일삼으며 갈라치기를 하면 놀이현장은 갈등과 혼란에 빠지고 만다. 나아가 놀이의 본질적 논의에서 벗어나는 뜻하지 않은 낭패를 자초하게 될 수도 있다. 이런 이분법적 구분과 흑백 논리는 늘 조심하고 경계해야 한다. 놀이는 그사이 어디쯤 옮겨 다니며 살아 존재한다는 유연한 태도가 필요하며 놀이의 그러데이션은 매우 넓음을 잊지 않아야 한다. 나는 이것을 '놀이의 넓은 포용성(Wide gradation of play)'이라고 이름 붙여 쓰고 있다. 자칫 '가짜 놀이'와 '진짜 놀이' 다툼이 선명성을 다투다 아이도 잃고 놀이도 잃는 어리석은 길로 들어서지 않도록 한껏 신중해야 한다. 나 또한 이 책에서 놀이가 무엇인지, 놀이가 어떠해야 하는지 자주 말했다. 영원한 실언이고 실수임을 고백한다. 놀이는 놀이다. 놀이가 놀 때, 그것을 볼 때, 그동안 놀이에 관해 숱하게 이야기한 내 자신이 한없이 부끄럽다. 유아교육에서 말하는 놀이는 '철저한 자유놀이 그 자체'다. 한국 유아교육은 떠내려 온 시절을 되짚어 올라가 '자유와 놀이'라는 발원지를 찾기를 바란다. 천천히 다시 시작하자. 나도 다시 시작하려고 이 책을 쓴다.

아이는 놀 때 가장 쉽게 배운다

내가 사는 안동에는 어린이 문학을 오래도록 하셨던 아동문학가 권정생 선생님이 계셨다. 지금은 돌아가신 지 여러 해 되었지만, 선생님의 어린이에 관한 깊고 따듯한 이해와 사랑은 내 삶의 이정표가 되었다. 돌아가시기 전에 중동, 아프리카, 티베트, 북한 아이들을 걱정하시며 모든 인세와 재산을 아이들을 위해 써달라는 유언을 남기셨다. 선생님이 남기신 유언을 보면서 '중동, 아프리카, 티베트, 북녘' 곳곳에 사는 아이들을 만나고 그들을 사진에 담는 일을 해야겠다 마음먹었다. 그렇게 10년 넘게 아시아와 중동의 아이들을 만나러 다녔다.

돌아와 무엇을 해야 하나 생각했다. 할 수 있는 것을 해야 했다. 그동안 찍은 아시아와 중동 아이들 놀이와 놀이터 사진으로 매년 달력을 만들었다. 그리고 판매 금액 모두를 아이들을 위해 애쓰는 국내외 인도적 단체들에 보내는 일을 했다. "내가 쓴 모든 책은 주로 어린이들이 사서 읽는 것이니 여기서 나오는 인세는 모두 어린이에게 돌려주는 것이 마땅할 것이다"라고 마지막 말씀을 남기신 권정생 선생님을 따라 살고 싶다. 아시아, 중동, 아프리카,

남미, 티베트, 북한 등등 세상 곳곳의 아이들이 그들이 타고난 결대로 살 수 있도록 곁에서 나란히 걷는 사진가로 살면서 세상의 아이들을 좀 더 넓고 깊게 만나고 싶다. 그 10년을 오가며 제목 없는 시 한 편을 썼다.

> 빈곤과 고통의 한복판에서도 아이들은 논다.
> 그리고 아이들은 그곳을 놀이터로 만들어 가꿀 줄 안다.
> 동무와 놀고 놀잇감을 만들고 벽에 낙서그림을 그리고
> 때로는 부모를 도와 일을 하며 자란다.
> 아직 아시아의 여러 골목과 마당과 공터에
> 우리가 잃어버린 참사람, 아이들이 살아 있다.
> 아이들은 함께 어울려 놀 줄 안다.
> 어울려 놀며 평화와 만난다.
> 놀며 아이들은 앞으로 살아갈 힘과 용기와 지혜를 가슴에 담는다.
> 놀며 아이들은 도전하고 넘어지며 한계를 알아가고 넘어선다.
> 아이들은 놀며 만들고 부수고 때론 다투지만, 곧 함께 어울린다.
> 어떠한 상황에서도 아이들에게 놀이는 허락되어야 한다.
> 그래서 놀이는 아이의 밥이다.
> 도무지 아이가 놀도록 놔두지 않는 세상이다.
> 분쟁과 기아의 한복판에서도 아이들은 놀며
> 자신이 지닌 생의 기운을 몸짓과 소리와 표정으로 증명하는데

발달하고 안전하고 편리한 세상을 산다는 아이들은
거꾸로 놀이와 아이다움을 속절없이 잃어 간다.
아이들이 만약 놀지 않고 만들지 않고 그리지 않는다면
무엇으로 아이임을 증명할 수 있다는 말인가.
아시아 아이들의 놀이와 삶과 그들의 웃음과 울음 속에
우리 모두의 소년과 소녀가 있고
오늘 우리 아이들이 잃어버린 아름다움이 있고
우리가 마침내 닿아야 할 미래가 또 거기에 있다.
나는 아이들과 만나 그들의 놀이와 몸짓과 꿈과 즐거움을 본다.
그 속에는 무언가 온전한 빛이 있다.
아이들은 놀면서 그들에게 가장 절실한 것을 표현하고 있고
우리가 지금 가장 잊고 사는 것이 무엇인지 말해 준다.
이런 아이들을 세상이 지우려 하고 있다.
놀이가 사라지면서 아이들이 같이 사라지려 한다.
삶의 기운이 차고 넘치는 아시아의 아이들을 더 만나야겠다.
만나고 돌아와 세상에 아이들이 아직 살아 있다고 말해야겠다.
한 명의 소년으로 남아 오래도록 그 아이들의 친구가 되고 싶다.
그악스런 세상이 놀이와 아이를 떼어 놓으려 하지만
놀이는 아이 곁을 떠나지 않았다.
놀이와 아이는 한 동무이기 때문이다.
둘 사이에는 오랜 우정이 있기 때문이다.

오늘도 아이들 가까이 서성이는 놀이를 본다.
소비와 물신과 경쟁에 붙잡히지 않는
즐겁게 놀 때 가장 쉽게 배우는
여기, 참사람 아이가 여태 있다.

하루를 잘 논 아이는 짜증을 모르고, 10년을 잘 논 아이는 명랑하다

지난 시절 부모가 아이에게 했던 딱 하나의 잔소리는 "해지기 전에 들어와라"였다. 오늘 아이들을 본다. 아이들이 아침에 눈을 떠 저녁에 잠자리에 들 때까지 무엇을 하며 어떻게 하루를 지내는지 본다. 더러 나라 밖 아이들은 또 어떻게 하루를 보내는지 본다. 그런 어느 날 가슴이 답답할 때가 있다. 놀지 않는 아이들을 볼 때다. 놀 수 없는 아이들을 볼 때다. 놀이를 빼앗긴 대한민국 아이들을 볼 때다.

놀이를 잊고 두 손을 든 채 소비와 어른 흉내의 세계로 일찌감치 입문하는 아이들을 본다. 아이들은 놀이와 헤어진 채 학습노동을 하고 있다. 학교를 마치고 이런저런 학원을 찍고 돌아오는 아이들 얼굴을 보라. 월급도 없는, 월차도 낼 수 없는, 휴가도 없는 지독한 학습노동에 아이들은 절어 있다. 놀지 말고 공부해라가 아니라 이쯤 되면 놀지 말고 일하라다. 여기에 우리가 흔히 '유아'라고 하는 유치원, 어린이집 아이들까지 맹렬히 줄을 서고 있다.

아이들은 이렇게 멸종하는가

그래서 아이들은 멸종의 막다른 길로 들어섰다. 놀지 않고, 놀 수 없고, 마침내 노는 것을 잊어버린 아이들이다. 나는 여태 이런 순진한 소리를 한다. 대한민국은 노는 아이들 따위는 필요 없다고 하는데 아이들 노는 이야기를 하는 나는 어리석다. 아이의 성적과 경쟁이 지금 아이를 놀지 못하게 하면서 밀어붙여야 할 만큼 가치 있는 것인가. 대한민국의 아이들은 어쩌다 이런 지경에 이르게 되었고, 아이들을 사랑하는 부모들은 이토록 기막힌 상황 앞에서 왜 이렇게 무기력한 것일까. 부모와 아이는 타인이다. 타인인 아이를 향한 강요는 부모 스스로의 인간성을 황폐화시킬 것이다. 좋은 부모는 가장 적게 요구하는 부모이고, 진정 좋은 부모는 요구하지 않는 부모다. 부모가 물러설 때 아이는 나아간다.

나는 묻고 싶다. 당신은 이 견디기 어려운 세상에서 지금 무슨 힘으로 그나마 버티며 살고 있는지 말이다. 감히 말하건대 우리는 어려서 놀았던 힘으로 오늘을 살아 내는 거다. 어려서 동무들과 형 누나 동생과 골목과 마당과 들과 냇가에서 하루가 짧은 것에 발을 동동 구르며 해 빠지도록 놀며 만났던 무의미한 행동과 자유의 기억과 그 속에서 길렀던 몸과 마음의 힘을 조금씩 꺼내 이 어려운 오늘을 사는 거다. 아닌가? 적어도 나는 그렇다. 그런데 이렇게 놀지 못하고 기운 없는 우리 아이들이 점점 더 바빠지고 힘해지기만 하는 재난과 악천후의 세상을 어떻게 살아 내란 말인가.

하루에도 여러 차례 놀다가 죽었다. 그러나 아주 죽지 않는다.

다음 판에 또 살아난다. 죽고 사는 경험을 어디서 이렇게 마음의 상처 하나 입지 않고 배부르게 할 수 있을까. 놀이, 처음에는 안 된다. 조금 애써도 잘 안 된다. 그러면 이렇게도 해보고 저렇게도 해보고 저렇게도 안 되면 다시 이렇게 해보다가 어느 날 비로소 된다. 한 놀이를 좀 하려면 한철은 매달려야 한다. 비석치기가 좀 되는가 싶으면 이번에는 고무줄 하잔다. 고무줄 또 안 된다. 조금 하면 조금 된다. 의자와 동네 전봇대에 고무줄을 매놓고 혼자 연습을 거듭한다. 이처럼 많고 많은 놀이와 놀이 사이의 경계를 하나씩 넘으며 우리는 성장했다.

놀이와의 첫 만남은 좌절이라 했다. 돌이켜 보면 형이나 누나들의 놀이판에 쉽게 낄 수 없었다. 그만한 실력과 솜씨를 갖추어야 낄 수 있다. 나 또한 누나와 형들의 놀이판에 낄 날을 기다리며 조용히 한 놀이를 갈고 닦던 때가 있었다. 그렇게 '깍두기'로 누나 형들의 배려와 환대 속에 시간을 보내다 보면 안 되던 것이 어느새 된다. 잘 안 되던 것이 되는 경험을 어디서 할 수 있을까? 책이나 말로는 어림없다. 이런 놀이 경험이 수없이 쌓여야 아이는 무언가 할 수 있는 용기의 싹을 틔울 수 있다.

오늘 아이들을 본다. 유치원, 어린이집부터 대학을 나와서까지 넘어야 할 경계가 그야말로 첩첩산중이다. 이렇게 아이들이 경계를 넘을 때마다 주저하고 넘어질 일이 수두룩할 터인데 그때마다 어떻게 툭툭 털고 다시 일어날 수 있을까. 아이가 다시 일어서 가려면 이 아이한테는 무엇이 튼실하게 자리 잡고 있어야 할까. '되살아나는 힘'이 있어야 한다. 그것이 놀이다. 놀려면 시간이 있어야 하고 놀 터가 있어야 하고 동무가 있어야 한다. 당신은 오늘 아이들에게 놀 틈과 터와 동무를 얼마나 넉넉히 허락하고 있는가. 우리 아이들에게 이 사회가 퍼붓는 공격과 비난 때문에 받을 상처의 크기와 종류는 갈수록 커지고 날카로워지는데 아무도 아이들에게 그 상처를 어떻게 회복하고 일어설 힘을 기를 것인지 환경을 제공하지 않는다. 나는 이 대목에서 숨이 멎고 막힌다.

게임과 소셜미디어는 아이들의 노동이 되었다

놀이는 긍정의 힘을 아이들에게 기르게 한다. 놀다 보면 돕기도 하고 도움을 받을 수도 있다. 또한, 처음에는 하기 어려워 잘 안 되는 놀이였지만 자주 하다 보면 어느새 익숙해지는 자신을 만나는 신기한 경험을 한다. 그러나 오늘 아이들은 놀이보다는 더 많이 더 오래 게임을 한다. 게임을 하며 아이들이 견딘다는 것을 나도 잘 안다. 어른들은 아이들을 가혹한 학습과 경쟁의 장으로 밀치며 게임이라는 것을 손에 쥐어 줬다. 아이들은 이 게임도 마치 어른들이 노동하듯 한다.

친구들과 MMORPG(Massive Multiplayer Online Role Playing Game) 게임을 하다가 잠시 화장실을 가거나 한눈을 팔면 채팅 창에 어떤 놈이 한눈파느냐는 욕설이 불을 뿜는다. 아이들의 게임이 놀이가 아니라 노동이 되고 있다. 아이들은 피곤한 몸과 졸린 눈을 비비며 함께 성을 공격하며 적과 싸운다. 그러지 않고는 레벨도 올릴 수 없고 아이템도 가질 수 없다. 늦도록 게임을 하다 부모에게 컴퓨터 코드가 뽑혔을 때 아이들이 자지러지는 까닭이 여기에 있다. 하루 품을 고스란히 날려 버렸으니 아이가 그럴 만도 하다. 다음 날 학교에서 함께 게임을 하던 친구들로부터 받을 비난을 생각하면 더욱 그렇다. 아마 여러 명이 힘을 모아 적과 싸우다가 한 아이가 갑자기 게임에서 사라지자 빠르게 전력이 떨어진 조직은 그날 적들에게 몰살을 당하거나 도망치기에 바빴을 테다. 이렇듯 아이들은 게임 속에서 또 하나의 다른 세상을 살고 있다. 게임은 아이들에게 이 세상은 참 세상이 아니니 다른 세상에 가서 살라며 오늘도 등을 떠민다. 물론 문제만 있는 것은 결코 아니다. 가상의 세계는 존재하며 필요하고 이로운 점도 많다.

어른들은 그래 공부 힘들지, 게임하면서 잠시 쉬고 다시 공부하라고 했는데 아이들은 친구들을 모아 전쟁의 한복판으로 뛰어든다. 도망치는 한 놈을 끝까지 쫓아가 머리통을 총으로 쏘아 부순다. 끔찍한가. 게임 내용의 폭력성이나 선정성은 문제의 핵심이 아니다. 가상세계의 공격적 시스템은 현실세계에서 실제 공격성을 완화시키는 순기능도 있음을 어느 정도 인정해야 한다.

어른들은 아이들에게 우리가 사는 곳이 전쟁터이며 거기에서 살아남으려면 공격하고 파괴하고 짓밟고 제압하고 탈취해야 멋진 삶을 살 수 있다고 날마다 아이들 앞에서 떠벌리고 있지는 않은가. 다시 말해 게임의 폭력성에 놀랄 일이 아니라 아이들이 사는 곳이 이미 싸움터요 전쟁터임을 주지시키고 있는 우리를 성찰해야 한다. 진한 폭력이라는 것은 사회에서 배우는 것이지 게임 따위에서 배우는 것이 아니란 말이다.

나는 게임 금지론자가 아니다. 친구들과 게임에서 만나 친해질 수 있다. 당연히 '우정'도 쌓을 수 있다. 마치 '자유놀이'처럼 정해진 것을 따라가지 않고 매 순간 자기결정으로 앞으로 나아갈 수 있다. 앞서 없었던 매우 민주적인 장르다. 그러나 게임은 아동기의 실종을 부채질하며 아이들 놀이를 빠르게 멸종시키고 있는 것도 사실이다. 이제 눈치를 보며 PC방에 가거나 집에서 방문을 닫거나 밤에 자다 일어나 몰래 컴퓨터를 켜고 게임을 할 필요가 없다. 아이들은 마침내 들고 다니면서 이 세상의 모든 게임을 모바일로 할 수 있는 세상을 맞았다. 게임을 둘러싼 금지와 허용의 줄다리기는 끝났다. 이제 게임을 둘러싸고 일어나는 논쟁은 게임의 완전한 승리 앞에 무릎을 꿇었음을 냉철히 보아야 한다.

자본주의 시장에서 아이들이 게임을 적게 하거나 못하게 할 방법은 없다. 자본은 언제나 모든 예방 프로그램과 제도를 무력화시켰으며 그렇게 해왔다. 다른 관점과 철학이 필요하다. 아이들은 왜 게임에 몰입하는 것일까? 세상에 잘못된 진단들이 돌아다닌다. 아이들이 경쟁에 지쳐 그 힘겨움을 덜고자 게임에 몰입하는 거라고 한다. 틀리지 않는 말이다. 그러나 더 본질적인 것을 살펴야 한다. 비겁하게 핑계를 찾으려고 해서는 안 된다. 아이들은 그동안 놀지 못한 놀이에 허기가 져 게임에 빛과 같은 빠르기로 입문하는 것이다. 이를 바로잡으려면 빼돌리고 빼앗은 '놀이'를 제자리로 돌려놓는 일과 '극단적 이윤 추구'라는 천박한 게임의 본질에 관한 무자비한 비판 사이에서 균형을 찾아야 한다. 여기에 소셜미디어의 등장으로 문제는 더욱 혼탁해지고 있다. 차분하고 냉정한 대응이 필요하다. 이 책 1부와 2부 뒤에 실은 부록을 참고하기 바란다.

조금 더 더럽고 시끄럽고 어지르며 키우자

어느 날 아이가 게임에 지나치게 몰입하는 모습을 보일 때 부모는 아이가 태어나서 지금까지 얼마만큼의 '놀이밥'을 꼬박꼬박 먹었는지 떠올리자. 아이와 지내면서 우리는 아이들이 먹을 놀이밥을 자주 숨기거나 가로채 왔을지 모른다. 영양가 높은 음식은 지나치게 먹이면서 놀이밥은 챙기지 않던 보호자가 게임에 빠진 아이를 나무랄 수 있을까. 아이들은 그 나이 먹도록 제대로 놀지 못해 놀이에 너무 허기가 져 있는데 말이다. 어른들은 학교 정문에서부터 아이들을 차에 태워 여기저기 뺑뺑이를 돌려 밤늦게 널브러지게 하는 일을 꼼꼼하게 주도하고 공모해 왔지 않은가. 놀이에 허기진 아이들이 게임을 만났을 때 모습을 상상해 보라. 어떠한 대가를 치르더라도 무엇이 막아서도 붙잡고야 말 것이다.

아이들도 게임에 빠지는 것 말고는 선택지가 없다. 그러니 어떻게 게임 중독을 아이들 잘못으로만 볼 수 있단 말인가. 그것은 '놀이밥'을 먹어야 할 아이들의 기본권을 오래도록 가로챈 어른들이 할 말이 아니다. 놀이밥을 꼬박꼬박 먹는 아이들은 불편함과 간섭과 억지가 설령 있더라도 어느새 잊어버리고 회복이 된다. 해로운 것들로 가득 찬 환경 속에 있어도 놀이밥을 먹는 아이들은 건강하고 명랑하다. 놀면 즐겁고 즐거우면 웃음이 절로 나오기 때문이다. 웃음과 즐거움은 많은 것에서 홀가분하게 벗어나게 돕는다. 놀이는 웃음과 재미와 즐거움을 만나는 일이다.

아이들은 놀아야 한다. 놀아야지 자기가 무엇을 좋아하고 또 잘하는지 알 수 있다. 놀면서 땀을 흘려야 한다. 덥다고 에어컨 앞에만, 춥다고 온실 안에만 있으면 아이들은 체온 조절능력을 잃어버리고 이것은 곧 자율신경의 균형을 무너뜨려 질병에 이르게 한다. 이 땀은 아이들의 성실함과 하고자 하는 열망을 만드는 데 없어서는 안 된다. 그리고 아이들을 조금 더 더럽게 밖에 내놓고 키울 일이다. 탈탈 털어 키우면 아이가 약골이 된다. 덧붙이자면 좀 더 소란스러운 곳도 필요하고, 좀 더 어질러진 곳도, 좀 더 위험한 환경도 필요하다. 꼭 필요하다.

아이들이 놀지 않으니 먹는 게 문제고 자는 게 문제다. 배가 고파야 음식을 달게 먹는데 온종일 책상에만 앉아 있으니 입맛이 있을 리 없다. 아이들 가까이 있는 음식 또한 엉망이다. 아이들의 잠 또한 크게 모자라다. 왜 잠이 모자랄까. 졸리지 않기 때문이다. 왜 졸리지 않을까. 피곤하지 않기 때문이다. 숙제 또한 아이들이 감당하기에 지나치게 많다. 학교에서 아이들을 집으로 돌려보낼 때 내는 숙제는 당연히 놀이가 되어야 한다. 학교에서 충분히 공부했으니 집으로 돌아가서는 노는 숙제를 땀 흘려 할 수 있도록 교사와 부모는 도와야 한다.

놀지 않는데 어떻게 아이들이 피곤할 수 있겠는가. 몸을 움직여 놀지 않으니 피곤하지 않고 그러니 일찍 잠을 못 잔다. 맘껏 놀지 않으니 기분 좋은 피곤함이 뭔지 모른다. 그러니까 자연스럽게 엄마 아빠의 걱정이나 갈등이 귀에 들리고 어느새 마음에 얼룩진다. 아이들이 아이들이 아니게 되는 것이다. 본디 아이들 걱정이 아니었던 것이 아이들 걱정이 되어 아이들을 짓누른다. 불과 얼마 전까지만 해도 아이들은 '내일 뭐 하고 놀까? 누구랑 놀까?' 그것밖에 고민하지 않았다. 이런 아이들은 명랑할 수밖에 없고 명랑한 아이는 늘 바쁠 수밖에 없다. 푹 자고 마음껏 놀기! 이게 아이들이 해야 할 유일한 일이다.

내가 어릴 때 친척들한테 이런 소리를 자주 들었다. "너는 조그만 게 뭐가 그리 바쁘니?" 하는 소리 말이다. 친구들도 그런 아이들이 많았다. 그러나 아무도 우리를 이상한 아이 취급하지 않았다. 그리고 지금은 미친듯이 뛰지도 못하고 소리도 못 지르고 오래 울지도 못한다. 왜 그럴까? 아이 때 어느만큼 다 쏟아 냈기 때문이다. 오늘 아이를 돌보는 부모와 교사는 바로 이 일을 도와주어야 한다. 아이들이 마음껏 뛰고 소리 지르고 웃고 울부짖게 말이다. 건강한 아이는 늘 바쁘다.

조그만 내가 무엇 때문에 그렇게 바빴냐 하면 뭘 하고 놀아야 할지 모를 만큼 놀 게 많았기 때문이다. 아이들은 놀고 잠잘 때 자란다. 가장 아름다운 얼굴은 한껏 놀다가 곯아떨어져 잠든 아이 얼굴이다. 우리 집은 보통 8시 반이면 잠자리에 든다. 그리고 9시면 한잠이 든다. 그러면 아침 7시 정도 아이가 잠을 깬다. 아이도 자야 하지만 우리 어른들도 더 많이 자야 한다. 놀지 않으니 점점 잠자는 시간이 늦어지는 거다.

아침이면 엄마나 아빠의 닦달로 일어나니 아침이 맛있을 리 없다. 그리고 학교에 간다. 비몽사몽 아침 시간을 보낸다. 배가 고프다. 그러나 바른 먹을거리를 찾기 어렵다. 집으로 돌아온다. 대부분 부모가 집에 없다. 먹는 문제에서 가장 중요한 것은 유기농도 친환경도 아닌 누구랑 먹느냐다. 혼자 밥 먹기만큼 사람을 피폐하게 만드는 것도 없다. 이것은 혼자 놀기의 어려움을 짐작하면 이해할 수 있다. 골방에서 유기농 혼자 먹어서 무슨 큰 이로움이 있을까. 집에서도 학교에서도 바른 먹을거리를 먹지 못하고 또 학원에서 학원으로 옮아 간다. 대한민국의 아이들은 유아에서부터 청소년 때까지 십수 년을 이렇게 떠돌며 멸종해 가고 있다. 분명 아동기와 그들의 놀이는 빠르게 사라지고 있다.

아이들을 간섭과 제지와 금지로부터 해방시키자

이 모든 것의 고리가 끊어지게 하는 것이 바로 아이들이 놀지 않아서라면 지나친가. 놀지 않으니 잘 먹지도 못하고 잘 자지도 못한다. 어떤 집의 아이가 몸과 마음이 아프다고 하면 나는 먼저 그 집은 아이들을 마음껏 놀게 하는지, 아이들 잠은 푹 재우는지, 음식은 집에서 먹이는지 이런 것을 궁금해 한다. 아이가 아프면 푹 재우고 바르게 먹여야 한다. 그리고 많이 놀게 해야 한다. 그러면 낫는다. 그래서 빈곤한 아이들의 '놀이격차'를 보면 마음이 미어진다. 도무지 고리가 찾아지지 않기 때문이다.

어른이고 아이고 놀고 바르게 먹고 더 자야 낫는다. 대한민국에서 이렇게 잘 놀고 더 자고 바르게 먹이며 아이들을 돌볼 수 있을까. 쉽지 않은 일이다. 그러나 못 놀고 엉망으로 먹고 잠도 자지 못하는 까닭을 아이들 탓으로 돌리지는 말자. 나라와 교육과 피리 부는 어른들이 모두 나서 아이들의 어린 시절을 멸종시키겠다는 것이 분명한 현실을 보자. 부디 이렇게 사라져 가는 아이들에게 오늘 따뜻한 한 그릇의 '놀이밥'을 퍼주자. 왜 '놀이밥'인가? 밥은 누구나 먹는 것이기 때문이다. 누구나 먹을 수 있고 누구나 먹어야 하는 것이기 때문에 '놀이밥'이다. '놀이밥'의 다른 이름은 그래서 '놀이의 형평성'이다.

아이가 밖에서 노는 것도 재미있고 게임도 재미있다는 것을 몸으로 균형 잡게 해주자. 주체적 세계를 구성할 수 있다는 점에서 게임과 놀이는 만날 수 있고 공존할 수 있다고 생각한다. 게임과 놀이의 균형을 이렇듯 아이 스스로 잡을 수 있으면 문제는 풀린다. 어려서부터 밖에서 놀면서 '놀이밥'을 꼬박꼬박 하루에 두서너 시간씩 먹던 아이들은 컴퓨터 게임을 두 시간 하는 것을 어려워한다. 왜? 좀이 쑤시고 몸이 근질거려 못한다. 그렇지만 어린이집, 유치원, 초등학교 문 앞에서부터 학원으로 실어 날려지던 아이들은 이틀을 컴퓨터 앞에 앉아 있어도 큰 불편을 모른다. 몸이 아무런 답답함을 느끼지 못하는 상태가 되었기 때문이다. 아이들을 '죽은 목숨'으로 만들 것인지 아니면 게임을 하다가도 좀이 쑤시면 보드를 타고 친구라도 불러내는 '산 목숨'으로 만들 것인지는 우리한테 달려 있다. 우리는 아이들이 평생 쓸 몸을 만들어 주어야 한다. 쥐가 나면 움직이고 좀이 쑤시면 기지개를 켜고 벌떡 일어나는 살아 있는 몸 말이다.

밖에 나갔더니 우리 아이와 함께 놀 아이들이 없다고 하지 말고 먼저 내 아이와 함께 밖으로 나가길 바란다. 그렇게 누군가 나와서 놀고 있다면 다른 집 부모도 자기 아이의 손을 잡고 나올 것이다. 같은 또래 아이들을 키우는 옆집 부모와도 손을 잡지 못하게 만드는 이 자본의 경쟁과 소외와 분열에 맞서는 용기와 저항이 진정 필요하다. 그리고 그 싸움 자체가 우리의 즐거움이 되어야 한다. 그래서 자본에 가장 격렬하게 저항하는 길 또한 우리 어른도 아이도 재미있게 노는 것이다. 만약 우리 스스로뿐만 아니라 아이들도 못 놀게 하고 있다면 우리는 자본에 먹힌 존재라 해도 좋다. 지금도 놀 수 없고 앞으로도 놀 수 없다면 삶은 끝이 난 거다. 앞서 놀아야 이긴다고 했다. 더불어 안 사야 이긴다. 그리고 마침내 자본에 이기려면 외롭고 고독하고 쓸쓸하고 가난해야 한다. 내가 20년 동안 안동에서 살면서 권정생 선생님을 생각하며 깨달은 것이 하나 있다면 바로 이것이다. 성장을 멈춘 일상 속에서 아이들과 함께 가난하고 소박한 '놀이의 길'을 선택할 수 있어야 한다.

우리는 자본에 빼앗긴 놀이를 되찾아 올 수 있을까? 왜 아이들을 못 놀게 할까? 불안하면 놀 수 없다. 불안을 떨칠 수 있는 방법이 무엇일까? 놀이다. 그래서 놀이의 반대는 일이 아니라 '그래도 현실이라는 핑계'이고 '불안과 두려움'이다. 불안해서 못 노는 어리석음에 빠지지 않아야 한다. 그것이야말로 자본이 간절히 바라고 집요하게 선전하는 바다. 남의 눈치 보면 못 논다. 남의 눈치 보면 삶은 종을 친다. 놀아야 사람이고 놀아야 아이다.

오늘도 아이들 곁을 내내 서성이는 놀이를 본다. 언제라도 아이들이 손을 뻗는다면, 놀이는 웃으며 아이들 손을 잡아 줄 것이다. 이것이 내가 가진 놀이에 대한 최종 긍정이다. 아이들한테 지금 필요한 것은 자유와 놀이와 허용과 해방이다. 마음이 죽어 "물고기처럼 자유롭게 살고 싶다"는 마지막 말을 남기고 세상을 버린 아이가 진정 바랐던 것은 "자유롭게 놀고 싶다"였을 것이라 나는 믿는다. 아이들은 놀이를 폭포처럼 맞고 자라야 한다. 장자(莊子)의 한 대목을 옮기며 글을 마치고 싶다. 어찌하여 노나라 임금은 새를 죽게 만들었을까.

> 옛날 바닷새가 노나라 서울 밖에 날아와 앉았다. 노나라 임금은 이 새를 친히 종묘 안으로 불러 술을 권하고, 아름다운 음악을 연주해 주고, 소와 돼지와 양을 잡아 성대히 대접했다. 그러나 새는 어리둥절해 하고 근심과 슬픔에 잠길 뿐, 고기 한 점 먹지 않고 술도 한 잔 마시지 않은 채 사흘 만에 죽어 버리고 말았다. 이것은 자신과 같은 사람을 기르는 방법으로 새를 기른 것이지, 새를 기르는 방법으로 새를 기르지 않은 탓이다.

임금은 새를 사랑하지 않고 자신을 사랑했기 때문이다. 아이를 진정 사랑한다면 아이가 마음껏 놀며 결대로 성장할 수 있게 놓아 주시라. 당신과 내가 직장의 개가 아니듯 아이 또한 당신의 애완견이 아니다. 나와 당신 또한 놀이가 키웠지 않는가. 아이들이 뛰어넘을 수 없는 까마득한 담장 너머에 갇힌 놀이는 오늘도 아이들이 보고 싶어 운다. 대한민국 아이들은 놀이와 헤어진 채 손바닥 게임기와 스마트폰을 한 대씩 들고 소셜미디어에 접속한 채 어린 디지털 난민으로 떠돈다. 이제라도 대한민국 부모님과 선생님께서 아이들과 놀이의 오랜 인연을 이어 준다면 놀이는 아이들 곁에 바람처럼 돌아올 것이다. 돌아온 놀이가 아이들을 탁 치는 찰나, 아이들은 가상과 꿈에서 깨어나 활기차게 몸을 움직이리라. 아이들은 부모와 교사로부터 해방된 시간과 공간에서 동무와 세상과 놀이를 만나야 한다. 그래서 마침내 아이들은 간섭과 제지와 금지로부터 해방되어야 한다. 나로부터! 당신으로부터! 그러면 아이들은 소셜미디어와 스크린과 게임을 스스로 관리하며 놀이와 균형을 잡아 갈 것이다. 이렇게 하루를 잘 논 아이는 짜증을 모르고, 10년을 잘 논 아이는 구김이 없어 명랑하다.

권정생의 「엄마 까투리」를 읽고

엄마 냄새

안동시 일직면 조탑리 권정생 선생님 댁에, 제주에 사는 초등학교 아이들이 다녀갔다. 아이들이 마당에 앉아 집 그림을 그렸는데, 다 그리고 나서 한 아이가 이런 말을 했다.

"저렇게 작은 집에 살아도 세상 사람들에게 감동을 주는 글을 쓸 수 있네요."

선생님이 더 그리운 시절이다. 날이 덥다. 곧 불같이 더운 여름이 시작될 듯하다. 여름 타령을 늘어놓는 나는 본론으로 들어가지 못하고 서성이는 것이다. 왜일까? 엄마 까투리 때문이다. 아니 냄새 때문이다. 지워지지 않는 내 엄마 냄새와 새끼들을 살리고 타죽은 엄마 까투리 냄새 때문이다.

**꿩병아리들은 그래도
뿔뿔이 흩어져 모이를 주워 먹다가는**

밤이면 앙상한 엄마 까투리 곁으로
모여들어 잠이 들었습니다.
엄마 냄새가 남아 있는 그곳에
함께 모여 보듬고 잠이 드는 것이었습니다.

　엄마도 버거운데 여기에 냄새를 붙여 쓴 '엄마 냄새'에 참 숨이 멎는다. 나 또한 엄마가 그리운 것이 아니라 엄마 곁에서 늘 맡았던 엄마 냄새가 그리운 것인지도 모른다. 『어머니 사시는 그 나라에는』에서 『엄마 까투리』까지 선생님의 어머니에 대한 그리움과 사랑은 헤아릴 길이 없다. 그렇지만 마침내 『엄마 까투리』에서 선생님은 민얼굴에 붉은 눈시울로 우리에게 당신의 어머니를 잠시 보이셨다. 이 『엄마 까투리』가 애니메이션으로 제작돼 개봉한 지 오래다. 선생님은 하늘나라에서 반기셨을까?

　애니메이션 〈엄마 까투리〉는 권정생 어린이문화재단이 함께하고 정길훈 감독이 만들었다. 『엄마 까투리』에 이어, 『마당을 나온 암탉』도 애니메이션으로 만들어지는 것을 보니 이참에 소박하게나마 같은 제목을 단 그림책과 애니메이션을 견주어 보는 것도 좋을 것 같다.

　우연인지는 몰라도 두 작품 주인공이 다 '조류'다. 왜 황선미 선생님이나 권정생 선생님은 주인공을 '닭과 까투리'로 삼았을까. 울타리 안에 갇혀 사는 아이들에게 자유롭게 날 수 있는 날개를 달아 주고 싶어서는 아니었을까 생각해 본다. 애니메이션 〈엄마 까투리〉는 꿩병아리들의 힘찬 날갯짓으로 끝이 난다. 그림책에는 없는 장면이다. 이 장면을 보면서 『마당을 나온 암탉』에서 초록머리가 날아가는 절정 장면이 떠올랐다.

날개

애니메이션을 본디 그림책과 똑같이 만드는 것은 가능하지도 바람직하지도 않다. 그림책 내용을 똑같이 따라 애니메이션으로 굳이 다시 만들 까닭이 없기 때문이다. 애니메이션을 만들려면 크고 작은 변화가 생기게 마련이다. 이런 맥락에서 본다면 애니메이션 〈엄마 까투리〉는 그림책과 견주어 퍽 알맞은 높낮이의 변화가 녹아들어 있고, 이 점이 보는 아이들에게 무리 없이 다가서는 것 같다. 죽음이라는 무거운 내용을 다루면서도 따듯한 색감과 밝은 캐릭터, 그리고 명랑한 리듬감으로 사뿐 넘어선다. 애니메이션 〈엄마 까투리〉는 애니메이션의 장점을 잘 살려내 아이들 앞에 선 셈이다.

먼저 눈에 띄는 점은 본디 그림책에 없는 도입 부분의 창작이다. 애니메이션에서 이 도입부를 넣으면서 엄마 까투리와 아홉 마리 꿩병아리들이 얼마나 애틋한 사이인지를 잘 보여준다. 특히 막내 꿩병아리와 엄마 까투리를 중심으로 이야기를 풀어 간 것은 매우 산뜻한 선택이다. 고무신에 실려 떠내려가다 높은 물에서 떨어진 막내 꿩병아리를 할아버지가 구해 준 뒤 엄마 까투리에게 넘겨주는 대목은 고민을 많이 한 설정이다.

더불어 전반부에 어울리는 노래가 나오고, 여기에 고무신 뱃놀이가 따라붙는다. 이렇게 노래와 놀이가 차례로 어린 관객들에게 다가서며 이야기가 부드럽게 전달되는 역할을 한다. 자장노래 또한 본디 그림책에 없는 것이었는데, 이 또한 잘 어울린다. 불길에 자기 자신을 내맡기며 엄마 까투리가 새끼들을 품에 안고 부른 노래가, 앞서 평화롭던 때 새끼들을 품에 안고 사랑스럽게 재우며 불렀던 노래와 같아 편안함을 준다. 이 두 노래가 서로 대비되면서 극적 긴장이 너무 험한 쪽으로 치닫지 않게 하는 역할을 한다.

엄마 까투리가 불길에 등과 머리와 날개가 타면서도 새끼들에게 자장노래를 불러 주는 장면은 그림책에서 볼 수 없는 애니메이션 〈엄마 까투리〉의 눈부신 대목이다. '하나둘셋'으로 시작하는 노래 또한 평화로운 전반부와 위급한 후반부에 나란히 나와, 자장노래와 짝을 이룬 구성을 보여준다. 이렇듯 꿩병아리들의 익살스러운 장난과 노래와 놀이를 보여주면서 애니메이션은 그림책 줄거리를 따라 본격적인 이야기를 펼친다.

시작 대목에서 애니메이션 특유의 재미와 리듬감을 잘 살려오던 것이 본격적인 이야기가 펼쳐지면서 그림책과 다른 느낌으로 다가온 곳도 한두 군데 눈에 띈다. 그림책에서는 산불이 나 새끼들을 피신시키려다가 불이 코앞에 닥치자 엄마 까투리는 자기도 모르게 새끼들을 내버려 두고 하늘로 날아오른다. 그런데 애니메이션에서는 새끼들을 데려갈 길을 찾는 날갯짓으로 바뀐다. 또 그림책에는 없는데, 애니메이션에서 막둥이가 위험에 빠지자 엄마 까투리가 용맹하게 날개를 펴 거의 죽어 가는 막둥이를 구출해 내는 장면이 있다. 이 대목을 보면서 잠시 위험에 빠진 세상을 구하는 재난영화가 스쳤다. 그리고 이런 영화에 늘 따라오는 영웅의 모습을 엄마 까투리한테 씌운 인상을 받아 개운치 않았다.

그림책에서 엄마 까투리는 처음부터 새끼들을 위해 희생할 준비가 되어 있는 그런 영웅적인 엄마는 아니었다. 엄마 까투리는 평범한 엄마였을 뿐이다. 불길이 너무 뜨겁고 무서워 새끼들을 두고 혼자 달아날 수 있는 그런 엄마였다. 애니메이션 〈엄마 까투리〉에서 가장 아쉽고 권정생 선생님의 생각과 어긋나는 대목이라고 생각한다.

갑자기 불길이 엄마 까투리를 덮쳤습니다.
엄마 까투리는 저도 모르게
그만 푸드득 날아올랐습니다.

저만치 날아가다가 엄마 까투리는
뭔가 깜빡 두고 온 것이 생각났습니다.
가슴이 철렁 내려앉았습니다.

새끼들을 그냥 두고 혼자 달아났기 때문입니다.

어떻게 이런 엄마 까투리가 새끼들에게 몸을 되돌리게 되고 마침내 머리와 등과 날개가 타들어가도록 새끼들을 품고 꼼짝 않았을까? 권정생 선생님이 그리려고 했던 것은 영웅 엄마 까투리가 아니라, 두려움 속에서 몹시 흔들리다가 마침내 새끼들의 고통을 보고서야 다시 사랑과 모성을 발견하고 한발 내딛는 엄마 까투리였기 때문이다.

엄마 까투리는 새끼들이 사나운 불길에 점점 휩싸이는 모습을 가까이 보면서 새끼들을 지키려는 마음이 일어났다. 불길이 엄마 까투리 제 몸에 스쳐 그것이 얼마나 뜨거운 것인가 느꼈을 때, 새끼들을 지켜야겠다는 마음을 먹는다. 내가 이렇게 아픈데 아이들은 얼마나 아플까 하는 마음 말이다.

여기서 나는 부모 된 이의 자식 사랑이 어떠해야 하는지 깊은 생각에 빠진다. 아이들이 지금 겪고 있는 고통이 무엇인지 알아야 하고, 그러려면 그 고통 속으로 들어가 아이들 자리에 서 보아야 한다. 그리고 함께 그 아이의 아픔과 마주할 수 있는 용기를 부모 된 사람은 갖추어야 하는 것이 아닐까 생각했다. 그러나 그것은 매우 어려운 일이 틀림없다. 그 어려움을 그림책에서, 목구멍까지 타들어오는 불길의 고통을 피해 세 번이나 도망쳐 날아오르는 엄마 까투리로 보여줬다. 애니메이션을 만들 때 원작인 그림책을 깊이 읽어야 함을 절실하게 보여주는 대목이다.

그림책을 먼저 본 사람들이 애니메이션을 보면서 이런 궁금함이 하나씩 늘어간다면 본디 그림책과는 거리가 생기는 것이 아닌가 하는 생각이 든다. 아이에게 그림책을 천천히 소리 내어 몇 번을 읽어 주다 이런 생각을 자연스럽게 하게 되었다. 한편, 그림책에서 읽는 사람 마음 저 깊은 곳을 몹시 흔드는 대목이 몇 있었다. 엄마 까투리가 불길 속의 새끼들에게 다가가는 대목이다.

> 하지만 다시 불길이 엄마 까투리를 덮치자 또 푸드득 날아올랐습니다.
> 엄마 까투리는
> 날아올랐다가는 다시 내려오고
> 날아올랐다가는 다시 내려오고
> 몇 번이나 그랬지만 아무래도 새끼들을 두고는 혼자 달아나지 못했습니다.
> 할 수 없었습니다.

이제 엄마 까투리는 자신의 모든 것을 내려놓고 새끼들을 불러 보듬어 안는다. 새끼들을 살리는 길은 이것 하나밖에 없구나! 그때 마지막으로 긴 한숨처럼 나오는 말이 "할 수 없었습니다"였다. 이 대목이 애니메이션에서는 대사 없이 엄마 까투리의 몸짓과 눈

빛으로 잘 그려져 안심이 되었다.

애니메이션에서 아쉬운 대목도 있었다. 그림책 그림은 김세현 선생님이 그렸는데, 이야기 끝자락에 죽은 엄마 까투리 곁에 새끼들이 잠이 들자 엄마 까투리가 다시 밝게 되살아나는, 글 없는 두 쪽 펼침 그림은 이 그림책의 빛나는 대목이다. 그러나 아쉽게도 애니메이션에서는 이 장면을 잘 살려 내지 못하고 꿩병아리들이 하늘을 나는 날갯짓으로 마무리되었다. 이 장면이 애니메이션에서 잘 살아났다면 더 좋았을 것이란 생각을 두고두고 했다.

불길

애니메이션을 보면서 이런 물음이 남았다. 불길에 놀라 허둥대는 엄마 아빠를 어린아이가 성냥개비 같은 발로 뛰어 쫓아올 때 우리는 무엇을 할 수 있을까. 이런 절절한 물음이 애니메이션을 보는 내내 따라다녔다. 그리고 이야기 속 불길을 보면서 오늘 아이들을 둘러싸고 조여 오는 악천후 위기와 불길이 어떤 것들인지 생각에 잠겼다.

애니메이션 〈엄마 까투리〉는 정식으로 개봉하기도 전에 안동과 경북 지역에서 많은 아이들이 봤다. 그런데 그냥 아이들이 본 것이 아니라 웃다가 손뼉 치다가, 마침내 아이들이 여럿 울었다. 따라온 엄마 아빠도 울었다. 어떤 울림을 주었기에, 웃기고 재미있고 빠르게 움직이는 애니메이션을 보던 아이들을 울게 했을까? 엄마가 죽는다는 것은 서양 애니메이션에서 상상하기 어려운 일이다.

동화라는 것이 아이들에게 슬픔과 고통과 죽음의 세계를 보여주지 않고 애써 감추려는 것에 맞서, 권정생 선생님은 아이들도 슬픔을 느낄 수 있고 누가 무엇이 그런 슬픔을 만들어 내는지 알아야 한다고 줄곧 말씀하셨다. 애니메이션이 개봉한 그 시절, 어린이집에 갓 들어간 딸이 안 가겠다고 몸부림치며 울었던 기억이 난다. 그래서 울어라 했다. 세상에 모진 일 가운데 하나가 나오는 울음을 그치라는 것이 아닐까. 딸이 울다가 울다가 울음을 그쳤다. "다 울었어"라고 했다. 아이들이 울 때는 까닭이 있는 것이고 되도록 다 울도록 놔둘 일이다. 엄마와 몇 시간 떨어져 있는 것도 슬퍼우는데, 그런 이야기 속 엄마 까투리가 죽었으니 아이들 마음이 오죽했을까.

그림책 『엄마 까투리』를 보고 가장 떠오르는 말은 '희생'일지 모른다. 희생이라니! 참 요즘 세상과 어울리지 않는 낱말 가운데 하나인 듯하다. 틀림없이 이 작품 한가운데에 엄마의 희생이 있다. 그러나 발달하고 모던한 오늘 세상에, 새끼를 살리고 죽는 엄마 이야기가 어떤 울림을 줄 수 있을까? 자칫 비장함으로 떨어져 불편한 마음이 들지도 모를 일이다. 희생이라는 것이 남을 살리고 내가 죽는다는 뜻이라면 더욱 그렇다.

그렇지만 그림책 『엄마 까투리』에서 엄마의 죽음을 희생으로 보아서는 안 되는 까닭이 있다. 엄마 까투리한테 날개는 자신의 모든 것이다. 엄마 까투리는 불길에서 새끼들을 보호하기 위해 그 날개를 쓴다. 이렇듯 자신한테 가장 소중한 것을 내어 주는 것을 무엇이라고 불러야 할까. 희생이라기보다는 사랑이라고 해야 하지 않을까. 그래서 마침내 엄마 까투리의 날개는 죽은 뒤 새끼들의 둥지가 된다. 날개가 없었다면 엄마 까투리는 새끼들을 불로부터 막아 주기 어려웠을지 모른다. 자신의 가장 소중히 여기던 것도 내놓을 수 있을 때, 자신이 철썩같이 믿고 있던 믿음도 내려놓을 수 있을 때, 가고 싶지 않고 넘고 싶지 않은 경계도 성큼 넘어 보는 용기를 낼 때, 부모의 품은 완성되는 것이 아닐까. 그게 엄마 까투리의 날개가 아니었을까.

권정생

그림책 첫 장을 보면 선생님 손 글씨로 "좋은 그림책이 되었으면 좋겠습니다"라는 글이 있다. 『엄마 까투리』 그림책을 더 많은 아이와 부모님이 보았으면 하는 바람으로 짧은 글을 써보았다. 그림책은 그림책 나름의 흐름이 있을 테고 애니메이션도 마찬가지일 테지만, 그림책 『엄마 까투리』라는 하나의 온전한 작품을 어떻게 애니메이션으로 새롭게 만들었으며, 그 결과 얼마나 그림책과 가깝거나 혹은 멀어졌는지 살폈다.

그림책은 그림책만의 장점이 있듯이, 애니메이션도 다른 장르가 아닌 애니메이션만이 보여줄 수 있는 무언가가 있을 것이다. 이 글을 쓰면서 행복했던 까닭은, 딸과 함께 몇 번을 다시 읽은 그림책 『엄마 까투리』가 볼수록 좋았고, 애니메이션은 애니메이션대로 남다른 재미와 감동이 있어 좋았기 때문이다. 솔직히 애니메이션을 처음 볼 때 걱정을 많이 했다. 앞서 이런저런 곳에서 아이들을 보라고 만든 애니메이션의 참담한 수준을 목격한 터라 더욱 그랬다. 나는 애니메이션 〈엄마 까투리〉가 그런 참담함을 한꺼번에 날린, 국내에서 만든 거의 첫 작품이라는 생각이 든다. 그것이 권정생 선생님 마지막 작품으로 만든 애니메이션이라 더욱 뜻깊다. 앞으로도 선생님 작품을 새롭고 정직하게 해석한 장편 애니메이션 작품이 많이 나오기를 손꼽아 기다려 본다.

여러 해 동안 권정생 선생님 작품에 대한 다른 읽기가 꽤 조심스러웠던 것 같다. 이 짧은 글은 안동에 사는, 거의 날마다 옛날 권정생 어린이문화재단 앞을 걸어서 또는 차를 타고 한 번씩은 지나다니는 한 사람이 읽은 『엄마 까투리』 이야기다. 평론가가 아닌 여러 처지에 있는 사람들이 선생님 작품을 읽고 그 느낌을 자신의 삶의 맥락에서 풀어 낸 글이 늘어나길 바란다.

끝으로 그림책 『엄마 까투리』 마지막 문장을 옮겨 본다. 아이들 모두가 기후 위기의 악천후 속 불길에 휩싸인 오늘, 아이들의 동무가 되려면 어떻게 해야 하는지 어른들의 강령으로 삼아도 좋을 대목이다. 이것은 선생님께서 아이들을 돌보는 우리 어른들에게 작품으로 들려 준 마지막 말씀으로 내게 들린다. 어느 날, 안동 시내에서 만나 일직 가는 버스 정거장까지 함께 걸으며 짧은 이야기를 나누었던 엄마 권정생이 보고 싶다. 이 뜨겁게 불타오르는 지구 한켠에서·······.

    그렇게 엄마 까투리는
    온몸이 바스라져 주저앉을 때까지
    새끼들을 지켜 주고 있었습니다.

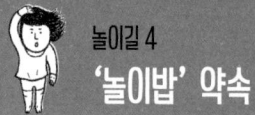

놀이길 4
'놀이밥' 약속

놀 수 있는 한가한 시간을 가지렴.
하고 싶은 것을 해도 좋아.
집도 좋고 바깥도 좋아.
잘될 때도 있고 잘 안 될 때도 있어.
실패도 할 수 있고 다칠 수도 있어.
괜찮아! 우리가 있잖아!

에필로그
놀이 박탈의 시대,
아이에게 더 많은 자유놀이와 상상놀이를!

어린이의 한 시절이 사라졌다

세상의 모든 어린이가 COVID-19 속에서 인생의 가장 아름다운 한 시기를 속절없이 상실했다. 가까이 다가온 기후 위기가 어린이에게 미칠 자장 또한 짐작조차 어려운 철저한 불확실의 시대다. COVID-19를 전쟁에 비유하는 것은 과장이 아니다. 어린이는 이미 상당한 내 외상을 입었고 현재 고통을 호소하고 있다. 시간이 흘러 오롯이 트라우마로 어린이의 몸과 마음에 새겨질 것이다. 그러나 전염병과 재난과 기후 위기의 한복판에서 놀이의 가치는 여전히 유용하고 귀한 것임을 날마다 깨우친다. 혼란의 한복판에서 고통 받고 있는 어린이에게 당장 처방을 권하기보다는 그 고통의 내용이 무엇인지 차분히 살피는 게 먼저다. 논다는 것은 어린이가 선택하는 것에서 시작하는데 선택의 자유와 가짓수가 극도로 제한된 상황이 어린이를 얼마나 고통스럽게 하고 있는지 천착해야 한다.

여러 벗과 오랫동안 함께했던 '놀이운동'이 얼마나 소중하고 진지한 운동이었는지도 새삼스럽다. 놀이를 한낱 소비로 여기는 세상에서 이어온 '놀이운동'이 애틋하다. 어린이는 여전히 놀이가 필요하고 위험과 위기와 악천후 속에서 더욱더 그러하다. 하지만 아직 놀이에 대한 오해의 그늘은 넓고 짙다. 놀이는 현실 속 쓸모 있는 것들 다음으로 차례가 밀리고, 낭비로 보며, 배움과 대척점에 있다는 사고가 어린이 가까이에서 여전히 작동되고 있다. 놀이가 비생산적인 활동이고 시간을 그냥 흘려보내는 것으로 보는 시각 또한 뿌리 깊다. 나는 여기서 이렇게 외친다. 그래서 놀이가 그토록 가치 있는 것이라고!

일상 활동의 급격한 위축 속에서 직접적인 타격과 제약을 받으며 놀이를 잃고 불안과 우울에 사로잡혀 눈을 끔벅이는 어린이를 어찌할 것인가? 놀이와 같은 신체활동과 놀이터와 같은 놀이환경은 위기의 시대를 살아가는 어린이에게 정서적·사회적·신체적 건강을 주는 최소한의 피난처다. 그 속에서 어린이는 불안과 우울과 좌절에서 벗어나 자기통제력, 자기결정권, 자기회복력, 자기적응력을 높인다. 무엇과도 바꿀 수 없는 어린이 삶과 생존의 긴요한 요소다. 가장 중요한 것은 놀이를 통해 어려움을 이겨내는 내면의 힘을 응축하는 데 있다. 만약 이 독립적인 자신감과 자기 동력을 이 시절에 내면에 쌓지를 못하고 위기 속에서 끊임없이 소진한다면 정말 큰일이 아닐 수 없다. 앞서 이야기한 모든 요소는 궁극적으로 '삶을 향한 긍정의 힘과 삶의 의지'에 긴밀히 닿아 있기 때문이다. 이참에 놀이를 내 나름으로 다시 정의하자면 '놀이란 자신의 방식으로 살아가는 것을 즐기며 몸에 담는 과정'이라고 할 수 있다. 이어지는 글은 이러한 강제된 흐름을 또렷이 읽고 어린이와 어떻게 함께할 것인가에 대한 고민이다.

당장 마스크의 답답함과 표정을 읽을 수 없음으로 생기는 오해와 신경질과 답답함으로 다툼이 늘어나고 있다. 이러한 변화된 일상은 어린이 가까이 있는 사람이라면 근본적인 질문의 계기가 되어야 하며 피해서는 안 된다. 어린이는 물론 성인 또한 놀이와 자유를 잃으면 불안과 우울과 두려움과 공포의 블랙홀에 빠진다. COVID-19와 함께 찾아온 고용 붕괴처럼 우리는 놀이 붕괴의 시절을 정면에서 어린이와 함께 맞고 있다. 사회적 거리 두기가 놀이와 우정과 거리 두기로 이해되거나 대체되거나 오용되는 것에 눈을 부릅떠야 한다. 놀이의 가치는 위기가 깊어질수록 점점 더 차례가 밀리고 저평가되고 무가치하고 무모한 영역으로 취급받고 있다. '놀이운동'은 이렇게 손발이 잘리고 옴짝달싹하지 못하고 포박당한 채 절체절명의 위기에 빠졌다.

이 불확실의 한복판을 온몸으로 사는 막내가 올해 초등학교를 들어갔다. 입학했어도 학교에 가지 못하는 날이 몇 달 이어지다가 마침내 '등교'라는 환희를 맞이했다. 그리고 돌아온 첫날 통곡을 하며 뜨겁게 울던 장면을 잊을 수 없다. 아이의 땟국 절은 얼굴을 쓰다듬으며 잘못 살아온 지난날을 떠올렸다. 그동안 나는 어린이를 위해 무엇을 하며 살았던가? 그렇게 기다려 등교한 1학년 교실은 같은 학교 병설유치원을 다녔던 아이가 생각했던 것처럼 작동되고 있지 않았다. 쉬는 시간은 몹시 짧고 점심시간은 기다려서 입장해야 하고 화장실 가는 것 하나, 운동장에 나가는 것 하나 선택할 수 없었다. 까닭은 아이들 얼굴 반을 가린 '마스크'로 상징되는 일상의 붕괴였고 철저한 방역 원칙의 준수였다. 필요한 일이다. 그러나 전염병 예방에 대한 정보 전달과 대처는 어린이의 활동을 통한 일상적 건강 돌봄과 균형을 이뤄야 마땅하다.

놀이를 생각할 수 있는 여유가 학교와 교사와 보호자에게 없다. 놀이보다는 생존이 먼저였다. 놀이보다는 유지가 먼저였다. 놀이보다는 방역이 먼저였다. 놀이보다는 안전이 먼저였다. 놀이보다는 통제가 먼저였다. 이렇게 COVID-19는 놀이의 시대를 '반 놀이의 시대'로 아무런 저항 없이 그것도 아주 빠른 속도로 퇴행시켰다. 어린이는 너무 답답해 우는데 어린이 가까이 있는 우리는 아무것도 할 수가 없는, 어린이의 요구와 바람을 외면해야만 우리가 버틸 수 있는 '외면의 일상화'가 생존의 조건이 되었다. 나는 차분히 이러한 큰 변화가 과연 처음이고 낯선 것이었는지부터 질문해 보았다. 엄밀히 말해 이런 상황이 내게는 아주 낯선 상황으로만 보이지 않기 때문이다. 위기 속에서 섣부른 진단과 처방과 발언이 상황을 악화시키는 지름길임을 알면서 소박한 몇 가지 고민과 대안을 적어 본다.

'놀이의 길'을 찾아 나서자

첫 번째는 놀이에서 비대면은 이미 오래도록 한국 사회에서 뿌리 깊게 강요되고 있었음을 인정하는 일이다. 되짚어 보면 놀이에서 비대면의 지속적 증가와 강제는 어제오늘의 일이 아니다. 앞서 대한민국 어린이 놀이환경의 실제적 민낯은 COVID-19로 비대면이 강제된 현재 상황과 견주어 그리 다르지 않다는 냉철한 인식이 필요하다. 비대면은 새롭게 도래한 것이 아니라 원래 있었고 방조했고 원했고 눈감아서 몰랐을 따름이다. 적어도 놀이에서는 그랬다. 그리고 그러한 노력은 앞서 상당한 위력을 발휘하며 성공했다. 놀이터에 어린이가 없는, 나가도 함께 놀 친구를 대면하기 어렵기는 COVID-19 이전이나 이후나 크게 다르지 않다. 놀이는 얼마 전이나 지금이나 가려지고 빼돌려지고 있었고 어린이가 서로 만나기 어려웠기는 마찬가지였다는 말이다.

솔직히 놀이터에서 어린이끼리 대면하는 장면은 COVID-19 앞서도 매우 보기 드문 광경이었다. 엄밀히 말해 현재 상황이 아주 특별한 상황은 아니니 좀 더 차분하게 돌아보자는 말이다. 한 가지 희망은 우리가 모두 놀이를 밀치고 처박아 두고 어린이끼리 만나지 못하게 하는 것에 조력하는 동안에도 놀이가 어린이 곁을 떠나지 않고 있었다는 것이다. 더 나아가 놀이는 늘 어린이와 함께 있었다는 것을 서늘하게 기억하는 것이다. 비대면을 실체가 없는 환상이라고 말하려는 것이 아니다. 비대면은 실체이고 놀이의 고리를 단칼에 끊어 버릴 정도로 가공할 위력이 있다. 알면서 내가 묻고자 하는 것은 "어린이는 앞서 진정 대면하고 놀았는지. 우리는 어린이가 정말 대면하고 놀기를 바랐는지" 물어보는 것에서 시작하자는 것이다. 배움도 만남이고 놀이도 만남에서 시작한다. 이제 진정 어떻게 그리고 왜 만날 것인가를 고민할 수 있게 된 것은 다행 중 다행이다.

두 번째로 대한민국에서 활동하고 있는 놀이와 놀이터와 놀이권 관련 개인이나 단체나 기관에 공공재로서의 '기본놀이' 개념을 제안한다. 이것은 '기본소득' 개념에 빚진다. 내가 기본놀이를 기본소득과 연결 지어 생각하는 가장 큰 고리는 놀이와 소득 모두 공유부(common wealth)의 가장 전형적인 사회적 자산이라고 보기 때문이다. 좀 더 풀어 말하면 놀이나 소득 모두 현재의 모습으로 우리 곁에 있기까지 어떤 이가 어느 정도 기여했는지 따지기 어렵고, 특별한 한 사람의 노력의 결과가 아니라는 전형적인 공유부 특징을 가지고 있다. 알려진 것처럼 기본소득은 보편성, 무조건성, 개별성, 정기성, 현금으로의 특징을 가지고 있다. 물론 내가 제안하는 '기본놀이' 개념이 현금 지급과 같은 내용을 담고 있지는 않다. 놀이를 기본소득의 중요한 축인 '사회권'의 하나로 분명히 인식하는 것이 놀이 위기 속에서 길을 잃지 않는 데 매우 유용하다고 본다.

여기에는 놀이가 좋은 사회를 만드는 '공공재' 가운데 중요한 한 기둥이 될 수 있다는 것에 공동체 구성원의 흔쾌한 동의가 필요하다. 내가 '기본놀이'를 사회권의 하나로 보려는 또 하나의 까닭은 '놀이권'이라는 것이 그냥 주어지거나 얻어지는 권리가 아니라는 것을 강조하기 위함이다. 어린이와 보호자의 강력한 요구와 운동이 선행해야 함은 물론이다. 사회권이 기나긴 고난과 고통과 요구와 투쟁의 과정에서 만들어졌듯이 놀이권이 사회권이 되려면 그냥 생래적으로 주어지는 것을 넘어 획득된 권리로 옮겨 가는 아픈 과정이 있어야 한다. 현재 한국 사회에서 어린이 '놀이권'이 메아리 없이 허공을 떠돌며 자리 잡지 못하는 까닭은 이 투쟁의 역사가 생략되어 있기 때문이라고 나는 확언한다. '현금으로' 해당하는 것에 대해서는 좀 더 뒤에 이야기하기로 하고 먼저 보편성, 무조건성, 개별성에 관해 이야기해 보겠다.

기본소득처럼 '기본놀이'에서 이 세 개념은 유효하고 중요하다. '기본놀이'는 어린이 모두의 보편적 사회적 권리이며 심사나 선별 없이 모든 어린이에게 도착해야 할 권리다. 기본적으로 누구나 놀이를 누려야 하고 가구 단위가 아니라 각각 어린이 낱낱의 권리로 인식되고 자리 잡아야 한다. 있는 자의 아이가 유리하지도, 없는 자의 아이가 불리하지도 않아야 한다. 그 반대도 마찬가지다. 대한민국에 거주하는 모든 어린이 낱낱의 권리로 '기본놀이'가 인식되어야 한다. 더불어 꾸준히 '기본놀이'가 어린이 가까이 되풀이해서 작동되어야 한다는 점에서 '정기성' 또한 중요하다.

정기성은 지속성을 뜻하는데 '기본놀이'가 작동할 수 있도록 안정적 시스템 구축이 필요하다는 뜻이다. 이를 위한 꾸준하고 장기적인 전략도 있어야 한다. 끝으로 남은 '현금으로'라는 주제는 기본소득 궁극의 목적이자 수단이라 판단하고 '기본놀이' 최후의 도착지라고 할 수 있는 '자유놀이'와 대칭점에 놓으려 한다. 출발의 근거는 기본소득의 목표인 "모두를 위한 실질적 자유(Van Parijs)"와 '자유놀이'의 목표가 매우 가깝다는 것에 근거한다. '기본놀이' 개념의 폭넓은 도입은 어린이와 보호자 모두에게 놀이가 실제적 권리로 경험되는 좋은 계기가 될 수 있어 의미 있다. 놀이 위기의 시대에 나침반 역할을 할 수 있으리라 기대한다. 자유놀이에 관해서는 뒤에 좀 더 이어 가려고 한다.

세 번째는 COVID-19가 한창인 상시적 위기의 시대에 '자유놀이'와 만나는 행운을 어린이와 함께 누리길 권한다. 전 세계의 어린이는 오늘 가혹한 '놀이 위기의 불확실한 시대'를 힘겹게 버텨 내고 있다. 이러한 변화무쌍한 위험과 위기의 일상화는 어린이를 극도로 고립시켜 놀이와 친구와 우정과 관계를 가차 없이 무너뜨린다. 지금 어린이 가까이 놀이의 향기와 허용의 흔적이 없다면 이 시절은 시간이 흘러 성인이 된 어린이에게 뚜렷한 내상으로 아로새겨질 것이다. '놀이격차'로 인해 형편이 어렵거나 그런 지역 가까이 사는 어린이에게 더욱더 치명적이고 그 생채기는 깊고 짙을 수밖에 없다.

어린이는 이 가혹한 시기를 보내면서 건강한 몸도 건강한 마음도 모두 잃을 수 있다. 위기의 시대, 어린이에게 허용적 태도와 자유놀이가 더욱 풍성해야 하는 까닭이다. 특히 성인 주도 놀이활동에 신중해야 한다. 이런 시기일수록 성인 주도 활동이 어린이의 자기주도적 활동을 마비시켜 더욱 우울해질 수 있기 때문이다. 어린이는 지금 더 많은 자유놀이와 상상놀이가 절실하다.

반가운 일은 가까이서 멀리서, 홀로 때로는 두셋으로 고립된 속에서도 어린이의 '자유놀이와 상상놀이'가 COVID-19 위기 속에서 맹렬히 싹트고 있다는 소식이다. 숱한 제지와 한계와 멈춤과 고립 속에서도 놀이를 기어코 찾아내는 어린이 말이다. 내가 이름 붙이자면 '자유놀이와 상상놀이의 자발적 탐색과 발견' 국면을 통한 놀이기회의 폭발적 꽃피움이다. 어떤 어린이는 학업이라는 압박에서 벗어나 정신적 여유와 해방감을 찾기도 한다. 이 점은 학력 격차와는 다른 결로 이해되기 바란다. 일상적 위기와 불확실은 역설적으로 놀이의 원형이자 고향인 '자유놀이+상상놀이'와 어린이의 만남을 극적으로 성사시켰다. 자유놀이와 상상놀이는 위기와 고통에 빠진 아이들을 위한 최고의 치유이며 해독제다.

놀이운동가로서 오랜 꿈이 이뤄진 셈이다. 고통 속에 축복이 깃들어 있다. 혹독한 고립 속에서 어린이가 '자유놀이와 상상놀이'를 스스로 발견할 수 있는 허용적 놀이환경이 무엇인지 냉철히 살피기를 간절히 청하며, 어린이가 이 복잡하고 단절된 세상의 한 켠에서 '자유놀이와 상상놀이'라는 행운과 만나 우정을 쌓기를 희망한다. 어린이 가까이 계시는 놀이벗들에게도 권한다. 어린이가 자유놀이와 상상놀이를 잃으면 공감하는 힘도 잃게 된다. 이것은 유년기 전체를 잃어버리는 것과 같은 손상을 뜻한다. 자유놀이와 상상놀이의 고향을 향해 어린이와 함께 길을 나서길 권한다. 그 길을 나는 '놀이의 길'이라 부르고 싶다.

네 번째는 온라인 놀이터를 애써 활용하는 방법도 도움이 될 수 있다. 국내에서는 경기도 시흥시 보건소와 자발적 시민 놀이모임인 '플레이스타터' 여러분들이 COVID-19 속에서 온라인으로 어린이와 함께 노는 활동을 모아 나누는 '플레이스타트 : 심심할 때 진짜 놀이' 운동을 벌이고 있어 참고할 만하다. 유튜브에서 볼 수 있다.

다섯 번째는 안에서 바깥으로의 과감한 이동과 전환이다. 놀이뿐만 아니라 교육 또한 마찬가지여야 한다. 위기가 닥치자 가장 빠르게 유치원, 어린이집, 학교가 폐쇄되면서 놀이가 크게 위축되었다. COVID-19 바이러스는 실내의 여러 집기와 교구와 도구들 표면에서 며칠을 생존하는 것으로 알려졌다. 그러나 직사광선이

내리쬐는 실외에서는 몇 분을 버티지 못하는 것에 눈을 크게 떠야 한다. 마냥 두려운 마음에 실내에 머무는 것이 더욱 위험한 일일 수 있음을 분명히 인지해야 한다.

이제 익숙한 터전에서 나와 새로운 대지로 나갈 수 있는 용기를 내야 한다. 실내에서 떠나지 못하는 구상과 대책과 논의에서 홀가분하게 벗어날 필요가 있다. 교실과 학교를 실내에서 실외로 옮기는 논의를 이제 본격적으로 해야 할 때가 되었다. 무모하고 과격한 주장으로 읽힐 것 같아 참고를 바라며 관련 문건 하나를 아래 인용한다. 웨일스(Wales) 정부에서 제안한 「COVID-19가 유행하는 동안 어린이를 안전하게 지키기 위해 놀이터 또는 야외 놀이공간을 담당하는 사람들을 위한 지침」*이다. 지금은 무모하고 과격해 보이는 결단을 해야 하는 시기다. 그 실행 조건에 관해서는 이어지는 글에 담았다.

"과학적 조언에 따르면 바이러스는 특히 실내와 딱딱한 표면에서 며칠 동안 생존할 수 있다. 이러한 위험은 표면이 자외선과 비에 노출될 수 있는 실외에서 감소한다."

그렇다면 실외놀이나 활동은 COVID-19나 기후 위기에 안전한

---

* https://gov.wales/reopening-childrens-playgrounds-and-outdoor-play-areas-coronavirus-html

가? 그렇지 않다. 위험이 자유로운 놀이활동을 가로막고 있을 때, 놀이는 어떠해야 하는지 갈 길을 몰라 허둥대지 말아야 한다. 차분히 앞서 오랫동안 여러 사람이 연구하고 임상하면서 현장에서 검증한 것은 없는지 차분히 찾아야 하고 깊이 공부해 길을 찾아 나서야 한다. 바로 위험에 관한 공부다. 그 소박한 이야기를 담아 펴낸 『위험이 아이를 키운다』라는 책은 그러한 공부의 중간 정리였다. 바로 놀이에서 '위험유익평가(Risk benefit assessment)'다. COVID-19와 앞으로 맞이할 기후 위기 상황 속에서도 왜 어린이가 놀아야 하며 놀다 마주하는 위험을 어떻게 이해할 것이냐에 대해 깊이 논의해야 하고 신중하고 줄기차게 '위험유익평가'를 해야 한다.

어떠한 경우라도 위험에 대한 지나친 걱정과 공포에 어린이의 놀이와 자유가 일방적으로 희생되어서는 안 된다는 것이 나의 가장 중요한 놀이 철학임을 분명히 밝힌다. 제한은 필요하지만 어디까지나 필요한 만큼 최소한이어야 한다. 어린이가 판단할 수 있도록 COVID-19나 기후 위기에 관한 검증된 정보를 당사자에게 친절히 전달해야 함은 물론이다. 반가운 소식을 전하자면 위험을 마주할수록 어린이는 자신을 지키고 돌보는 힘을 가지게 된다. 아이 안에 그 힘이 있다는 것이 나의 놀이 철학의 뿌리다.

간단히 말해 밖에 나가 놀았을 때 위험이 크냐 아니면 유익함이 크냐를 평가해서 행동 결정의 근거로 삼을 수 있어야 한다는 뜻이다. 그리고 만약 바깥놀이의 유익함이 위험을 능가한다면, 위험을 무릅쓰고 유익함이 크다면, 위기 상황에서도 놀이는 권장되어야 마땅하다. COVID-19 바이러스가 바깥에서 견디지 못하는 특히 햇빛과 자외선에 취약함을 인지하고 평가를 거친 후 어린이에게 바깥 활동을 옹호하는 자리에 보호자와 교사는 설 수 있어야 한다. 바깥놀이터에 대한 접근이 어려운 취약한 '놀이격차' 계층의 어린이도 새삼스럽게 인식할 필요가 있다. 열악함의 도가니에 있는 그들을 어떻게 바깥으로 안전하게 나와 놀 수 있게 할 것인지도 다 함께 고민해야 할 공동체의 긴요한 주제임이 틀림없다.

COVID-19가 가까운 거리에서 긴 시간 접촉했을 때 감염률을 높인다는 실체에 대한 접근과 평가에 철저해야 함은 물론이다. 다시 말해 실내보다 실외에서 감염률과 전파력이 줄어들고 희석되는 특성도 과학적 근거를 통해 함께 확인할 필요가 있다. 사회적 거리를 유지해야 함은 물론이다. 다만, 어린이가 성인과 견주어 COVID-19에 걸릴 확률과 사망률이 낮은 통계로 나오고 있는 것에 주목할 필요가 있다. 특히 학교와 같은 장소에서 학생과 학생 사이의 감염은 매우 낮은 것으로 알려졌음에 눈을 밝게 떠야 한다.

비대면만을 강제할 것이 아니라 소통과 관계의 가치 또한 양립해야 한다. 중대면과 약대면도 하나의 대안이 될 수 있다. 위험이 있지만 유익함이 크고 절실하다면 주저하지 말고 결단을 내리고 행동해야 한다. 단 따라야 하는 것은 있다. 사회적·신체적 거리 두기는 2미터를 유지해야 하고 바깥놀이터라도 최대 사용자 수를 제한해야 한다. 비누로 손 씻을 수 있는 시설도 반드시 있어야 한다. 나아가 놀이터 크기를 지금의 대형 공공놀이터에서 삶의 생태계 가까이 있는 중소형 공공놀이터로 세분화해 구축하는 단계적 접근도 새롭게 필요하다. 너무 멀리 이동해야 있는 큰 놀이터와 다중이용 놀이터를 지양할 때다.

지금까지는 바깥놀이터를 중심으로 이야기했다. 그렇지만 여기에 갇혀서는 안 된다. 사고의 확장이 필요하고 그것은 공간의 확장으로 나아가야 한다. 우리에게는 더 넓은 자연이 있다. 너른 대지로 나갔을 때 근시 예방은 덤이다. 숲과 강과 들로 간다면 훨씬 더 완화된 제약을 두는 것이 가능하다. 학교 운동장도 매우 좋은 대안임이 틀림없다. 자연은 한없이 풍성한 놀이환경의 최종 종착지라고 할 수 있다.

더 나아가 가장 일상적이고 이동할 필요가 없으며 특별한 놀이 공간을 만들지 않아도 가능한 놀이 장소인 '홈과 하우스'가 마른 하늘에 날벼락처럼 어린이 가까이서 놀이환경을 고민하는 양육자와 보호자에게 발견되기를 간절히 바란다. 함께 놀 형제가 없다면 조금 어려움이 있을 수 있다. 가까운 이웃과의 교류를 통한 '상호의존성 또는 상호연결성' 또한 이참에 공부가 필요하다. 홈과 하우스야말로 최고의 놀이터인데 이 점을 한국 사회는 오랫동안 지나치게 간과하고 있다. COVID-19와 지속적인 기후 위기 속에서 홈과 하우스가 새삼스럽게 놀이터로 발견되기를 간절히 소망한다. 더불어 하우스와 홈에서 놀기와 밖에서 놀기의 균형을 권한다.

한편, 단위 국가와 문화권을 넘어 광범위하게 긍정받는 'Street Play' 운동에 주목할 필요가 있다. 일정 시간 도로를 막고 그곳을 놀이터로 쓰는 운동이다. 일상을 살던 한 부모로부터 시작된 운동인데, COVID-19에 매우 적극적이고 안정적이고 혁신적인 대안 놀이운동의 장소로 기능할 수 있음이 여러 곳에서 증명되고 있다. 특히 COVID-19를 포함한 불연속적이고 산발적인 기후 위기 상황 속에서 몇 가지 긍정적인 요소가 눈에 띈다.

첫 번째는 기존 실내 놀이공간보다 사회적 거리 두기가 매우 쉽다는 점을 꼽을 수 있고, 두 번째는 비용이 거의 들지 않는다. 세 번째는 좁은 곳에 갇혀 있는 일상을 벗어나 넓은 야외공간을 만나며 해방감을 만끽할 수 있는 장점이 크다. 이곳으로 집 안에 기존에 있던 다양한 자전거나 보드 같은 탈것들을 가지고 나와 이용하면 좋고, 낙서도 좋고 잡동사니를 가져와 쌓고 잇고 붙이며 노는 자유놀이도 좋다. 'Street Play' 운동은 일상적인 제약이 표준이 돼가는 COVID-19와 기후 위기 속에서 우리나라 곳곳에서 긴급히 실행해야 할 하나의 분명한 선택지다. 이참에 'Street Play' 운동 시민모임을 공개 제안한다. 우리나라에서는 '길거리 놀이터 운동'이라 이름 붙여도 좋겠다. 물론 해당 지역 교통과와 지역 주민의 자발적인 이해와 협조가 있어야 한다.

어린이 스스로 선택하고 판단하고 행동할 수 있어야 한다

COVID-19와 기후 위기는 불안과 우울과 두려움과 공포의 다른 이름이다. 이런 종잡을 수 없는 위기 또는 위험에 늘 휘말리고 우울해지고 불안해할 것인지, 아니면 그 속에서 어린이와 함께 즐거움과 재미를 찾는 놀이의 길을 모색할 것인지 고민이 깊어져야 하는 때다. 그러나 분명한 것 하나는 지나치게 안전을 강조한 환경에서 자란 어린이가 우울과 불안과 공포와 분노가 크다는 사실이다. 나아가 불안과 파괴적 행동의 원인이 위험한 놀이를 하지 못하게 강제해서 생기는 현상이라는 것도 깊이 새겨야 한다. 위험과 위기는 쓴 약과 같다. 우리는 아이와 함께 주변에 산재한 위기와 위험 속에서 유익한 것들을 찾고 가려낼 줄 알아야 한다.

무엇 하나 결정과 선택과 행동이 쉽지 않은 시절임을 잘 안다. 앞에서 살펴본 권정생 선생님의 『엄마 까투리』에 나오는 불길이 멀리 있지 않다는 것도 체감할 수 있다. 놀이의 길을 막아설 극악한 장면이 COVID-19를 겪고 있는 우리 가까이서 냉혹하게 기다리고 있음을 말이다. 그래서 기후 위기 속 놀이의 길과 삶의 길을 오늘 성실히 찾아야 한다. COVID-19와 동거하며 어린이와 함께할 최소한의 '놀이의 길'을 알뜰히 찾아 놓아야 한다. 그렇지 않고 기후 위기를 맞는다면 놀이를 잃는 것뿐 아니라 우울과 불안을 넘어 절망과 체념을 지나 두려움과 공포에 갇히게 될 것이다. 그 길은 앞서 있었던 익숙한 길이 아니고 새로 개척해 가는 놀이의 길일 것이다. 물론 기후 위기를 늦추고 막기 위한 행동에 놀이도 놀이터도 놀 권리도 동행해야 마땅하다.

2020년 맞닥뜨린 COVID-19를 어린이와 함께 무사히 건넌다고 해도 우리 앞에는 오랫동안 외면해 왔던 기후 위기라는 더 무겁고 어려운 문제가 악천후와 함께 기다리고 있다. 기후 위기 속 놀이는 또 어떤 길을 찾아야 할까? 가장 확실한 것은 불확실하다는 사실이다. 불확실성은 놀이에서 필수요소이기도 하다. 불확실성이라는 친구와 잘 사귀어야 한다. 그래서 COVID-19의 경험이 그토록 소중하며 그래서 COVID-19는 미륵이나 메시아의 다른 이름일지도 모른다. 이 소중한 국면을 허투루 낭비하지 말아야 한다.

이렇게 글을 마치고 싶다. 좋은 상황이 오기만을 기다리지 말고, 대면 상황이 오기를 기다리지 말고, 잠시라도 날씨가 좋아 밖에 나갈 수 있는 상황이 온다면, 어린이가 밖으로 나가 놀고 싶다면, 수업 중이라도 시험 중이라도 즉시 나가서 놀이의 시간과 포옹해야 한다. 언제 다시 올지 모를 놀이기회를 다음으로 미루지 말고 즉각 하던 일을 멈추고 밖으로 나가 놀 수 있는 예민함과 기민한 전환과 결정의 대담함이 어린이와 보호자와 교사 모두에게 도착했다. 교육은 텅 빈 운동장과 자연을 양육은 홈과 하우스와 거리를 재발견해야 한다.

앞서 해오던 것에 집착하고 고집하던 것에서 벗어나 무엇이 어린이에게 지금 가장 긴요하고 소중한 것인지 상상하고 행동하는 '놀이의 길'에서 명랑한 놀이벗과 만나고 싶다. 우리는 전염병과 기후 위기와 같은 저항 불가의 힘 앞에서도 어린이의 자유를 필요 이상으로 때로는 심각하게 막아서는 것들에 극렬히 저항해야 한다. 그리고 어린이와 지금 일어나고 있는 일이 무엇인지 차분히 이야기 나눌 수 있어야겠다. 놀라게 해서는 안 되겠지만 거짓을 말해서도 안 된다. 어린이는 스스로 올바른 판단을 할 수 있는 정보를 가지고 있어야 마땅하다. 한 번 더 강조하자면 나와 당신이 하는 이 모든 애씀은 어린이가 이해하고 선택하고 판단할 수 있게 함! 그 이상도 그 이하도 아니라는 말을 하고 싶다.

어린이는 질병과 위험과 위기 속에서도 알고 선택하고 판단할 수 있어야 하고, 어린이는 헤아리고 선택하고 판단하고 행동할 수 있다. 나는 이 명제를 권정생 선생님께 배웠다. 어린이가 그런 선택과 판단을 스스로 할 수 있는 환경을 가꿔 주는 것이 우리의 소명이라 믿는다. 어린이가 놀 때 나는 문득 그들이 참 '기쁜' 존재임을 서늘하게 목격한다. 예측하기 어려운 전염병의 질주와 재난과 기후 위기의 혼란과 불확실성 속에서도 세상모르고 놀면서 배우며 성장하는 어린이의 '기쁨'을 기억하자고 이 긴 글을 다시 썼다. 즐거운 마음으로 가볍게 걸음을 떼자. 자유놀이와 상상놀이가 활짝 피며 세상의 어린이를 살릴 것이다. 어린이와 함께 놀이의 길을 찾아 자유놀이와 상상놀이의 고향으로 천천히 늦지 않게 돌아가자. 긴 편지 읽느라 애쓰셨다. 늘 어린이 가까이서 정성을 다하는 여러 놀이벗의 건강과 사랑과 행운을 손 모아 빈다.

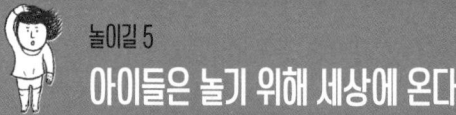

놀이길 5
아이들은 놀기 위해 세상에 온다

아이들은
놀기 위해
세상에
온다

"노는 것보다 아이에게 더 중요한 것은
아이가 아이로 그냥 사는 것이다."